CHEFS-D'ŒUVRE

DE LA

LITTÉRATURE

FRANÇAISE

12

L'IMITATION

DE

JÉSUS-CHRIST

IMPRIMERIE J. CLAYE
RUE SAINT BENOIT 7
LABOR
PARIS

L'IMITATION

DE

JÉSUS-CHRIST

TRADUCTION NOUVELLE

AVEC DES

RÉFLEXIONS A LA FIN DE CHAQUE CHAPITRE

PAR M. L'ABBÉ

F. DE LAMENNAIS

NOUVELLE ÉDITION

ORNÉE DE VIGNETTES

PARIS

GARNIER FRÈRES, LIBRAIRES-ÉDITEURS

6, RUE DES SAINTS-PÈRES

M DCCC LXV

1864

AVIS DES ÉDITEURS

Les *réflexions* qui accompagnent cette traduction sont une des meilleures productions de Lamennais. Elles ont une grâce, une suavité, un charme que l'auteur, au milieu de ses emportements, n'a plus guère retrouvés depuis dans les matières religieuses, et dont il a semblé perdre le secret. Ces réflexions sont devenues, pour ainsi dire, une œuvre classique, et la beauté achevée de la forme nous autorise à les faire figurer à côté des chefs-d'œuvre de la langue française.

PRÉFACE

Décembre 1824.

On ne connaît point l'auteur de l'IMITATION. Les uns l'attribuent à Thomas à Kempis, les autres à l'abbé Gerson : et cette diversité d'opinions a été la source de longues controverses, selon nous assez inutiles. Mais il n'est point d'objet frivole pour la curiosité humaine. On a fait des recherches immenses pour découvrir le nom d'un pauvre solitaire du treizième siècle. Qu'est-il résulté de tant de travaux ? Le solitaire est demeuré inconnu, et l'heureuse obscurité où s'écoula sa vie a protégé son humilité contre notre vaine science.

Au reste, si l'on se divise sur l'auteur, tout le monde

est d'accord sur l'ouvrage, *le plus beau*, dit Fontenelle, *qui soit sorti de la main des hommes*, *puisque l'Évangile n'en vient pas*. Il y a, en effet, quelque chose de céleste dans la simplicité de ce livre prodigieux. On croirait presque qu'un de ces purs esprits qui voient Dieu face à face soit venu expliquer sa parole, et nous révéler ses secrets. On est ému profondément à l'aspect de cette douce lumière, qui nourrit l'âme et la fortifie, et l'échauffe sans la troubler. C'est ainsi qu'après avoir entendu Jésus-Christ lui-même, les disciples d'Emmaüs se disaient l'un à l'autre : *Notre cœur n'était-il pas tout brûlant au dedans de nous*, *lorsqu'il nous parlait dans le chemin*, *et nous ouvrait les Écritures*[1] ?

On a dit que l'*Imitation* était le livre des parfaits : elle ne laisse pas néanmoins d'être utile à ceux qui commencent. Nulle part on ne trouvera une plus profonde connaissance de l'homme, de ses contradictions, de ses faiblesses, des plus secrets mouvements de son cœur. Mais l'auteur ne se borne pas à nous montrer nos misères; il en indique le remède, il nous le fait goûter; et c'est un des caractères qui distinguent les écrivains ascétiques des simples moralistes. Ceux-ci ne savent guère que sonder la plaie de notre nature; ils nous effrayent de nous-mêmes, et affaiblissent l'espérance de tout ce qu'ils ôtent à l'orgueil. Ceux-là, au contraire, ne nous

1. Luc. XXIV, 32.

abaissent que pour nous relever, et, plaçant dans le Ciel notre point d'appui, ils nous apprennent à contempler sans découragement, du sein même de notre impuissance, la perfection infinie où les chrétiens sont appelés.

De là ce calme ravissant, cette paix inexprimable qu'on éprouve en lisant leurs écrits avec une foi docile et un humble amour. Il semble que les bruits de la terre s'éteignent autour de nous. Alors, au milieu d'un grand silence, on n'entend plus qu'une seule voix, qui parle du sauveur Jésus, et nous attire à lui comme par un charme irrésistible. L'âme transportée aspire au moment où se consommera son union avec le céleste Époux. *Et l'esprit et l'épouse disent : Venez. Et que celui qui écoute, dise : Venez. Oui, je viens, je me hâte de venir. Ainsi soit-il! Venez, Seigneur Jésus*[1].

Que sont les plaisirs du monde près de ces joies inénarrables de la foi? Comment peut-on sacrifier le seul vrai bonheur à quelques instants d'ivresse, bientôt suivis de longs regrets et d'un amer dégoût? Oh! *si vous connaissiez le don de Dieu, si vous saviez quel est celui qui vous appelle*[2], qui vous presse de vous donner à lui, afin de se donner lui-même à vous, avec quelle ardeur vous répondriez aux invitations de son amour! *Venez donc, et goûtez combien le Seigneur est doux*[3] : venez et vivez. Maintenant vous ne vivez pas, car ce n'est pas

1. Apoc. XXII, 17 et 20. — 2. Joan. IV, 10. — 3. Ps. XXXIII, 9.

vivre que d'être séparé de celui qui a dit : *Je suis la vérité et la vie*[1]. Mais quand vous l'aurez connu, quand votre cœur fatigué se sera délicieusement reposé sur le sien, il ne vous restera que cette parole : *Mon bien-aimé est à moi, et moi à lui*[2]. *J'ai trouvé celui qu'aime mon âme : je l'ai saisi, et ne le laisserai point aller*[3].

Et vous qui souffrez, vous que le monde afflige, venez aussi, venez à Jésus : il bénira vos larmes, il les essuiera de sa main compatissante. Son âme est toute tendresse et commisération. *Il a porté nos infirmités, et connu nos langueurs*[4] : il sait ce que c'est que pleurer.

L'*Imitation* ne contient pas seulement des réflexions propres à toucher l'âme, elle est encore remplie d'admirables conseils pour toutes les circonstances de la vie. En quelque position qu'on se trouve, on ne la lit jamais sans fruit. M. de La Harpe en est un exemple frappant; écoutons-le parler lui-même :

« J'étais dans ma prison, seul, dans une petite « chambre, et profondément triste. Depuis quelques « jours j'avais lu les Psaumes, l'Évangile et quelques « bons livres. Leur effet avait été rapide, quoique gra- « dué. Déjà j'étais rendu à la foi; je voyais une lumière « nouvelle; mais elle m'épouvantait et me consternait, « en me montrant un abîme, celui de quarante années « d'égarement. Je voyais tout le mal et aucun remède :

1. Joan. XIV, 6. — 2. Cant. II, 16. — 3. *Ibid.*, III, 4. — 4. Is. LIII, 3 et 4.

« rien autour de moi qui m'offrît les secours de la reli-
« gion. D'un autre côté, ma vie était devant mes yeux, « telle que je la voyais au flambeau de la vérité céleste; « et de l'autre, la mort, la mort que j'attendais tous les « jours, telle qu'on la recevait alors. Le prêtre ne pa- « raissait plus sur l'échafaud pour consoler celui qui « allait mourir; il n'y montait plus que pour mourir « lui-même. Plein de ces désolantes idées, mon cœur « était abattu, et s'adressait tout bas à Dieu que je ve- « nais de retrouver, et qu'à peine connaissais-je encore. « Je lui disais : Que dois-je faire? que vais-je devenir? « J'avais sur une table l'*Imitation;* et l'on m'avait dit « que dans cet excellent livre je trouverais souvent la « réponse à mes pensées. Je l'ouvre au hasard, et je « tombe, en l'ouvrant, sur ces paroles : *Me voici, mon* « *fils! je viens à vous parce que vous m'avez invoqué.* « Je n'en lus pas davantage : l'impression subite que « j'éprouvai est au-dessus de toute expression, et il « ne m'est pas plus possible de la rendre que de l'ou- « blier. Je tombai la face contre terre, baigné de larmes, « étouffé de sanglots, jetant des cris et des paroles entre- « coupées. Je sentais mon cœur soulagé et dilaté, mais « en même temps comme prêt à se fendre. Assailli d'une « foule d'idées et de sentiments, je pleurai assez long- « temps, sans qu'il me reste d'ailleurs d'autre souvenir « de cette situation, si ce n'est que c'est, sans aucune « comparaison, ce que mon cœur a jamais senti de plus

« violent et de plus délicieux; et que ces mots : *Me voici,*
« *mon fils!* ne cessaient de retentir dans mon âme, et d'en
« ébranler puissamment toutes les facultés. »

Que de grâces cachées renferme un livre dont un seul passage, aussi court que simple, a pu toucher de la sorte une âme longtemps endurcie par l'orgueil philosophique! Qu'on ne s'y trompe pas cependant : pour produire ces vives et soudaines impressions, et même un effet vraiment salutaire, l'*Imitation* demande un cœur préparé. On peut, jusqu'à un certain point, en sentir le charme, on peut l'admirer, sans qu'il résulte de cette stérile admiration aucun changement dans la volonté ni dans la conduite. Rien n'est utile pour le salut que ce qui repose sur l'humilité. Si vous n'êtes pas humble, ou si, au moins, vous ne désirez pas le devenir, la parole de Dieu tombera sur votre âme comme la rosée sur un sable aride. Ne croire que soi et n'aimer que soi est le caractère de l'orgueil. Or, privé de foi et d'amour, de quel bien l'homme est-il capable? A quoi lui peuvent servir les instructions les plus solides, les plus pressantes exhortations? Tout se perd dans le vide de son âme, ou se brise contre sa dureté. Humilions-nous, et la foi et l'amour nous seront donnés : humilions-nous, et le salut sera le prix de la victoire que nous remporterons sur l'orgueil. Quand le Sauveur voulut montrer, pour ainsi dire, aux yeux de ses disciples la voie du Ciel, que fit-il? *Jésus, appelant un petit enfant, le plaça au milieu d'eux, et dit : En vérité, je vous le dis, si vous ne vous convertissez et ne devenez comme de petits enfants, vous n'entrerez point dans le royaume des Cieux*[1].

P. S. On a cru qu'il serait utile de placer à la fin des chapitres de l'*Imitation* quelques *Réflexions* qui en fussent comme le résumé. Elles tiendront lieu des pratiques du P. Gonnelieu. Ces pratiques, qui furent écrites dans un siècle où il y avait encore de la foi dans les cœurs et de la simplicité dans les esprits, semblent être devenues insuffisantes dans des temps malheureux où le *raisonnement* a tout attaqué et tout corrompu. On s'est néanmoins efforcé d'atteindre, par des moyens différents, le même but que s'était proposé ce pieux écrivain ; en fixant l'attention sur les principaux préceptes ou sur les plus importants conseils contenus dans chaque chapitre.

Nous finirons par un mot sur les principales traductions, faites dans notre langue, du livre de l'*Imitation*.

La plus ancienne de celles qui méritent d'être citées a pour auteur le chancelier de Marillac, et fut publiée en 1621. Cette traduction, qui se rapproche plus qu'aucune autre du texte original, a, dans son vieux langage, beaucoup de grâce et de naïveté; il est remarquable qu'elle n'a été que rarement imitée par les traducteurs qui sont venus après.

1. Matth. XVIII, 2 et 3.

En 1662, parut celle de M. Le Maistre de Sacy : elle eut un grand succès. Toutefois ce n'est le plus souvent qu'une paraphrase élégante du texte. Le P. Lallemant, qui publia la sienne en 1740[1], et M. Beauzée, dont la traduction fut imprimée en 1788, évitèrent ce défaut, mais laissèrent encore beaucoup à désirer. Beauzée, correct, quelquefois même élégant, manque de chaleur et d'onction ; le P. Lallemant, avec plus de précision que Sacy et moins de sécheresse que Beauzée, est loin cependant d'avoir fidèlement rendu le tour animé et plein de sentiment, l'expression souvent si hardie et si pittoresque de l'original. Du reste, l'un et l'autre s'emparèrent, sans scrupule, de tout ce qu'ils jugèrent bien traduit par leurs devanciers.

La traduction de Sacy a été depuis revue et corrigée par l'abbé de La Hogue, qui l'a fort améliorée, sans avoir cependant rien changé au système de paraphrase adopté par ce traducteur.

Il nous reste à parler de la traduction qui, depuis un siècle, a été le plus souvent réimprimée, et qui, sous le nom du P. Gonnelieu, auteur des pratiques et des prières dont elle est constamment accompagnée, passe pour la plus parfaite de toutes. *Habent sua fata libelli* ; ce singulier jugement que répète, à peu près dans les mêmes termes, chaque nouvel éditeur de cette

1. Il avait alors quatre-vingts ans.

traduction, l'a rendue, en quelque sorte, l'objet d'un respect religieux, qu'il semble bien hardi de vouloir essayer de détruire. La vérité est cependant que le P. Gonnelieu n'a jamais traduit l'*Imitation;* que cette traduction, depuis si longtemps honorée d'une si grande faveur, est d'un libraire de Paris, nommé Jean Cusson, qui la fit paraître pour la première fois en 1673; et que, bien qu'elle ait été retouchée et corrigée par J.-B. Cusson, son fils, qui la publia de nouveau en 1712[1], y joignant alors, pour la première fois, les pratiques du P. Gonnelieu, elle n'est en effet qu'une continuelle et faible copie de celle de Sacy, et, à notre avis, la plus médiocre de toutes les traductions que nous venons de citer[2].

Quoique M. Genoude, surtout dans les deux premiers livres, les ait quelquefois corrigées heureusement, peut-être laisse-t-il encore quelque chose à désirer. Il nous a paru du moins qu'on pouvait, en conservant ce

1. Ces documents bibliographiques ont été puisés dans une dissertation très-savante et très-bien faite sur soixante traductions françaises de l'*Imitation*, publiée en 1812 par M. A.-A. Barbier, bibliothécaire du roi.

2. Tous les traducteurs de l'*Imitation* n'ont cessé de se copier les uns les autres; et Sacy est celui auquel on a le plus fréquemment emprunté. (*Voy.* la dissertation déjà citée.) Du reste, tel est le désordre qui règne dans les réimpressions continuelles que l'on fait de ce livre, que ces pratiques du P. Gonnelieu se trouvent, dans plusieurs éditions, à la suite des traductions de Beauzée, de Lallemant, etc.; et néanmoins, dans l'avertissement de l'éditeur, c'est toujours « *l'excellente traduction* du P. Gonnelieu que l'on pré- « sente aux lecteurs, cette traduction qui surpasse toutes les autres *pour la* « *fidélité et l'onction.* »

qu'il y a de bon dans les traductions anciennes [1], essayer de reproduire plus fidèlement quelques-unes des beautés de l'*Imitation*. En ce genre de travail, venir le dernier est un avantage : heureux si nous avons su en profiter pour le bien des âmes, et si nous pouvons ainsi avoir quelque petite part dans les fruits abondants que produit tous les jours ce saint livre !

1. Le P. Lallemant justifie cette manière de traduire l'*Imitation* par une réflexion pleine de sens : « Il y a, dit-il à la fin de sa préface, dans l'*Imitation*, un nombre d'expressions si simples, qu'il n'est pas possible de les « rendre bien en deux façons. On ne doit donc pas être surpris de trouver « en cette traduction plusieurs versets exprimés de la même manière que « dans les éditions précédentes. Il ne serait point juste de vouloir obliger un « auteur de traduire moins bien un texte, pour s'éloigner de ceux qui ont « saisi la seule bonne manière de le traduire. »

L'IMITATION

DE

JÉSUS-CHRIST

LIVRE PREMIER.

AVIS UTILES POUR ENTRER DANS LA VIE INTÉRIEURE.

CHAPITRE PREMIER.

QU'IL FAUT IMITER JÉSUS-CHRIST, ET MÉPRISER TOUTES LES VANITÉS DU MONDE.

1. *Celui qui me suit, ne marche point dans les ténèbres*, dit le Seigneur [1]. Ce sont les paroles de Jésus-Christ, par lesquelles il nous exhorte à imiter sa conduite et sa vie, si nous voulons être vraiment éclairés et délivrés de tout aveuglement du cœur.

Que notre principale étude soit donc de méditer la vie de Jésus-Christ.

1. Joan. VIII, 12.

2. La doctrine de Jésus-Christ surpasse toute doctrine des Saints; et qui posséderait son esprit, y trouverait la manne cachée.

Mais il arrive que plusieurs, à force d'entendre l'Évangile, n'en sont que peu touchés, parce qu'ils n'ont point l'esprit de Jésus-Christ.

Voulez-vous comprendre parfaitement et goûter les paroles de Jésus-Christ? appliquez-vous à conformer toute votre vie à la sienne.

3. Que vous sert de raisonner profondément sur la Trinité, si vous n'êtes pas humbles, et que par là vous déplaisiez à la Trinité?

Certes, les discours sublimes ne font pas l'homme juste et saint; mais une vie pure rend cher à Dieu.

J'aime mieux sentir la componction que d'en savoir la définition.

Quand vous sauriez toute la Bible et toutes les sentences des philosophes, que vous servirait tout cela, sans la grâce et la charité?

Vanité des vanités, tout n'est que vanité [1], hors aimer Dieu, et le servir lui seul.

La souveraine sagesse est de tendre au royaume du Ciel par le mépris du monde.

4. Vanité donc, d'amasser des richesses périssables, et d'espérer en elles.

Vanité, d'aspirer aux honneurs, et de s'élever à ce qu'il y a de plus haut.

1. Eccle. I, 2.

Vanité, de suivre les désirs de la chair, et de rechercher ce dont il faudra bientôt être rigoureusement puni.

Vanité, de souhaiter une longue vie, et de ne pas se soucier de bien vivre.

Vanité, de ne penser qu'à la vie présente, et de ne pas prévoir ce qui la suivra.

Vanité, de s'attacher à ce qui passe si vite, et de ne pas se hâter vers la joie qui ne finit point.

5. Rappelez-vous souvent cette parole du Sage : *L'œil n'est pas rassasié de ce qu'il voit, ni l'oreille remplie de ce qu'elle entend* [1].

Appliquez-vous donc à détacher votre cœur de l'amour des choses visibles, pour le porter tout entier vers les invisibles.

Car ceux qui suivent l'attrait de leurs sens souillent leur âme et perdent la grâce de Dieu.

RÉFLEXION.

Nous n'avons ici-bas qu'un intérêt, celui de notre salut [2], et nul ne peut être sauvé qu'en Jésus-Christ et par Jésus-Christ [3] ; la foi en sa parole, l'obéissance à ses commandements, l'imitation de ses vertus, voilà la vie, il n'y en a point d'autre : tout le reste est vanité, et j'ai vu, dit le Sage, que *l'homme n'a rien de plus de tous les travaux dont il se consume sous le soleil* [4] : richesses, plaisirs, grandeurs, qu'est-ce que cela, lorsqu'on jette le corps dans la fosse, et que l'âme s'en va dans son éternité ? Pensez-y dès aujourd'hui, dès ce moment même, car demain, peut-être, il

1. Eccle. I, 8. — 2. Luc. X, 42. — 3. Act. IV, 12. — 4. Eccle. I, 3.

ne sera plus temps. Travaillez pendant que le jour luit : hâtez-vous d'amasser un trésor qui ne périsse point[1] : *la nuit vient où l'on ne peut rien faire*[2]. De stériles désirs ne vous sauveront pas; ce sont des œuvres que Dieu veut. Or donc, imitez Jésus, si vous voulez vivre éternellement avec Jésus.

1. Matth. vi, 20. — 2. Joan. ix, 4.

CHAPITRE II.

AVOIR D'HUMBLES SENTIMENTS DE SOI-MÊME.

1. Tout homme désire naturellement de savoir : mais la science sans la crainte de Dieu, que vaut-elle?

Un humble paysan qui sert Dieu, est certainement fort au-dessus du philosophe superbe qui, se négligeant lui-même, considère le cours des astres.

Celui qui se connaît bien se méprise et ne se plaît point aux louanges des hommes.

Quand j'aurais toute la science du monde, si je n'ai pas la charité, à quoi cela me servirait-il devant Dieu, qui me jugera sur mes œuvres?

2. Modérez le désir trop vif de savoir; on ne trouvera là qu'une grande dissipation et une grande illusion.

Les savants sont bien aises de paraître et de passer pour habiles.

Il y a beaucoup de choses qu'il importe peu ou qu'il n'importe point à l'âme de connaître; et celui-là est bien insensé qui s'occupe d'autre chose que de ce qui intéresse son salut.

La multitude des paroles ne rassasie point l'âme ; mais une vie sainte et une conscience pure donnent le repos du cœur et une grande confiance près de Dieu.

3. Plus et mieux vous savez, plus vous serez sévèrement jugé, si vous n'en vivez pas plus saintement.

Quelque art et quelque science que vous possédiez, n'en tirez donc point de vanité : craignez plutôt à cause des lumières qui vous ont été données.

Si vous croyez beaucoup savoir et savoir bien, souvenez-vous que c'est peu de chose près de ce que vous ignorez.

Ne vous élevez point en vous-même[1] : avouez plutôt votre ignorance.

Comment pouvez-vous songer à vous préférer à quelqu'un, tandis qu'il y en a tant de plus doctes que vous et de plus instruits en la loi de Dieu?

Voulez-vous apprendre et savoir quelque chose qui vous serve? Aimez à vivre inconnu et à n'être compté pour rien.

4. La science la plus haute et la plus utile est la connaissance exacte et le mépris de soi-même.

Ne rien s'attribuer et penser favorablement des autres, c'est une grande sagesse et une grande perfection.

Quand vous verriez votre frère commettre ouvertement une faute, même une faute très-grave, ne pensez pas cependant être meilleur que lui : car vous ignorez combien de temps vous persévérerez dans le bien.

1. Rom. XI, 20.

Nous sommes tous fragiles ; mais croyez que personne n'est plus fragile que vous.

RÉFLEXION.

L'orgueil a perdu l'homme, l'humilité le relève et le rétablit en grâce avec Dieu. Son mérite n'est pas dans ce qu'il sait, mais dans ce qu'il fait. La science sans les œuvres ne le justifiera point au tribunal suprême, elle aggravera plutôt son jugement. Ce n'est pas que la science n'ait ses avantages, puisqu'elle vient de Dieu : mais elle cache un grand piége et une grande tentation. *Elle enfle,* dit l'Apôtre [1] ; elle nourrit la superbe, elle inspire une secrète préférence de soi, préférence criminelle et folle en même temps, car la science la plus étendue n'est qu'un autre genre d'ignorance, et la vraie perfection consiste uniquement dans les dispositions du cœur. N'oublions jamais que nous ne sommes rien, que nous ne possédons en propre que le péché, que la justice veut que nous nous abaissions au-dessous de toutes les créatures, et que, dans le royaume de Jésus-Christ, *les premiers seront les derniers, et les derniers seront les premiers* [2].

1. I. Cor. VIII, 1. — 2. Matth. XIX, 30.

CHAPITRE III.

DE LA DOCTRINE DE VÉRITÉ.

1. Heureux celui que la vérité instruit elle-même, non pas des figures et des paroles qui passent, mais en se montrant telle qu'elle est.

Notre raison et nos sens voient peu et nous trompent souvent.

A quoi servent ces disputes subtiles sur des choses cachées et obscures, qu'au jugement de Dieu on ne vous reprochera point d'avoir ignorées?

C'est une grande folie de négliger ce qui est utile et nécessaire, pour s'appliquer curieusement à ce qui nuit. Nous avons des yeux, et nous ne voyons point.

2. Que nous importe ce qu'on dit sur les genres et sur les espèces?

Celui à qui parle le Verbe éternel est délivré de bien des opinions.

Tout vient de ce Verbe unique : de lui procède toute parole, *il en est le principe, et c'est lui qui parle en dedans de nous* [1].

1. Joan. VIII, 25.

Sans lui nulle intelligence; sans lui nul jugement n'est droit.

Celui pour qui une seule chose est tout, qui rappelle tout à cette unique chose, et voit tout en elle, ne sera point ébranlé, et son cœur demeurera dans la paix de Dieu.

O vérité, qui êtes Dieu, faites que je sois un avec vous dans un amour éternel.

Souvent j'éprouve un grand ennui à force de lire et d'entendre : en vous est tout ce que je désire, tout ce que je veux.

Que tous les docteurs se taisent : que toutes les créatures soient dans le silence devant vous : parlez-moi vous seul.

3. Plus un homme est recueilli en lui-même et dégagé des choses extérieures, plus son esprit s'étend et s'élève sans aucun travail, parce qu'il reçoit d'en haut la lumière de l'intelligence.

Une âme pure, simple, ferme dans le bien, n'est jamais dissipée au milieu même des plus nombreuses occupations, parce qu'elle fait tout pour honorer Dieu, et que, tranquille en elle-même, elle tâche de ne se rechercher en rien.

Qu'est-ce qui vous fatigue et vous trouble, si ce n'est les affections immortifiées de votre cœur?

4. L'homme bon et vraiment pieux dispose d'abord au dedans de lui tout ce qu'il doit faire au dehors : il ne se laisse point entraîner, dans ses actions, au désir d'une inclination vicieuse : mais il les soumet à la règle d'une droite raison.

Qui a un plus rude combat à soutenir que celui qui travaille à se vaincre?

C'est là ce qui devrait nous occuper uniquement : combattre contre nous-mêmes, devenir chaque jour plus forts contre nous, chaque jour faire quelque progrès dans le bien.

Toute perfection, dans cette vie, est mêlée de quelque imperfection; et nous ne voyons rien qu'à travers une certaine obscurité.

L'humble connaissance de vous-même est une voie plus sûre pour aller à Dieu que les recherches profondes de la science.

Ce n'est pas qu'il faille blâmer la science, ni la simple connaissance d'aucune chose : car elle est bonne en soi et dans l'ordre de Dieu; seulement on doit préférer toujours une conscience pure et une vie sainte.

Mais, parce que plusieurs s'occupent davantage de savoir que de bien vivre, ils s'égarent souvent, et ne retirent que peu ou point de fruit de leur travail.

5. Oh! s'ils avaient autant d'ardeur pour extirper leurs vices et pour cultiver la vertu que pour remuer de vaines questions, on ne verrait pas tant de maux et de scandales dans le peuple, ni tant de relâchement dans les monastères.

Certes, au jour du jugement on ne nous demandera point ce que nous avons lu, mais ce que nous avons fait; ni si nous avons bien parlé, mais si nous avons bien vécu.

Dites-moi où sont maintenant ces maîtres et ces docteurs que vous avez connus lorsqu'ils vivaient encore et qu'ils fleurissaient dans leur science?

D'autres occupent à présent leurs places, et je ne sais s'ils pensent seulement à eux.

Ils semblaient, pendant leur vie, être quelque chose, et maintenant on n'en parle plus.

Oh! que la gloire du monde passe vite! Plût à Dieu que leur vie eût répondu à leur science! Ils auraient lu alors et étudié avec fruit.

Qu'il y en a qui se perdent dans le siècle par une vaine science et par l'oubli du service de Dieu!

Et parce qu'ils aiment mieux être grands que d'être humbles, ils s'évanouissent dans leurs pensées.

Celui-là est vraiment grand, qui a une grande charité.

Celui-là est vraiment grand, qui est petit à ses propres yeux, et pour qui les honneurs du monde ne sont qu'un pur néant.

Celui-là est vraiment sage, qui, *pour gagner Jésus-Christ, regarde comme de la boue toutes les choses de la terre* [1].

Celui-là possède la vraie science, qui fait la volonté de Dieu et renonce à la sienne.

RÉFLEXION.

Il y a deux doctrines, mais il n'y a qu'une vérité. Il y a deux doctrines, l'une de Dieu, immuable comme lui; l'autre de l'homme,

1. Philipp. III, 8.

changeante comme lui. La Sagesse incréée, le Verbe divin, répand la première dans les âmes préparées à la recevoir, et la lumière qu'elle leur communique est une partie de lui-même, de la vérité substantielle et toujours vivante. Offerte à tous, elle est donnée avec plus d'abondance à l'humble de cœur ; et comme elle ne vient pas de lui, qu'elle peut à chaque instant lui être retirée, qu'elle ne dépend en aucune façon de l'intelligence qu'elle éclaire, il la possède sans être tenté de vaine complaisance dans sa possession. La doctrine de l'homme, au contraire, flatte son orgueil, parce qu'il en est le père. « Cette idée m'appartient ; j'ai dit cela le premier ; on ne savait rien là-dessus avant moi. » Esprit superbe, voilà ton langage. Mais bientôt on conteste à cette puissante raison ce qui fait sa joie ; on rit de ses idées fausses qu'elle a crues vraies, de ses découvertes imaginaires : le lendemain on n'y pense plus, et le temps emporte jusqu'au nom de l'insensé qui ne vécut que pour être immortel sur la terre. O Jésus, daignez mettre en moi votre vérité sainte, et qu'elle me préserve à jamais des égarements de mon propre esprit!

CHAPITRE IV.

DE LA PRÉVOYANCE DANS LES ACTIONS.

1. Il ne faut pas croire à toute parole ni obéir à tout mouvement intérieur, mais peser chaque chose selon Dieu, avec prudence et avec une longue attention.

Hélas! nous croyons et nous disons plus facilement des autres le mal que le bien, tant nous sommes faibles!

Mais les parfaits n'ajoutent pas foi aisément à tout ce qu'ils entendent, parce qu'ils connaissent l'infirmité de l'homme, enclin au mal et léger dans ses paroles.

2. C'est une grande sagesse que de ne point agir avec précipitation, et de ne pas s'attacher obstinément à son propre sens.

Il est encore de la sagesse de ne pas croire indistinctement tout ce que les hommes disent; et ce qu'on a entendu ou cru, de ne point aller aussitôt le rapporter aux autres.

Prenez conseil d'un homme sage et de conscience; et laissez-vous guider par un autre qui vaille mieux que vous, plutôt que de suivre vos propres pensées.

Une bonne vie rend l'homme sage selon Dieu, et lui donne une plus grande expérience.

Plus on sera humble et soumis à Dieu, plus on aura de sagesse et de paix en toutes choses.

RÉFLEXION.

Dieu devant être la dernière fin de nos actions comme de nos désirs, il est nécessaire qu'en agissant, nous évitions de nous abandonner aux mouvements précipités de la nature, dont le penchant est de tout rapporter à soi. Et comme nul ne se connaît lui-même, et ne peut dès lors être son propre guide, la sagesse veut que nous ne hasardions aucune démarche de quelque importance avant d'avoir pris conseil, en esprit de soumission et d'humilité. Cette juste défiance de soi prévient les chutes et purifie le cœur. *Le conseil vous gardera*, dit l'Écriture, *et vous retirera de la voie mauvaise*[1].

1. Prov. II, 11 et 12.

CHAPITRE V.

DE LA LECTURE DE L'ÉCRITURE SAINTE.

1. Il faut chercher la vérité dans l'Écriture sainte, et non l'éloquence.

Toute l'Écriture doit être lue dans le même esprit qui l'a dictée.

Nous devons y chercher l'utilité plutôt que la délicatesse du langage.

Nous devons lire aussi volontiers les livres simples et pieux, que les livres profonds et sublimes.

Ne vous prévenez point contre l'auteur; mais, sans vous inquiéter s'il a peu ou beaucoup de science, que le pur amour de la vérité vous porte à le lire.

Considérez ce qu'on vous dit, sans rechercher qui le dit.

2. *Les hommes passent; mais la vérité du Seigneur demeure éternellement*[1].

Dieu nous parle en diverses manières et par des personnes très-diverses.

1. Ps. xxxviii, 7; cvi, 2.

Dans la lecture de l'Écriture sainte, souvent notre curiosité nous nuit, voulant examiner et comprendre, lorsqu'il faudrait passer simplement.

Si vous voulez en retirer du fruit, lisez avec humilité, avec simplicité, avec foi; et ne cherchez jamais à passer pour habile.

Aimez à interroger; écoutez en silence les paroles des Saints, et ne méprisez point les sentences des vieillards; car elles ne sont pas proférées en vain.

RÉFLEXION.

Qu'est-ce que la raison comprend? presque rien : mais la foi embrasse l'infini. Celui qui croit est donc bien au-dessus de celui qui raisonne, et la simplicité du cœur, bien préférable à la science qui nourrit l'orgueil. C'est le désir de savoir qui perdit le premier homme : il cherchait la science, il trouva la mort. Dieu, qui nous parle dans l'Écriture, n'a pas voulu satisfaire notre vaine curiosité, mais nous éclairer sur nos devoirs, exercer notre foi, purifier et nourrir notre âme par l'amour des vrais biens, qui sont tous renfermés en lui. L'humilité d'esprit est donc la disposition la plus nécessaire pour lire avec fruit les livres saints, et c'est déjà avoir profité beaucoup que de comprendre combien ils sont au-dessus de notre raison faible et bornée.

CHAPITRE VI.

DES AFFECTIONS DÉRÉGLÉES.

1. Dès que l'homme commence à désirer quelque chose désordonnément, aussitôt il devient inquiet en lui-même.

Le superbe et l'avare n'ont jamais de repos; mais le pauvre et l'humble d'esprit vivent dans l'abondance de la paix.

L'homme qui n'est pas encore parfaitement mort à lui-même est bien vite tenté; et il succombe dans les plus petites choses.

Celui dont l'esprit est encore infirme, appesanti par la chair et incliné vers les choses sensibles, a grand'peine à se détacher entièrement des désirs terrestres.

C'est pourquoi, lorsqu'il se refuse à les satisfaire, souvent il éprouve de la tristesse; et il est disposé à l'impatience, quand on lui résiste.

2. Que s'il a obtenu ce qu'il convoitait, aussitôt le remords de la conscience pèse sur lui, parce qu'il a suivi sa passion, qui ne sert de rien pour la paix qu'il cherchait.

C'est en résistant aux passions, et non en leur cédant, qu'on trouve la véritable paix du cœur.

Point de paix donc dans le cœur de l'homme charnel, de l'homme livré aux choses extérieures : la paix est le partage de l'homme fervent et spirituel.

RÉFLEXION.

Un joug pesant accable les enfants d'Adam[1], fatigués sans relâche par les convoitises de la nature corrompue. Succombent-ils, la tristesse, le trouble, l'amertume, le remords, s'emparent aussitôt de leur âme. « Superbe encore au fond de l'ignominie, « inquiet et las de moi-même, dit saint Augustin en racontant les « désordres de sa jeunesse, je m'en allais loin de vous, ô mon « Dieu ! à travers des voies toutes semées de stériles douleurs[2]. » Il en coûte plus à l'homme de céder à ses penchants que de les vaincre; et si le combat contre les passions est dur, une paix ineffable en est le prix. Appelons le Seigneur à notre aide dans ce saint combat ; n'en craignons point le travail, il sera court : aujourd'hui, demain; et puis le repos éternel !

1. Eccli. XL, 1. — 2. *Conf.* lib. II, cap. II.

CHAPITRE VII.

QU'IL FAUT FUIR L'ORGUEIL ET LES VAINES ESPÉRANCES.

1. Insensé celui qui met son espérance dans les hommes ou dans quelque créature que ce soit.

N'ayez point de honte de servir les autres, et de paraître pauvre en ce monde, pour l'amour de Jésus-Christ.

Ne vous appuyez point sur vous-même, et ne vous reposez que sur Dieu seul.

Faites ce qui est en vous, et Dieu secondera votre bonne volonté.

Ne vous confiez point en votre science, ni dans l'habileté d'aucune créature ; mais plutôt dans la grâce de Dieu, qui aide les humbles et qui humilie les présomptueux.

2. Ne vous glorifiez point dans les richesses, si vous en avez, ni dans vos amis parce qu'ils sont puissants, mais en Dieu, qui donne tout, et qui, par-dessus tout, désire encore se donner lui-même.

Ne vous élevez point à cause de la force ou de la beauté de votre corps, qu'une légère infirmité abat et flétrit.

N'ayez point de complaisance en vous-même à cause

de votre esprit ou de votre habileté, de peur de déplaire à Dieu, de qui vient tout ce que vous avez reçu de bon de la nature.

3. Ne vous estimez pas meilleur que les autres, de crainte que peut-être vous ne soyez pire aux yeux de Dieu, qui sait ce qu'il y a dans l'homme.

Ne vous enorgueillissez pas de vos bonnes œuvres, car les jugements de Dieu sont autres que ceux des hommes, et ce qui plaît aux hommes, souvent lui déplaît.

S'il y a quelque bien en vous, croyez qu'il y en a plus dans les autres, afin de conserver l'humilité.

Vous ne hasardez rien à vous mettre au-dessous de tous : mais il vous serait très-nuisible de vous préférer à un seul.

L'homme humble jouit d'une paix inaltérable; la colère et l'envie troublent le cœur du superbe.

RÉFLEXION.

En considérant la faiblesse de l'homme, la fragilité de sa vie, les souffrances dont il est assailli de toutes parts, les ténèbres de sa raison, les incertitudes de sa volonté *inclinée au mal dès l'enfance*[1], on s'étonne qu'un seul mouvement d'orgueil puisse s'élever dans une créature si misérable; et cependant l'orgueil est le fond même de notre nature dégradée. Selon la pensée d'un Père, *il nous sépare de la sagesse; il fait que nous voulons être nous-mêmes notre bien, comme Dieu lui-même est son bien*[2] : tant il y

1. Gen. VIII, 21. — 2. S. Aug., *de Lib. Arbitr.*, lib. III, cap. XXIV.

a de folie dans le crime! C'est alors que l'homme se recherche et s'admire dans tout ce qui le distingue des autres et l'agrandit à ses propres yeux, dans les avantages du corps, de l'esprit, de la naissance, de la fortune, de la grâce même, abusant ainsi à la fois des dons du Créateur et du Rédempteur. Oh! que ce désordre est effrayant et combien nous devons trembler lorsque nous découvrons en nous un sentiment de vaine complaisance, ou qu'il nous arrive de nous préférer à l'un de nos frères! Rappelons-nous souvent le pharisien de l'Évangile, sa fausse piété, si contente d'elle-même et si coupable devant Dieu, son mépris pour le publicain *qui s'en alla justifié* à cause de l'humble aveu de sa misère, et disons au fond du cœur avec celui-ci : *Mon Dieu, ayez pitié de moi* pauvre pécheur[1]!

1. Luc. XVIII, 13.

CHAPITRE VIII.

ÉVITER LA TROP GRANDE FAMILIARITÉ.

1. *N'ouvrez pas votre cœur à tous indistinctement*[1]; mais confiez ce qui vous touche à l'homme sage et craignant Dieu.

Ayez peu de commerce avec les jeunes gens et les personnes du monde.

Ne flattez point les riches, et ne désirez point de paraître devant les grands.

Recherchez les humbles, les simples, les personnes de piété et de bonnes mœurs; et ne vous entretenez que de choses édifiantes.

N'ayez de familiarité avec aucune femme; mais recommandez à Dieu toutes celles qui sont vertueuses.

Ne souhaitez d'être familier qu'avec Dieu et les Anges, et évitez d'être connu des hommes.

2. Il faut avoir de la charité pour tout le monde; mais la familiarité ne convient point.

1. Eccli. VIII, 22.

Il arrive que, sans la connaître, on estime une personne sur sa bonne réputation : et en se montrant, elle détruit l'opinion qu'on avait d'elle.

Nous nous imaginons quelquefois plaire aux autres par nos assiduités; et c'est plutôt alors que nous commençons à leur déplaire par les défauts qu'ils découvrent en nous.

RÉFLEXION.

Il faut se prêter aux hommes, et ne se donner qu'à Dieu. Un commerce trop étroit avec la créature partage l'âme et l'affaiblit : elle doit vivre plus haut. *Notre conversation est dans le ciel,* dit l'Apôtre[1].

1. Philipp. III, 20.

CHAPITRE IX.

DE L'OBÉISSANCE ET DU RENONCEMENT A SON PROPRE SENS.

1. C'est quelque chose de bien grand que de vivre sous un supérieur, dans l'obéissance, et de ne pas dépendre de soi-même.

Il est beaucoup plus sûr d'obéir que de commander.

Quelques-uns obéissent plutôt par nécessité que par amour; et ceux-là, toujours souffrants, sont portés au murmure. Jamais ils ne posséderont la liberté d'esprit, à moins qu'ils ne se soumettent de tout leur cœur, à cause de Dieu.

Allez où vous voudrez, vous ne trouverez de repos que dans une humble soumission à la conduite d'un supérieur. Plusieurs, s'imaginant qu'ils seraient meilleurs en d'autres lieux, ont été trompés par cette idée de changement.

2. Il est vrai que chacun aime à suivre son propre sens, et a plus d'inclination pour ceux qui pensent comme lui.

Mais si Dieu est au milieu de nous, il est quelquefois

nécessaire de renoncer à notre sentiment pour le bien de la paix.

Quel est l'homme si éclairé, qu'il sache tout parfaitement?

Ne vous fiez donc pas trop à votre sentiment, mais écoutez aussi volontiers celui des autres.

Si votre sentiment est bon, et qu'à cause de Dieu vous l'abandonniez pour en suivre un autre, vous en retirerez plus d'avantage.

3. J'ai souvent ouï dire qu'il est plus sûr d'écouter et de recevoir un conseil, que de le donner.

Car il peut arriver que le sentiment de chacun soit bon : mais ne vouloir pas céder aux autres, lorsque l'occasion ou la raison le demande, c'est la marque d'un esprit superbe et opiniâtre.

RÉFLEXION.

Le Christ s'est rendu obéissant jusqu'à la mort, et à la mort de la croix[1]. Qui oserait après cela refuser d'obéir? Nul ordre dans le monde, nulle vie que par l'obéissance : elle est le lien des hommes entre eux et avec leur auteur, le fondement de la paix et le principe de l'harmonie universelle. La famille, la cité. l'Église ou la grande société des intelligences, ne subsistent que par elle, et la perfection la plus haute n'est, pour les créatures, qu'une plus parfaite obéissance, elle seule nous garantit de l'erreur et du péché. Qu'est-ce que l'erreur? la pensée d'un esprit faillible, qui ne reconnaît point de maître et n'obéit qu'à soi.

1. Philipp. II, 8.

Qu'est-ce que le péché? l'acte d'une volonté corrompue, qui ne reconnaît point de maître et n'obéit qu'à soi. Mais à qui devrons-nous obéir? à un homme comme nous? Non, non, l'homme n'a sur l'homme aucun légitime empire; son pouvoir n'est que la force, et quand il commande en son propre nom, il usurpe insolemment un droit qui ne lui appartient en aucune manière. Dieu est l'unique monarque, et toute autorité légitime est un écoulement, une participation de sa puissance éternelle, infinie. Ainsi, comme l'enseigne l'Apôtre, *le pouvoir vient de Dieu*[1], et il est soumis à une règle divine, aussi bien dans l'ordre temporel que dans l'ordre religieux ; de sorte qu'en obéissant au pontife, au prince, au père, à quiconque est réellement *le ministre de Dieu pour le bien*[2], c'est à Dieu seul qu'on obéit. Heureux celui qui comprend cette céleste doctrine : délivré de la servitude de l'erreur et des passions, de la servitude de l'homme, il jouit *de la vraie liberté des enfants de Dieu*[3].

1. Rom. XIII, 1. — 2. *Ibid.*, 4. — 3. *Ibid.*, VIII, 21.

CHAPITRE X.

QU'IL FAUT ÉVITER LES ENTRETIENS INUTILES.

1. Évitez, autant que vous pourrez, le tumulte du monde; car il y a du danger à s'entretenir des choses du siècle, même avec une intention pure.

Bientôt la vanité souille l'âme, et la captive.

Je voudrais souvent m'être tu, et ne m'être point trouvé avec les hommes.

D'où vient que nous aimons tant à parler et à converser, lorsque si rarement il arrive que nous rentrions dans le silence avec une conscience qui ne soit pas blessée ?

C'est que nous cherchons dans ces entretiens une consolation mutuelle, et un soulagement pour notre cœur fatigué de pensées diverses.

Nous nous plaisons à parler, à occuper notre esprit de ce que nous aimons, de ce que nous souhaitons, de ce qui contrarie nos désirs.

2. Mais souvent, hélas! bien vainement : car cette consolation extérieure n'est pas un médiocre obstacle à la consolation que Dieu donne intérieurement.

Il faut donc veiller et prier, afin que le temps ne se passe pas sans fruit.

S'il est permis, s'il convient de parler, parlez de ce qui peut édifier.

La mauvaise habitude et le peu de soin de notre avancement nous empêchent d'observer notre langue.

Cependant, de pieuses conférences sur les choses spirituelles, entre les personnes unies selon Dieu et animées d'un même esprit, servent beaucoup au progrès dans la perfection.

RÉFLEXION.

Il est écrit que nous rendrons compte, au jour du jugement, même d'une parole oiseuse[1]. Ne nous étonnons pas de tant de rigueur : tout est sérieux dans la vie humaine, dont chaque moment peut avoir de si formidables conséquences. Ce temps que vous dissipez en des entretiens inutiles, vous était donné pour gagner le ciel. Comparez la fin pour laquelle vous l'avez reçu avec l'usage que vous en faites; et cependant que savez-vous s'il sera seulement accordé une heure de plus?

1. Matth. XII, 36.

CHAPITRE XI.

DES MOYENS D'ACQUÉRIR LA PAIX INTÉRIEURE, ET DU SOIN D'AVANCER DANS LA VERTU.

1. Nous pourrions jouir d'une grande paix, si nous voulions ne nous point occuper de ce que disent et de ce que font les autres, et de ce dont nous ne sommes point chargés.

Comment peut-il être longtemps en paix, celui qui s'embarrasse de soins étrangers, qui cherche à se répandre au dehors, et ne se recueille que peu ou rarement en lui-même?

Heureux les simples, parce qu'ils posséderont une grande paix!

2. Comment quelques Saints se sont-ils élevés à un si haut degré de vertu et de contemplation?

C'est qu'ils se sont efforcés de mourir à tous les désirs de la terre, et qu'ils ont pu ainsi s'unir à Dieu par le fond le plus intime de leur cœur, et s'occuper librement d'eux-mêmes.

Pour nous, nous sommes trop à nos passions, et trop inquiets de ce qui passe.

Rarement nous surmontons parfaitement un seul vice; nous n'avons point d'ardeur pour faire chaque jour quelque progrès, et ainsi nous restons tièdes et froids.

3. Si nous étions tout à fait morts à nous-mêmes, et moins préoccupés au dedans de nous, alors nous pourrions aussi goûter les choses de Dieu, et acquérir quelque expérience de la céleste contemplation.

Le plus grand, l'unique obstacle, c'est qu'asservis à nos passions et à nos convoitises, nous ne faisons aucun effort pour entrer dans la voie parfaite des Saints.

Et, s'il arrive que nous éprouvions quelque légère adversité, nous nous laissons aussitôt abattre, et nous recourons aux consolations humaines.

4. Si, tels que des soldats généreux, nous demeurions fermes dans le combat, nous verrions certainement le secours de Dieu descendre sur nous du Ciel.

Car il est toujours prêt à aider ceux qui résistent, et qui espèrent en sa grâce; et c'est lui qui nous donne des occasions de combattre, afin de nous rendre victorieux.

Si nous plaçons uniquement le progrès de la vie chrétienne dans les observances extérieures, notre dévotion sera de peu de durée.

Mettons donc la cognée à la racine de l'arbre, afin que, dégagés des passions, nous possédions notre âme en paix.

5. Si nous déracinions chaque année un seul vice, bientôt nous serions parfaits.

Mais nous sentons souvent au contraire que nous étions

meilleurs, et que notre vie était plus pure lorsque nous quittâmes le siècle, qu'après plusieurs années de profession.

Nous devrions croître chaque jour en ferveur et en vertu, et maintenant on compte pour beaucoup d'avoir conservé une partie de sa ferveur.

Si nous nous faisions d'abord un peu de violence, nous pourrions tout faire ensuite aisément et avec joie.

6. Il est dur de renoncer à ses habitudes; mais il est plus dur encore de courber sa propre volonté.

Cependant, si vous ne savez pas vous vaincre en des choses légères, comment remporterez-vous des victoires plus difficiles?

Résistez dès le commencement à votre inclination; rompez sans aucun retard toute habitude mauvaise, de peur que peu à peu elle ne vous engage dans de plus grandes difficultés.

Oh! si vous considériez quelle paix pour vous, quelle joie pour les autres, en vivant comme vous le devez, vous auriez, je crois, plus d'ardeur pour votre avancement spirituel.

RÉFLEXION.

Je vous laisse ma paix, je vous donne ma paix, non comme le monde la donne[1]. Quelle aimable douceur, quel touchant amour dans ces paroles de Jésus-Christ, et en même temps quelle instruc-

1. Joan. XIV, 27.

tion profonde! Tous les hommes souhaitent la paix, mais il y a deux paix, la paix de Jésus-Christ et la paix du monde. Le monde dit à l'ambitieux : Le désir des grandeurs te trouble et t'agite, monte, élève-toi. Il dit à l'avare : L'envie des richesses te dévore, amasse, amasse, sans t'arrêter jamais. Il dit au mondain tourmenté de ses convoitises : Enivre-toi de tous les plaisirs. Il dit enfin à chaque passion : Jouis, et tu auras la paix. Promesse menteuse! Les soucis, la tristesse, l'inquiétude, le dégoût, les remords, voilà la paix du monde. Jésus dit : Triomphez de vous-même, combattez vos désirs, domptez vos convoitises, brisez vos passions : et l'âme docile à ses commandements repose dans un calme ineffable. Les peines de la vie, les souffrances, les injustices, les persécutions, rien n'altère sa paix; et cette céleste paix, *qui surpasse tout sentiment*[1], l'accompagne au dernier passage, et la suit jusqu'au ciel, où se consommera sa félicité.

1. Philipp. IV, 7.

CHAPITRE XII.

DE L'AVANTAGE DE L'ADVERSITÉ.

1. Il nous est bon d'avoir quelquefois des peines et des traverses, parce que souvent elles rappellent l'homme à son cœur, et lui font sentir qu'il est en exil, et qu'il ne doit mettre son espérance en aucune chose du monde.

Il nous est bon de souffrir quelquefois des contradictions, et qu'on pense mal ou peu favorablement de nous, quelque bonnes que soient nos actions et nos intentions. Souvent cela sert à nous rendre humbles, et à nous prémunir contre la vaine gloire.

Car nous avons plus d'empressement à chercher Dieu, qui voit le fond du cœur, quand les hommes au dehors nous rabaissent, et pensent mal de nous.

2. C'est pourquoi l'homme devrait s'affermir tellement en Dieu, qu'il n'eût pas besoin de chercher tant de consolations humaines.

Lorsqu'avec une volonté droite, l'homme est troublé, tenté, affligé de mauvaises pensées, il reconnaît alors combien Dieu lui est nécessaire, et qu'il n'est capable d'aucun bien sans lui.

Alors il s'attriste, il gémit, il prie, à cause des maux qu'il souffre.

Alors il s'ennuie de vivre plus longtemps, et il souhaite que la mort arrive, afin que, délivré de ses liens, il soit avec Jésus-Christ.

Alors aussi il comprend bien qu'une sécurité parfaite, une pleine paix, ne sont point de ce monde.

RÉFLEXION.

C'est dans l'adversité que chacun de nous apprend à connaître ce qu'il est réellement. *Celui qui n'a pas été éprouvé, que sait-il*[1]? L'homme à qui tout prospère est exposé à un grand danger; il est bien à craindre que son âme s'assoupisse d'un sommeil pesant, et qu'à l'heure du réveil on ne lui dise : *Souvenez-vous que vous avez reçu vos biens sur la terre*[2]. Ici-bas les souffrances sont une grâce de prédilection; elles nous fournissent de nouvelles occasions de mérite, et nous rendent conformes au Fils de Dieu, dont il est écrit : *Il a fallu que le Christ souffrît, et qu'il entrât ainsi dans sa gloire*[3].

1. Eccli. XXXIV, 9. — 2. Luc. XVI, 25. — 3. Act. XVII, 3.

CHAPITRE XIII.

DE LA RÉSISTANCE AUX TENTATIONS.

1. Tant que nous vivons ici-bas, nous ne pouvons être exempts de tribulations et d'épreuves.

C'est pourquoi il est écrit au livre de Job : *La tentation est la vie de l'homme sur la terre*[1].

Chacun devrait donc être toujours en garde contre les tentations qui l'assiégent, et veiller et prier pour ne point laisser lieu aux surprises du démon, qui ne dort jamais, et *tourne de tous côtés, cherchant quelqu'un pour le dévorer*[2].

Il n'est point d'homme si parfait et si saint, qui n'ait quelquefois des tentations, et nous ne pouvons en être entièrement affranchis.

2. Mais, quoique importunes et pénibles, elles ne laissent pas d'être souvent très-utiles à l'homme, parce qu'elles l'humilient, le purifient et l'instruisent.

Tous les Saints ont passé par beaucoup de tentations et de souffrances, et c'est par cette voie qu'ils ont avancé ;

1. Job VII, 1. — 2. I. Pet. ; Ps. V, 8.

mais ceux qui n'ont pu soutenir ces épreuves, Dieu les a réprouvés, et ils ont défailli dans la route du salut.

Il n'y a point d'ordre si saint, ni de lieu si secret, où l'on ne trouve des peines et des tentations.

3. L'homme, tant qu'il vit, n'est jamais entièrement à l'abri des tentations : car nous en portons le germe en nous, à cause de la concupiscence dans laquelle nous sommes nés.

L'une succède à l'autre; et nous aurons toujours quelque chose à souffrir, parce que nous avons perdu le bien et la félicité primitive.

Plusieurs cherchent à fuir pour n'être point tentés, et ils tombent dans des tentations plus dangereuses.

Il ne suffit pas de fuir pour vaincre; mais la patience et la véritable humilité nous rendent plus forts que tous nos ennemis.

4. Celui qui, sans arracher la racine du mal, évite seulement les occasions extérieures, avancera peu; au contraire, les tentations reviennent à lui plus promptement et plus violentes.

Vous vaincrez plus sûrement peu à peu et par une longue patience, aidé du secours de Dieu, que par une rude et inquiète opiniâtreté.

Prenez souvent conseil dans la tentation, et ne traitez point durement celui qui est tenté; mais consolez-le comme vous voudriez qu'on vous consolât vous-même.

5. Le commencement de toutes les tentations est l'inconstance de l'esprit et le peu de confiance en Dieu.

Car, comme un vaisseau sans gouvernail est poussé çà

et là par les flots, ainsi l'homme faible et changeant qui abandonne ses résolutions est agité par des tentations diverses.

Le feu éprouve le fer[1], et la tentation, l'homme juste.

Nous ne savons souvent ce que nous pouvons : mais la tentation montre ce que nous sommes.

Il faut veiller cependant, surtout au commencement de la tentation ; car on triomphe beaucoup plus facilement de l'ennemi, si on ne le laisse point pénétrer dans l'âme, et si on le repousse à l'instant même où il se présente pour entrer.

C'est ce qui a fait dire à un ancien : *Arrêtez le mal dès son origine ; le remède vient trop tard, quand le mal s'est accru par de longs délais*[2].

D'abord une simple pensée s'offre à l'esprit, puis une vive imagination ; ensuite le plaisir, et le mouvement déréglé, et le consentement. Ainsi peu à peu l'ennemi envahit toute l'âme, lorsqu'on ne lui résiste pas dès le commencement.

Plus on met de retard et de langueur à le repousser, plus on s'affaiblit chaque jour, et plus l'ennemi devient fort contre nous.

6. Plusieurs sont affligés de tentations plus violentes au commencement de leur conversion ; d'autres à la fin : il y en a qui souffrent presque toute leur vie.

Quelques-uns sont tentés assez légèrement, selon l'ordre de la sagesse et de la justice de Dieu, qui connaît

1. Eccli. XXXI, 31. — 2. Ovid.

l'état des hommes, pèse leurs mérites, et dispose tout pour le salut de ses élus.

7. C'est pourquoi, quand nous sommes tentés, nous ne devons point perdre l'espérance, mais prier Dieu avec plus de ferveur, afin qu'il daigne nous secourir dans toutes nos tribulations ; car, selon la parole de l'Apôtre, *il nous fera tirer avantage de la tentation même, de sorte que nous puissions la surmonter*[1].

Humilions donc nos âmes sous la main de Dieu[2], dans toutes nos tentations, dans toutes nos peines, parce qu'il sauvera et relèvera les humbles d'esprit.

8. Dans les tentations et les traverses, on reconnaît combien l'homme a fait de progrès. Le mérite est plus grand, et la vertu paraît davantage.

Il est peu difficile d'être pieux et fervent, lorsque l'on n'éprouve rien de pénible ; mais celui qui se soutient avec patience au temps de l'adversité, donne l'espoir d'un grand avancement.

Quelques-uns surmontent les grandes tentations et succombent tous les jours aux petites, afin qu'humiliés d'être si faibles dans les moindres occasions, ils ne présument jamais d'eux-mêmes dans les grandes.

RÉFLEXION.

Nul homme n'est exempt de tentations. Elles nous purifient, nous éprouvent, nous instruisent, nous humilient. Ce n'est pas

1. I. Cor. x, 13. — 2. I. Pet. v, 6.

seulement par la fuite ou par une résistance violente qu'on en triomphe, mais par une patience tranquille et un confiant abandon entre les mains de Dieu. Veillons cependant, selon le précepte de Jésus-Christ, *Veillons et prions*[1]. On surmonte aisément la tentation naissante; mais si on la laisse croître et se fortifier, on porte, en succombant, la peine de sa négligence ou de sa présomption. Voulez-vous réellement vaincre? Repoussez l'ennemi dès sa première attaque. Voulez-vous retirer du combat l'avantage en vue duquel Dieu permet que nous soyons tentés? Reconnaissez votre misère, votre faiblesse, votre impuissance; et humiliez-vous de plus en plus. L'humilité est le fondement de notre sûreté, de notre paix et de toute perfection.

1. Marc. XIV, 38.

CHAPITRE XIV.

ÉVITER LES JUGEMENTS TÉMÉRAIRES, ET NE SE POINT RECHERCHER SOI-MÊME.

1. Tournez les yeux sur vous-même, et gardez-vous de juger les actions des autres.

En jugeant les autres, l'homme se fatigue vainement : il se trompe le plus souvent, et commet beaucoup de fautes; mais en s'examinant et se jugeant lui-même, il travaille toujours avec fruit.

D'ordinaire nous jugeons des choses selon l'inclination de notre cœur, car l'amour-propre altère aisément en nous la droiture du jugement.

Si nous n'avions jamais en vue que Dieu seul, nous serions moins troublés quand on résiste à notre sentiment.

2. Mais souvent il y a quelque chose hors de nous, ou de caché en nous, qui nous entraîne.

Plusieurs se recherchent secrètement eux-mêmes dans ce qu'ils font, et ils l'ignorent.

Ils semblent affermis dans la paix, lorsque tout va

selon leurs désirs; mais éprouvent-ils des contradictions, aussitôt ils s'émeuvent, et tombent dans la tristesse.

La diversité des opinions produit souvent des dissensions entre les amis, entre les citoyens, et même entre les religieux et les personnes dévotes.

3. On quitte difficilement une vieille habitude; et nul ne se laisse volontiers conduire au delà de ce qu'il voit.

Si vous vous appuyez sur votre esprit et sur votre pénétration plus que sur la soumission dont Jésus-Christ nous a donné l'exemple, vous serez très-peu et très-tard éclairé dans la vie spirituelle : car Dieu veut que nous lui soyons parfaitement soumis, et que nous nous élevions au-dessus de toute raison par un ardent amour.

RÉFLEXION.

Il y a en nous une secrète malice qui se complaît à découvrir les imperfections de nos frères : et voilà pourquoi nous sommes si prompts à les juger, oubliant qu'à Dieu seul appartient le jugement des cœurs. Au lieu de scruter si curieusement la conscience d'autrui, descendons dans la nôtre; nous y trouverons assez de motifs d'être indulgents envers le prochain et de troubles pour nous-mêmes. Vous n'êtes chargé que de vous, vous ne répondrez que de vous : *Ne jugez donc point, afin que vous ne soyez point jugé*[1].

1. Matth. VII, 2.

CHAPITRE XV.

DES ŒUVRES DE CHARITÉ.

1. Pour nulle chose au monde, ni pour l'amour d'aucun homme, on ne doit faire le moindre mal ; on peut quelquefois cependant, pour rendre un service dans le besoin, différer une bonne œuvre, ou lui en substituer une meilleure : car alors le bien n'est pas détruit, mais il se change en un plus grand.

Aucune œuvre extérieure ne sert sans la charité ; mais tout ce qui se fait par la charité, quelque petit et quelque vil qu'il soit, produit des fruits abondants.

Car Dieu regarde moins à l'action qu'au motif qui fait agir.

2. Celui-là fait beaucoup, qui aime beaucoup.

Celui-là fait beaucoup, qui fait bien ce qu'il fait ; et il fait bien lorsqu'il subordonne sa volonté à l'utilité publique.

Ce qu'on prend pour la charité, souvent n'est que la convoitise ; car il est rare que l'inclination, la volonté propre, l'espoir de la récompense, ou la vue de quelque avantage particulier, n'influe pas sur nos actions.

3. Celui qui possède la charité véritable et parfaite ne se recherche en rien; mais son unique désir est que la gloire de Dieu s'opère en toute chose.

Il ne porte envie à personne, parce qu'il ne souhaite aucune faveur particulière, ne met point sa joie en lui-même, et que, dédaignant tous les autres biens, il ne cherche qu'en Dieu son bonheur.

Il n'attribue jamais aucun bien à la créature; il les rapporte tous à Dieu de qui ils découlent comme de leur source, et dans la jouissance duquel tous les Saints se reposent à jamais comme dans leur fin dernière.

Oh! qui aurait une étincelle de la vraie charité, que toutes les choses de la terre lui paraîtraient vaines!

RÉFLEXION.

Presque toutes les actions des hommes partent d'un principe vicié, de cette triple concupiscence dont parle saint Jean[1], et contre laquelle la vie chrétienne n'est qu'un perpétuel combat. L'amour déréglé de soi, si difficile à vaincre entièrement, corrompt trop souvent les œuvres même en apparence les plus pures. Que de travaux, que d'aumônes, que de pénitences, dans lesquelles on se confie peut-être, seront stériles pour le ciel! Dieu ne se donne qu'à ceux qui l'aiment; il est le prix de la charité, de cet amour inénarrable, sans bornes et sans mesure, qui, tandis que tout le reste passe, demeure éternellement, dit saint Paul[2].

1. I. Joan. II, 16. — 2. I. Cor. XIII, 8.

Amour, qui seul faites les Saints, amour *qui êtes Dieu même*[1], pénétrez, possédez, transformez en vous toutes les puissances de mon âme, soyez ma vie, mon unique vie, et maintenant, et à jamais dans les siècles des siècles. Ainsi soit-il.

1. I. Joan. IV, 16.

CHAPITRE XVI.

QU'IL FAUT SUPPORTER LES DÉFAUTS D'AUTRUI.

1. Ce que l'homme ne peut corriger en soi ou dans les autres, il doit le supporter avec patience, jusqu'à ce que Dieu en ordonne autrement.

Songez qu'il est peut-être mieux qu'il en soit ainsi, pour vous éprouver par la patience, sans laquelle nos mérites sont peu de chose.

Vous devez cependant prier Dieu de vous aider à vaincre ces obstacles, ou à les supporter avec douceur.

2. Si quelqu'un, averti une ou deux fois, ne se rend point, ne contestez point avec lui, mais confiez tout à Dieu, qui sait tirer le bien du mal, afin que sa volonté s'accomplisse et qu'il soit glorifié dans tous ses serviteurs.

Appliquez-vous à supporter patiemment les défauts et les infirmités des autres, quelles qu'elles soient; parce qu'il y a aussi bien des choses en vous que les autres ont à supporter.

Si vous ne pouvez vous rendre tel que vous voudriez, comment pourrez-vous faire que les autres soient selon votre gré?

Nous aimons que les autres soient exempts de défauts, et nous ne corrigeons point les nôtres.

3. Nous voulons qu'on reprenne les autres sévèrement, et nous ne voulons pas être repris nous-mêmes.

Nous sommes choqués qu'on leur laisse une trop grande liberté, et nous ne voulons pas qu'on nous refuse rien.

Nous voulons qu'on les retienne par des règlements, et nous ne souffrons pas qu'on nous contraigne en la moindre chose.

Par là on voit clairement combien il est rare que nous usions de la même mesure pour nous et pour les autres.

Si tous étaient parfaits, qu'aurions-nous de leur part à souffrir pour Dieu?

4. Or Dieu l'a ainsi ordonné, afin que nous apprenions à porter le fardeau les uns des autres : car chacun a son fardeau : personne n'est sans défauts, nul ne se suffit à soi-même, nul n'est assez sage pour se conduire seul; mais il faut nous supporter, nous consoler, nous aider, nous instruire, nous avertir mutuellement.

C'est dans l'adversité qu'on voit le mieux ce que chacun a de vertus.

Car les occasions ne rendent pas l'homme fragile, mais elles montrent ce qu'il est.

RÉFLEXION.

Vous ne sauriez, dites-vous, supporter tels et tels défauts; puissant motif de vous humilier! Car Dieu, qui est la perfection même, les supporte, et de beaucoup plus grands. Ce qui vous rend si susceptible, ce n'est pas le zèle du prochain, mais un amour-propre difficile, irritable, ombrageux. Tournez vos regards sur vous-même, et voyez si vos frères n'ont rien à souffrir de vous? La vraie piété est douce et patiente, parce qu'elle éclaire sur ce que l'on est. Celui qui se sent faible, et qui en gémit, ne se choque pas aisément des faiblesses des autres; il sait que nous avons tous besoin de support, d'indulgence et de miséricorde; il excuse, il compatit, il pardonne, et conserve ainsi la paix au dedans de soi et au dehors la charité.

CHAPITRE XVII.

DE LA VIE RELIGIEUSE.

1. Il faut que vous appreniez à vous briser en beaucoup de choses, si vous voulez conserver la paix et la concorde avec les autres.

Ce n'est pas peu de chose de vivre dans un monastère ou dans une congrégation, de n'y être jamais une occasion de plainte, et d'y persévérer fidèlement jusqu'à la mort.

Heureux celui qui, après une vie sainte, y a heureusement consommé sa course!

Si vous voulez être affermi et croître dans la vertu, regardez-vous comme exilé et comme étranger sur la terre.

Il faut, pour l'amour de Jésus-Christ, devenir insensé selon le monde, si vous voulez vivre en religieux.

2. L'habit et la tonsure servent peu; c'est le changement des mœurs et la mortification entière des passions qui font le vrai religieux.

Celui qui cherche autre chose que Dieu seul et le salut de son âme, ne trouvera que tribulation et douleur.

Celui-là ne saurait non plus demeurer longtemps en

paix, qui ne s'efforce point d'être le dernier de tous et soumis à tous.

3. Vous êtes venu pour servir, et non pour dominer : sachez que vous êtes appelé pour souffrir et pour travailler, et non pour discourir dans une vaine oisiveté.

Ici donc les hommes sont éprouvés comme l'or dans la fournaise.

Ici nul ne peut vivre, s'il ne veut s'humilier de tout son cœur à cause de Dieu.

RÉFLEXION.

Qu'est-ce qu'un bon religieux? c'est un chrétien toujours occupé de tendre à la perfection. La vie religieuse n'est donc qu'une vie, pour ainsi dire, plus chrétienne; et l'abnégation de soi-même est l'abrégé de tous les devoirs qu'elle impose. Or ces devoirs sont aussi les nôtres, puisque ce n'est pas seulement à quelques-uns, mais à tous, que Jésus-Christ a dit : *Soyez parfaits comme votre Père céleste est parfait*[1]. Pour remplir cette grande vocation, renonçons à nous-mêmes; unissons-nous pleinement au sacrifice de notre divin Chef; aimons surtout la dépendance, les humiliations, les mépris. Le salut est un édifice qui ne s'élève que sur les ruines de l'orgueil.

1. Matth. v, 48.

CHAPITRE XVIII.

DE L'EXEMPLE DES SAINTS.

1. Contemplez les exemples des saints Pères, en qui reluisait la vraie perfection de la vie religieuse, et vous verrez combien peu est ce que nous faisons, et presque rien.

Hélas! qu'est-ce que notre vie comparée à la leur?

Les Saints et les amis de Jésus-Christ ont servi Dieu dans la faim et dans la soif, dans le froid et dans la nudité, dans le travail et dans la fatigue, dans les veilles et dans les jeûnes, dans les prières et dans les saintes méditations, dans une infinité de persécutions et d'opprobres.

2. Oh! que de pesantes tribulations ont souffertes les Apôtres, les Martyrs, les Confesseurs, les Vierges, et tous ceux qui ont voulu suivre les traces de Jésus-Christ! *Ils ont haï leur âme en ce monde, pour la posséder dans l'éternité*[1].

Oh! quelle vie de renoncement et d'austérités, que

1. Joan. XII, 25.

celle des Saints dans le désert! quelles longues et dures tentations ils ont essuyées! que de fois ils ont été tourmentés par l'ennemi! que de fréquentes et ferventes prières ils ont offertes à Dieu! quelles rigoureuses abstinences ils ont pratiquées! quel zèle, quelle ardeur pour leur avancement spirituel! quelle forte guerre contre leurs passions! quelle intention pure et droite toujours dirigée vers Dieu!

Ils travaillaient pendant le jour, et passaient la nuit en prières; et même, durant le travail, ils ne cessaient point de prier en esprit.

3. Tout leur temps avait un emploi utile. Les heures qu'ils donnaient à Dieu leur semblaient courtes, et ils trouvaient tant de douceur dans la contemplation, qu'ils en oubliaient les besoins du corps.

Ils renonçaient aux richesses, aux dignités, aux honneurs, à leurs amis, à leurs parents : ils ne voulaient rien du monde; ils prenaient à peine ce qui était nécessaire pour la vie; s'occuper du corps, même dans la nécessité, leur était une affliction.

Ils étaient pauvres des choses de la terre; mais ils étaient riches en grâces et en vertus.

Au dehors tout leur manquait; mais Dieu les fortifiait au dedans par sa grâce et par ses consolations.

4. Ils étaient étrangers au monde, mais unis à Dieu, et ses amis familiers.

Ils se regardaient comme un pur néant, et le monde les méprisait; mais ils étaient chéris de Dieu, et précieux devant lui.

Ils vivaient dans une sincère humilité, dans une obéissance simple, dans la charité, dans la patience, et devenaient ainsi chaque jour plus parfaits et plus agréables à Dieu.

Ils ont été donnés en exemple à tous ceux qui professent la vraie religion, et ils doivent nous exciter plus à avancer dans la perfection que la multitude des tièdes ne nous porte au relâchement.

5. Oh! quelle ferveur en tous les religieux au commencement de leur sainte institution! quelle ardeur pour la prière! quelle émulation de vertu! quelle sévère discipline! que de soumission, que de respect ils montraient tous pour la règle de leur fondateur!

Ce qui nous reste d'eux atteste encore la sainteté et la perfection de ces hommes qui, en combattant généreusement, foulèrent aux pieds le monde.

Aujourd'hui on compte pour beaucoup qu'un religieux ne viole point sa règle, et qu'il porte patiemment le joug dont il s'est chargé.

O tiédeur! ô négligence de notre état qui a si vite éteint parmi nous l'ancienne ferveur! Maintenant tout fatigue notre lâcheté, jusqu'à nous rendre la vie ennuyeuse.

Plût à Dieu qu'après avoir vu tant d'exemples d'hommes vraiment pieux, vous ne laissiez pas entièrement s'assoupir en vous le désir d'avancer dans la vertu!

RÉFLEXION.

A la vue des exemples admirables que nous ont laissés tant de disciples fervents de Jésus-Christ, rougissons de notre lâcheté, et animons-nous à marcher courageusement sur leurs traces. Répétons souvent ces paroles d'un saint : *Quoi ! je ne pourrais pas ce qu'ont pu tels et tels !* Et ajoutons avec l'Apôtre : *De moi-même je ne peux rien; mais je puis tout en Celui qui me fortifie* [1]. Toute notre force consiste à sentir notre faiblesse et à en connaître le remède, qui est la grâce du médiateur.

1. Philipp. IV, 13.

CHAPITRE XIX.

DES EXERCICES D'UN BON RELIGIEUX.

1. La vie d'un vrai religieux doit être pleine de toutes les vertus; de sorte qu'il soit tel intérieurement qu'il paraît devant les hommes.

Et certes il doit être encore bien plus parfait au dedans qu'il ne le semble au dehors, parce que Dieu nous regarde, et que nous devons, partout où nous sommes, le révérer profondément, et marcher en sa présence purs comme les Anges.

Nous devons chaque jour renouveler notre résolution, nous exciter à la ferveur, comme si notre conversion commençait aujourd'hui seulement, et dire :

Aidez-moi, Seigneur, dans mes saintes résolutions et dans votre service; donnez-moi de bien commencer maintenant, car ce que j'ai fait jusqu'ici n'est rien.

2. La fermeté de notre résolution est la mesure de notre progrès; et une grande diligence est nécessaire à celui qui veut avancer. Si celui qui forme les résolutions les plus fortes se relâche souvent, que sera-ce de celui qui

n'en prend que rarement, ou n'en prend que de faibles?

Toutefois nous abandonnons nos résolutions de diverses manières, et la moindre omission dans nos exercices a presque toujours quelque suite fâcheuse.

Les justes, dans leurs résolutions, comptent bien plus sur la grâce de Dieu que sur leur propre sagesse ; et quelque chose qu'ils entreprennent, c'est en lui seul qu'ils mettent leur confiance.

Car l'homme propose, mais Dieu dispose[1], *et la voie de l'homme n'est pas en lui*[2].

3. Si nous omettons quelquefois nos exercices ordinaires, par quelque motif pieux, ou pour l'utilité de nos frères, il nous sera facile ensuite de réparer cette omission.

Mais si nous les abandonnons sans sujet, par ennui ou par négligence, c'est une faute grave, et qui nous sera funeste.

Faisons tous nos efforts, et nous tomberons encore aisément en beaucoup de fautes.

On doit cependant toujours se proposer quelque chose de fixe, surtout à l'égard de ce qui forme le plus grand obstacle à notre avancement.

Il faut examiner et régler également notre intérieur et notre extérieur, parce que l'un et l'autre servent à nos progrès.

4. Ne pouvez-vous continuellement vous recueillir, recueillez-vous au moins de temps en temps, au moins une fois le jour, le matin ou le soir.

1. Prov. xvi, 9. — 2. Jer. x, 23.

Le matin, formez vos résolutions; le soir, examinez votre conduite, ce que vous avez été dans vos paroles, vos actions, vos pensées : car peut-être en cela avez-vous souvent offensé Dieu et le prochain.

Tel qu'un soldat plein de courage, armez-vous contre les attaques du démon.

Réprimez l'intempérance, et vous réprimerez plus aisément tous les autres désirs de la chair.

Ne soyez jamais tout à fait oisif; mais lisez, ou écrivez, ou priez, ou méditez, ou travaillez à quelque chose d'utile à la communauté.

Il ne faut cependant s'appliquer qu'avec discrétion aux exercices du corps, et ils ne conviennent pas également à tous.

5. Ce qui sort des pratiques communes ne doit point paraître au dehors : il est plus sûr de remplir en secret ses exercices particuliers.

Prenez garde cependant de négliger les exercices communs pour ceux de votre choix. Mais, après avoir accompli fidèlement et pleinement les devoirs prescrits, s'il vous reste du temps, rendez-vous à vous-même, selon le mouvement de votre dévotion.

Tous ne sauraient suivre les mêmes exercices : l'un convient mieux à celui-ci, l'autre à celui-là.

On aime même à les diversifier selon les temps; il y en a qu'on goûte plus aux jours de fête, et d'autres aux jours ordinaires.

Les uns nous sont nécessaires au temps de la tentation, les autres au temps de la paix et du repos.

Autres sont les pensées qui nous plaisent dans la tristesse, ou quand nous éprouvons de la joie en Dieu.

6. Il faut, vers l'époque des grandes fêtes, renouveler nos pieux exercices, et implorer avec plus de ferveur les suffrages des Saints.

Proposons-nous de vivre d'une fête à l'autre comme si nous devions alors sortir de ce monde, et entrer dans l'éternelle fête.

Et pour cela préparons-nous avec soin dans ces saints temps, par une vie plus fervente, par une plus sévère observance des règles, comme devant bientôt recevoir de Dieu le prix de notre travail.

7. Et si ce moment est différé, croyons que nous ne sommes pas encore bien préparés, ni dignes de cette gloire immense qui nous sera découverte en son temps, et redoublons d'efforts pour nous mieux disposer à ce passage.

Heureux le serviteur, dit saint Luc, *que le Seigneur, quand il viendra, trouvera veillant. Je vous dis, en vérité, qu'il l'établira sur tous ses biens*[1].

RÉFLEXION.

La vie de l'homme sur la terre est un combat perpétuel[2] contre le démon, contre le monde et contre lui-même. Les uns se retirent dans le cloître pour résister plus aisément, les autres demeurent au milieu du siècle : mais tous ne peuvent vaincre que

1. Luc. XII, 37. — 2. Job VII, 1.

par l'exercice d'une continuelle vigilance. L'habitude du recueillement, l'amour de la retraite, une attention constante sur ses paroles, ses pensées, ses sentiments, la fidélité aux plus légers devoirs et aux plus humbles pratiques, préservent de grandes tentations, et attirent les grâces du Ciel. *Celui qui néglige les petites choses, tombera peu à peu*[1], dit l'Esprit-Saint.

1. Eccli. XIX, 1.

CHAPITRE XX.

DE L'AMOUR DE LA SOLITUDE ET DU SILENCE.

1. Cherchez un temps propre à vous occuper de vous-même, et pensez souvent aux bienfaits de Dieu.

Laissez là ce qui ne sert qu'à nourrir la curiosité. Lisez plutôt ce qui touche le cœur que ce qui amuse l'esprit.

Retranchez les discours superflus, les courses inutiles; fermez l'oreille aux vains bruits du monde, et vous trouverez assez de loisir pour les saintes méditations.

Les plus grands Saints évitaient, autant qu'il leur était possible, le commerce des hommes, et préféraient vivre en secret avec Dieu.

2. Un ancien a dit : *Toutes les fois que j'ai été dans la compagnie des hommes, j'en suis revenu moins homme que je n'étais*[1].

C'est ce que nous éprouvons souvent, lorsque nous nous livrons à de longs entretiens.

1. Senec. ep. VII.

Il est plus aisé de se taire que de ne point excéder dans ses paroles.

Il est plus aisé de se tenir chez soi caché, que de se garder de soi-même suffisamment au dehors.

Celui donc qui aspire à la vie intérieure et spirituelle doit se retirer de la foule avec Jésus.

Nul ne se montre sans péril, s'il n'aime à demeurer caché.

Nul ne parle avec mesure, s'il ne se tait volontiers.

Nul n'est en sûreté dans les premières places, s'il n'aime les dernières.

Nul ne commande sans danger, s'il n'a pas appris à bien obéir.

3. Nul ne se réjouit avec sécurité, s'il ne possède en lui-même le témoignage d'une bonne conscience.

Cependant la confiance des Saints a toujours été pleine de la crainte de Dieu : quel que fût l'éclat de leurs vertus, quelque abondantes que fussent leurs grâces, ils n'en étaient ni moins humbles ni moins vigilants.

L'assurance des méchants naît au contraire de l'orgueil et de la présomption, et finit par l'aveuglement.

Ne vous promettez point de sûreté en cette vie, quoique vous paraissiez être un saint religieux ou un pieux solitaire.

4. Souvent les meilleurs dans l'estime des hommes ont couru les plus grands dangers, à cause de leur trop de confiance.

Il est donc utile à plusieurs de n'être pas entièrement délivrés des tentations, et de souffrir des attaques fréquentes; de peur que, tranquilles sur eux-mêmes, ils ne s'élèvent avec orgueil, ou qu'ils ne se livrent trop aux consolations du dehors.

Oh! si l'on ne recherchait jamais les joies qui passent, si jamais l'on ne s'occupait du monde, qu'on posséderait une conscience pure!

Oh! qui retrancherait toute sollicitude vaine, ne pensant qu'au salut et à Dieu, et plaçant en lui toute son espérance, de quelle paix et de quel repos il jouirait!

5. Nul n'est digne des consolations célestes, s'il ne s'est exercé longtemps dans la sainte componction.

Si vous désirez la vraie componction du cœur, entrez dans votre cellule, et bannissez-en le bruit du monde, selon ce qui est écrit : *Même sur votre couche, que votre cœur soit plein de componction* [1].

Vous trouverez dans votre cellule ce que souvent vous perdrez au dehors.

La cellule qu'on quitte peu devient douce; fréquemment délaissée, elle engendre l'ennui.

Si, dès le premier moment où vous sortez du siècle, vous êtes fidèle à la garder, elle vous deviendra comme une amie chère, et sera votre consolation la plus douce.

6. Dans le silence et le repos, l'âme pieuse fait de grands progrès, et pénètre ce qu'il y a de caché dans l'Écriture.

Là, elle trouve la source des larmes dont elle se lave et se purifie toutes les nuits; et elle s'unit d'autant plus

1. Ps. IV, 5.

familièrement à son Créateur, qu'elle vit plus éloignée du tumulte du monde.

Celui donc qui se sépare de ses connaissances et de ses amis, Dieu s'approchera de lui avec les saints Anges.

Il vaut mieux être caché et prendre soin de son âme, que de faire des miracles et de s'oublier soi-même.

Il est louable dans un religieux de sortir rarement, et de n'aimer ni à voir les hommes ni à être vu d'eux.

7. Pourquoi voulez-vous voir ce qu'il ne vous est point permis d'avoir?

Le monde passe et sa concupiscence.

Les désirs des sens entraînent çà et là; mais, l'heure passée, que rapportez-vous, qu'une conscience pesante et un cœur dissipé?

Parce qu'on est sorti dans la joie, souvent on revient dans la tristesse; et la veille joyeuse du soir attriste le matin.

Ainsi toute joie des sens s'insinue avec douceur, mais à la fin elle blesse et tue.

8. Que pouvez-vous voir ailleurs que vous ne voyiez où vous êtes? Voilà le ciel, la terre, les éléments : or, c'est d'eux que tout est fait.

Où que vous alliez, que verrez-vous qui soit stable sous le soleil?

Vous croyez peut-être vous rassasier; mais vous n'y parviendrez jamais.

Quand vous verriez toutes choses à la fois, que serait-ce qu'une vision vaine?

Levez les yeux en haut vers Dieu, et priez pour vos péchés et vos négligences.

Laissez aux hommes vains les choses vaines : pour vous, ne vous occupez que de ce que Dieu vous commande.

Fermez sur vous votre porte, et appelez à vous Jésus votre bien-aimé.

Demeurez avec lui dans votre cellule : car vous ne trouverez nulle part autant de paix.

Si vous n'étiez pas sorti, et que vous n'eussiez pas entendu quelque bruit du monde, vous seriez demeuré dans cette douce paix : mais parce que vous aimez à entendre des choses nouvelles, il vous faut supporter ensuite le trouble du cœur.

RÉFLEXION.

Que cherchez-vous dans le monde? Le bonheur? Il n'y est pas. Écoutez ce cri de détresse, cette plainte lamentable qui s'élève de tous les points de la terre, et se prolonge de siècle en siècle. C'est la voix du monde. Qu'y cherchez-vous encore? Des lumières, des secours, des consolations, pour accomplir en paix votre pèlerinage? Le monde est livré à l'esprit de ténèbres [1], à toutes les convoitises qu'il inspire, à tous les crimes et à tous les maux dont il est le principe; et c'est pourquoi le Prophète s'écriait : *Je me suis éloigné, j'ai fui, et j'ai demeuré dans la solitude* [2]. Là, dans le silence des créatures, Dieu parle au cœur, et sa parole est si merveilleuse, si douce et si ravissante, que l'âme

1. Joan. v, 19. — 2. Ps. LIV, 8.

ne veut plus entendre que lui, jusqu'au jour où, tous les voiles étant déchirés, elle le contemplera face à face [1]. Le christianisme a peuplé le désert de ces âmes choisies, qui, se dérobant au monde, et foulant aux pieds ses plaisirs, ses honneurs, ses trésors, et la chair, et le sang, nous offrent, dans la pureté de leur vie, une image de la vie des Anges. Cependant les Chrétiens ne sont pas tous appelés à ce sublime état de perfection; mais au milieu du bruit et du tumulte de la société, tous doivent se créer, au fond de leur cœur, une solitude où ils puissent se retirer pour converser avec Jésus-Christ, et se recueillir en sa présence. C'est ainsi que, ramenés des pensées du temps à la pensée des choses éternelles, ils auront à dégoût celles qui passent, et seront dans le monde comme n'en étant pas : heureux état où s'accomplit pour le fidèle ce que dit l'Apôtre : *Notre vie est cachée avec Jésus-Christ en Dieu* [2].

1. I. Cor. XIII, 12. — 2. Coloss. III, 3.

CHAPITRE XXI.

DE LA COMPONCTION DU CŒUR.

1. Si vous voulez faire quelque progrès, conservez-vous dans la crainte de Dieu, et ne soyez point trop libre; mais soumettez vos sens à une sévère discipline, et ne vous livrez pas aux joies insensées.

Disposez votre cœur à la componction, et vous trouverez la vraie piété.

La componction produit beaucoup de biens, qu'on perd bientôt en s'abandonnant aux vains mouvements de son cœur.

Chose étrange, qu'un homme en cette vie puisse se reposer pleinement dans la joie, lorsqu'il considère son exil, et à combien de périls est exposée son âme!

2. A cause de la légèreté de notre cœur et de l'oubli de nos défauts, nous ne sentons pas les maux de notre âme, et souvent nous rions vainement quand nous devrions bien plutôt pleurer.

Il n'y a de vraie liberté et de joie solide que dans la crainte de Dieu et la bonne conscience.

Heureux qui peut éloigner tout ce qui le distrait et l'arrête, pour se recueillir tout entier dans une sainte componction.

Heureux qui rejette tout ce qui peut souiller sa conscience ou l'appesantir.

Combattez généreusement : on triomphe d'une habitude par une autre habitude.

Si vous savez laisser là les hommes, ils vous laisseront bientôt faire ce que vous voudrez.

3. N'attirez pas à vous les affaires d'autrui; et ne vous embarrassez point dans celles des grands.

Que votre œil soit ouvert sur vous d'abord; et avant de reprendre vos amis, ayez soin de vous reprendre vous-même.

Si vous n'avez point la faveur des hommes, ne vous en attristez point; mais que votre peine soit de ne pas vivre aussi bien et avec autant de vigilance que le devrait un serviteur de Dieu et un bon religieux.

Il est souvent plus utile et plus sûr de n'avoir pas beaucoup de consolations en cette vie, et surtout de consolations sensibles.

Cependant, si nous sommes privés des consolations divines, ou si nous ne les éprouvons que rarement, la faute en est à nous, parce que nous ne cherchons point la componction du cœur, et que nous ne rejetons pas entièrement les vaines consolations du dehors.

4. Reconnaissez que vous êtes indigne des consolations célestes, et que vous méritez plutôt de grandes tribulations.

Quand l'homme est pénétré d'une parfaite componction, le monde entier lui est alors amer et insupportable.

Le juste trouve toujours assez de sujets de s'affliger et de pleurer.

Car, en considérant, soit lui-même, soit les autres, il sait que nul ici-bas n'est sans tribulation; et plus il se regarde attentivement, plus profonde est sa douleur.

Le sujet d'une juste affliction et d'une grande tristesse intérieure, ce sont nos péchés et nos vices, dans lesquels nous sommes tellement ensevelis, que rarement pouvons-nous contempler les choses du ciel.

5. Si vous pensiez plus souvent à votre mort qu'à la longueur de la vie, nul doute que vous n'auriez plus d'ardeur pour vous corriger.

Et si vous réfléchissiez sérieusement aux peines de l'Enfer et du Purgatoire, je crois que vous supporteriez volontiers le travail et la douleur, et que vous ne redouteriez aucune austérité.

Mais parce que ces vérités ne pénètrent point jusqu'au cœur, et que nous aimons encore ce qui nous flatte, nous demeurons froids et négligents.

6. Souvent c'est langueur de l'âme, si notre chair misérable se plaint si aisément.

Priez donc humblement le Seigneur qu'il vous donne l'esprit de componction, et dites avec le Prophète : *Nourrissez-moi, Seigneur, du pain des larmes; abreuvez-moi du calice des pleurs* [1].

1. Ps. LXXIX, 6.

RÉFLEXION.

La douleur est le fond de la vie humaine. Souffrances du corps, maladies de l'âme, inquiétudes, afflictions, péché, tel est l'accablant fardeau qu'il nous faut porter, depuis notre naissance jusqu'à la tombe; et cependant, à force de travail, l'homme parvient à découvrir, au milieu de ses misères, je ne sais quelles joies insensées dont il s'enivre avidement. Fuyons ces folles joies du monde : arrêtons notre pensée sur le châtiment qui les doit suivre, sur nos fautes si multipliées; et demandons à Dieu, avec la componction du cœur, ce repentir plein d'amour, ces heureuses larmes que Jésus a bénies par ces consolantes paroles : *Beaucoup de péchés vous sont remis, parce que vous avez beaucoup aimé*[1].

1. Luc. VII, 47.

CHAPITRE XXII.

DE LA CONSIDÉRATION DE LA MISÈRE HUMAINE.

1. En quelque lieu que vous soyez, de quelque côté que vous vous tourniez, vous serez misérable, si vous ne revenez vers Dieu.

Pourquoi vous troubler de ce que rien n'arrive comme vous le désirez et comme vous le voulez? À qui est-ce que tout succède selon sa volonté? Ni à vous, ni à moi, ni à aucun homme sur la terre.

Nul en ce moment, fût-il roi ou pape, n'est exempt d'angoisses et de tribulations.

Qui donc a le meilleur sort? Celui, certes, qui sait souffrir quelque chose pour Dieu.

2. Dans leur faiblesse et leur peu de lumières, plusieurs disent : Que cet homme a une heureuse vie! qu'il est riche, grand, puissant, élevé!

Mais considérez les biens du ciel, et vous verrez que tous ces biens du temps ne sont rien; que, toujours très-incertains, ils sont plutôt un poids qui fatigue, parce qu'on ne les possède jamais sans défiance et sans crainte.

Avoir en abondance les biens du temps, ce n'est pas là le bonheur de l'homme : la médiocrité lui suffit.

C'est vraiment une grande misère de vivre sur la terre.

Plus un homme veut avancer dans les voies spirituelles, plus la vie présente lui devient amère, parce qu'il sent mieux et voit plus clairement l'infirmité de la nature humaine et sa corruption.

Manger, boire, veiller, dormir, se reposer, travailler, être assujetti à toutes les nécessités de la nature, c'est vraiment une grande misère et une grande affliction pour l'homme pieux qui voudrait être dégagé de ses liens terrestres, et délivré de tout péché.

3. Car l'homme intérieur est, en ce monde, étrangement appesanti par les nécessités du corps.

Et c'est pourquoi le Prophète demandait, avec d'ardentes prières, d'en être affranchi, disant : *Seigneur, délivrez-moi de mes nécessités* [1].

Malheur donc à ceux qui ne connaissent point leur misère! et malheur encore plus à ceux qui aiment cette misère et cette vie périssable!

Car il y en a qui l'embrassent si avidement, qu'ayant à peine le nécessaire en travaillant ou en mendiant, ils n'éprouveraient aucun souci du royaume de Dieu s'ils pouvaient toujours vivre ici-bas.

4. O cœurs insensés et infidèles, si profondément enfoncés dans les choses de la terre, qu'ils ne goûtent rien que ce qui est charnel!

1. Ps. XXIV, 17.

Les malheureux! ils sentiront douloureusement à la fin combien était vil, combien n'était rien ce qu'ils ont aimé.

Mais les Saints de Dieu, tous les fidèles amis de Jésus-Christ, ont méprisé ce qui flatte la chair et ce qui brille dans le temps; toute leur espérance, tous leurs désirs aspiraient aux biens éternels.

Tout leur cœur s'élevait vers les biens invisibles et impérissables, de peur que l'amour des choses visibles ne les abaissât vers la terre.

5. Ne perdez pas, mon frère, l'espérance d'avancer dans la vie spirituelle : vous en avez encore le temps.

Pourquoi remettez-vous toujours au lendemain l'accomplissement de vos résolutions? Levez-vous et commencez à l'instant, et dites : Voici le temps d'agir, voici le temps de combattre, voici le temps de me corriger.

Quand la vie vous est pesante et amère, c'est alors le temps de méditer.

Il faut passer par le feu et par l'eau, avant d'entrer dans le lieu de rafraîchissement [1].

Si vous ne vous faites violence, vous ne vaincrez pas le vice.

Tant que nous portons ce corps fragile, nous ne pouvons être sans péché, ni sans ennui et sans douleur.

Il nous serait doux de jouir d'un repos exempt de toute misère; mais en perdant l'innocence par le péché, nous avons aussi perdu la vraie félicité.

1. Ps. LXV, 12.

Il faut donc persévérer dans la patience, et attendre la miséricorde de Dieu, *jusqu'à ce que l'iniquité passe*[1], *et que ce qui est mortel en vous soit absorbé par la vie*[2].

6. Oh! qu'elle est grande la fragilité qui toujours incline l'homme au mal!

Vous confessez aujourd'hui vos péchés, et vous y retombez le lendemain.

Vous vous proposez d'être sur vos gardes, et une heure après vous agissez comme si vous ne vous étiez rien proposé.

Nous avons donc grand sujet de nous humilier, et de ne nous jamais élever en nous-mêmes, étant si fragiles et si inconstants.

Nous pouvons perdre en un moment, par notre négligence, ce qu'à peine avons-nous acquis par la grâce, avec un long travail.

7. Que sera-ce de nous à la fin du jour, si nous sommes si lâches dès le matin?

Malheur à nous, si nous voulons goûter le repos, comme si déjà nous étions en paix et en assurance, tandis qu'on ne découvre pas dans notre vie une seule trace de vraie sainteté!

Nous aurions bien besoin d'être instruits encore, et formés à de nouvelles mœurs comme des novices dociles, pour essayer du moins s'il y aurait en nous quelque espérance de changement, et d'un plus grand progrès dans la vertu.

1. Ps. LVI, 2. — 2. II. Cor. V, 4.

RÉFLEXION.

L'homme né de la femme vit peu de jours, et il est rassasié d'angoisses[1]. Voilà notre destinée telle que le péché l'a faite. Écoutez les gémissements de l'humanité entière dont Job était la figure : « Périsse le jour où je suis né, et la nuit où il fut dit : Un « homme a été conçu ! Pourquoi ne suis-je pas mort dans le sein « de ma mère, ou n'ai-je pas péri en en sortant? Pourquoi m'a-t-elle « reçu sur ses genoux, et allaité de ses mamelles? Maintenant je « dormirais en silence, et je reposerais dans mon sommeil[2]. » Mais déjà sur cette grande misère se levait l'aurore d'une grande espérance. « Je sais que mon Rédempteur est vivant, et que je « serai de nouveau revêtu de ma chair, et dans ma chair je verrai « mon Dieu ; je le verrai, et mes yeux le contempleront[3]. » Dès lors tout change : ces douleurs, auparavant sans consolation, unies à celles du Rédempteur, ne sont plus qu'une expiation nécessaire, une épreuve de justice et de miséricorde, une semence d'éternelles joies. Le Christ, en mourant, a ouvert le ciel à l'homme déchu, qui, pour unique grâce, demandait à la terre un tombeau[4]. Et nous nous plaindrions des souffrances auxquelles Dieu réserve un tel prix ! Et le murmure serait sur nos lèvres, lorsque, par les tribulations, Jésus-Christ daigne nous associer aux mérites de son sacrifice ! C'en est fait, Seigneur, je reconnais mon aveuglement, mon ingratitude, et je ne veux plus désirer ici-bas que d'avoir part à votre passion, afin de participer un jour à votre gloire.

1. Job XIV, 1. — 2. *Ibid.*, III, 3, 11-13. — 3. *Ibid.*, XIX, 25-27. — 4. *Ibid.*, III, 21, 22.

CHAPITRE XXIII.

DE LA MÉDITATION DE LA MORT.

1. C'en sera fait de vous bien vite ici-bas : voyez donc en quel état vous êtes.

L'homme est aujourd'hui, et demain il a disparu; et quand il n'est plus sous les yeux, il passe bien vite de l'esprit.

O stupidité et dureté du cœur humain, qui ne pense qu'au présent et ne prévoit pas l'avenir !

Dans toutes vos actions, dans toutes vos pensées, vous devriez être tel que vous seriez s'il vous fallait mourir aujourd'hui.

Si vous aviez une bonne conscience, vous craindriez peu la mort.

Il vaudrait mieux éviter le péché que fuir la mort.

Si aujourd'hui vous n'êtes pas prêt, comment le serez-vous demain?

Demain est un jour incertain : et que savez-vous si vous aurez un lendemain?

2. Que sert de vivre longtemps, puisque nous nous corrigeons si peu?

Ah! une longue vie ne corrige pas toujours; souvent plutôt elle augmente nos crimes.

Plût à Dieu que nous eussions bien vécu dans ce monde un seul jour!

Plusieurs comptent les années de leur conversion; mais souvent qu'ils sont peu changés, et que ces années ont été stériles!

S'il est terrible de mourir, peut-être est-il plus dangereux de vivre si longtemps.

Heureux celui à qui l'heure de sa mort est toujours présente, et qui se prépare chaque jour à mourir!

Si vous avez vu jamais un homme mourir, songez que vous aussi vous passerez par cette voie.

3. Le matin, pensez que vous n'atteindrez pas le soir; le soir, n'osez pas vous promettre de voir le matin.

Soyez donc toujours prêt, et vivez de telle sorte que la mort ne vous surprenne jamais.

Plusieurs sont enlevés par une mort soudaine et imprévue : *car le Fils de l'homme viendra à l'heure qu'on n'y pense pas* [1].

Quand viendra cette dernière heure, vous commencerez à juger tout autrement de votre vie passée, et vous gémirez amèrement d'avoir été si négligent et si lâche.

4. Qu'heureux et sage est celui qui s'efforce d'être tel dans la vie qu'il souhaite d'être trouvé à la mort!

1. Luc. XII, 40.

Car rien ne donnera une si grande confiance de mourir heureusement, que le parfait mépris du monde, le désir ardent d'avancer dans la vertu, l'amour de la régularité, le travail de la pénitence, l'abnégation de soi-même, et la constance à souffrir toutes sortes d'adversités pour l'amour de Jésus-Christ.

Vous pouvez faire beaucoup de bien, tandis que vous êtes en santé : mais, malade, je ne sais ce que vous pourrez.

Il en est peu que la maladie rende meilleurs, comme il en est peu qui se sanctifient par de fréquents pèlerinages.

5. Ne comptez point sur vos amis ni sur vos proches, et ne différez point votre salut dans l'avenir, car les hommes vous oublieront plus vite que vous ne pensez.

Il vaut mieux y pourvoir de bonne heure et envoyer devant soi un peu de bien, que d'espérer dans le secours des autres.

Si vous n'avez maintenant aucun souci de vous-même, qui s'inquiétera de vous dans l'avenir?

Maintenant le temps est d'un grand prix. *Voici maintenant le temps propice, voici le jour du salut*[1].

Mais, ô douleur! que vous fassiez un si vain usage de ce qui pourrait vous servir à mériter de vivre éternellement.

6. Viendra le temps où vous désirerez un seul jour, une seule heure, pour purifier votre âme, et je ne sais si vous l'obtiendrez.

1. II. Cor. vi, 2.

Ah! mon frère, de quel péril, de quelle crainte terrible vous pourriez vous délivrer, si vous étiez à présent toujours en crainte et en défiance de la mort!

Étudiez-vous maintenant à vivre de telle sorte qu'à l'heure de la mort vous ayez plus sujet de vous réjouir que de craindre.

Apprenez maintenant à mourir au monde, afin de commencer alors à vivre avec Jésus-Christ.

Apprenez maintenant à tout mépriser, afin de pouvoir alors aller librement à Jésus-Christ.

Châtiez maintenant votre corps par la pénitence, afin que vous puissiez alors avoir une solide confiance.

7. Insensés! sur quoi vous promettez-vous de vivre longtemps, lorsque vous n'avez pas un seul jour d'assuré?

Combien ont été trompés et arrachés subitement de leur corps!

Combien de fois avez-vous ouï dire : Cet homme a été tué d'un coup d'épée, celui-ci s'est noyé, celui-là s'est brisé en tombant d'un lieu élevé; l'un a expiré en mangeant, l'autre en jouant; l'un a péri par le feu, un autre par le fer, un autre par la peste, un autre par la main des voleurs.

Et ainsi la fin de tous est la mort, et *la vie des hommes passe comme l'ombre* [1].

8. Qui se souviendra de vous après votre mort, et qui priera pour vous?

Faites, faites maintenant, mon cher frère, tout ce que

1. Job XIV, 10. Ps. CXLIII, 4.

vous pouvez, car vous ne savez pas quand vous mourrez, ni ce qui suivra pour vous la mort.

Tandis que vous en avez le temps, amassez des richesses immortelles.

Ne pensez qu'à votre salut, ne vous occupez que des choses de Dieu.

Faites-vous maintenant des amis, en honorant les Saints et en imitant leurs œuvres, *afin qu'arrivé au terme de cette vie, ils vous reçoivent dans les tabernacles éternels* [1].

9. Vivez sur la terre comme un voyageur et un étranger à qui les choses du monde ne sont rien.

Conservez votre cœur libre et toujours élevé vers Dieu, parce que *vous n'avez point ici-bas de demeure permanente* [2].

Que vos gémissements, vos larmes, vos prières, montent tous les jours vers le ciel, afin que votre âme, après la mort, mérite de passer heureusement à Dieu.

RÉFLEXION.

Approchez de cette fosse, regardez ces ossements blanchis et déjoints : voilà tout ce qui reste ici-bas d'un homme que vous avez connu peut-être, et qui ne pensait pas plus à la mort, il y a peu d'années, que vous n'y pensez aujourd'hui. Ne fallait-il pas, en effet, qu'il songeât d'abord à sa fortune, à celle des siens, à l'établissement de sa famille? Aussi s'en est-il occupé jusqu'au

1. Luc. XVI, 9. — 2. Hebr. XIII, 14.

dernier moment. Eh bien! maintenant allez, entrez dans sa maison. Des héritiers indifférents y jouissent des biens qu'il avait amassés, et travaillent eux-mêmes à en amasser de nouveaux : du reste nul souvenir du mort. Quelque chose de lui subsiste cependant, et la tombe ne le renferme pas tout entier. Il avait une âme, une âme rachetée du sang de Jésus-Christ : où est-elle? A l'instant où elle quitta le corps, sa demeure fut fixée, ou dans le ciel sans crainte désormais, ou dans l'enfer sans espérance. Terrible, terrible alternative! Et à présent, plongez-vous dans les soins de la terre, différez votre conversion : dites encore, il sera temps demain. Insensé! ce temps, dont tu abuses, creuse ta fosse, et demain ce sera l'éternité!

CHAPITRE XXIV.

DU JUGEMENT ET DES PEINES DES PÉCHEURS.

1. En toutes choses regardez la fin, et reportez-vous au jour où vous serez là, debout devant le Juge sévère, à qui rien n'est caché, qu'on n'apaise point par des présents, qui ne reçoit point d'excuses, mais qui jugera selon la justice.

Pécheur misérable et insensé! que répondrez-vous à Dieu qui sait tous vos crimes, vous qui tremblez quelquefois à l'aspect d'un homme irrité?

Par quel étrange oubli de vous-même vous en allez-vous sans rien prévoir, vers ce jour où nul ne pourra être excusé ni défendu par un autre, mais où chacun sera pour soi un fardeau assez pesant?

Maintenant votre travail produit son fruit; vos larmes sont agréées, vos gémissements écoutés; votre douleur satisfait à Dieu, et purifie votre âme.

2. Il a ici-bas un grand et salutaire purgatoire, l'homme patient qui, en butte aux outrages, s'afflige plus de la malice d'autrui que de sa propre injure; qui prie sincèrement

pour ceux qui le contristent, et leur pardonne du fond du cœur; qui, s'il a peiné les autres, est toujours prêt à demander pardon; qui incline à la compassion plus qu'à la colère; qui se fait violence à lui-même, et s'efforce d'assujettir entièrement la chair à l'esprit.

Il vaut mieux se purifier maintenant de ses péchés et retrancher ses vices, que d'attendre à les expier en l'autre vie.

Oh! combien nous nous trompons nous-mêmes par l'amour désordonné que nous avons pour notre chair!

3. Que dévorera ce feu, sinon vos péchés?

Plus vous vous épargnez vous-même à présent, et plus vous flattez votre chair, plus ensuite votre châtiment sera terrible, et plus vous amassez pour le feu éternel.

L'homme sera puni plus rigoureusement dans les choses où il a le plus péché.

Là, les paresseux seront percés par des aiguillons ardents, et les intempérants tourmentés par une faim et une soif extrêmes.

Là, les voluptueux et les impudiques seront plongés dans une poix brûlante et dans un soufre fétide; comme des chiens furieux, les envieux hurleront dans leur douleur.

4. Chaque vice aura son tourment propre.

Là, les superbes seront remplis de confusion, et les avares réduits à la plus misérable indigence.

Là, une heure sera plus terrible dans le supplice, que cent années ici dans la plus dure pénitence.

Ici, quelquefois le travail cesse, on se console avec ses amis : là, nul repos, nulle consolation pour les damnés.

Soyez donc maintenant plein d'appréhension et de douleur pour vos péchés, afin de partager, au jour du jugement, la sécurité des bienheureux.

Car les justes alors s'élèveront avec une grande assurance contre ceux qui les auront opprimés et méprisés [1].

Alors se lèvera, pour juger, celui qui se soumet aujourd'hui humblement aux jugements des hommes.

Alors l'humble et le pauvre ont une grande confiance; et de tous côtés l'épouvante environnera le superbe.

5. Alors on verra qu'il fut sage en ce monde, celui qui apprit à être insensé et méprisable pour Jésus-Christ.

Alors on s'applaudira des tribulations souffertes avec patience, *et toute iniquité sera muette* [2].

Alors tous les justes seront transportés d'allégresse, et tous les impies consternés de douleur.

Alors la chair affligée se réjouira plus que si elle avait toujours été nourrie dans les délices.

Alors les vêtements pauvres resplendiront, et les habits somptueux perdront tout leur éclat.

Alors la plus pauvre petite demeure sera jugée au-dessus du palais tout brillant d'or.

Alors une patience constamment soutenue sera de plus de secours que toute la puissance du monde; et une obéissance simple, élevée plus haut que toute la prudence du siècle.

6. Alors on trouvera plus de joie dans la pureté d'une bonne conscience que dans une docte philosophie.

1. Sap. v, 1. — 2. Ps. cvi, 42.

Alors le mépris des richesses aura plus de poids dans la balance que tous les trésors de la terre.

Alors le souvenir d'une pieuse prière vous sera de plus de consolation que celui d'un repas splendide.

Alors vous vous réjouirez plus du silence gardé que des longs entretiens.

Alors les œuvres saintes l'emporteront sur les beaux discours.

Alors vous préférerez une vie de peine et de travail à tous les plaisirs de la terre.

Apprenez donc maintenant à supporter quelques légères souffrances, afin d'être alors délivré de souffrances plus grandes.

Éprouvez ici d'abord ce que vous pourrez dans la suite.

Si vous ne pouvez maintenant souffrir si peu de chose, comment supporterez-vous les tourments éternels?

Si maintenant la moindre douleur vous cause tant d'impatience, que sera-ce donc alors des tortures de l'enfer?

Il y a, n'en doutez point, deux joies qu'on ne peut réunir : vous ne pouvez goûter ici-bas les délices du monde, et régner ensuite avec Jésus-Christ.

7. Si vous aviez vécu jusqu'à ce jour dans les honneurs et les voluptés, de quoi cela vous servirait-il, s'il vous fallait mourir à l'instant?

Donc tout est vanité, hors aimer Dieu et le servir lui seul.

Car celui qui aime Dieu de tout son cœur, ne craint ni la mort, ni le supplice, ni le jugement, ni l'enfer, parce que l'amour parfait nous donne un sûr accès près de Dieu.

Mais celui qui aime encore le péché, il n'est pas surprenant qu'il redoute la mort et le jugement.

Cependant, si l'amour ne vous éloigne pas encore du mal, il est bon qu'au moins la crainte vous retienne.

Celui qui est peu touché de la crainte de Dieu ne saurait longtemps persévérer dans le bien; mais il tombera bientôt dans les piéges du démon.

RÉFLEXION.

Dieu est patient, dit saint Augustin, *parce qu'il est éternel.* Mais, après les jours de patience, viendra le jour de la justice; jour d'effroi, jour inévitable, où toute chair comparaîtra devant le Roi de l'éternité, pour rendre compte de ses œuvres et de ses pensées même. Transportez-vous en esprit à ce moment formidable : voilà que la poussière des tombeaux s'émeut, et de toutes parts la foule des morts accourt aux pieds du souverain Juge. Là, tous les secrets sont dévoilés, la conscience n'a plus de ténèbres, et chacun attend en silence le sort qui lui est destiné pour toujours. Les deux cités se séparent; la grande sentence est prononcée; elle ouvre le paradis aux justes, et tombe sur les pécheurs avec tout le poids d'une éternelle réprobation. Environné des anges fidèles et de la troupe resplendissante des élus, Jésus-Christ remonte dans sa gloire : Satan saisit sa proie et l'entraîne dans l'abîme : tout est consommé à jamais; il ne reste plus que les joies du ciel, et le désespoir de l'enfer. Pendant que vous êtes encore sur la terre, le choix entre ces demeures vous est laissé : choisissez donc, mais n'oubliez pas qu'il n'y a point de repentir de l'autre côté de la tombe.

CHAPITRE XXV.

QU'IL FAUT TRAVAILLER AVEC FERVEUR A L'AMENDEMENT DE SA VIE.

1. Soyez vigilant et fervent dans le service de Dieu, et faites-vous souvent cette demande : Pourquoi es-tu venu ici, et pourquoi as-tu quitté le siècle?

N'était-ce pas afin de vivre pour Dieu, et devenir un homme spirituel?

Embrasez-vous donc du désir d'avancer, parce que vous recevrez bientôt la récompense de vos travaux, et qu'alors il n'y aura plus ni crainte ni douleur.

Maintenant un peu de travail, et puis un grand repos : que dis-je? une joie éternelle!

Si vous agissez constamment avec ardeur et fidélité, Dieu aussi sera sans doute fidèle et magnifique dans ses récompenses.

Vous devez conserver une ferme espérance de parvenir à la gloire; mais il ne faut pas vous livrer à une sécurité trop profonde, de peur de tomber dans le relâchement ou dans la présomption.

2. Un homme qui flottait souvent, plein d'anxiétés, entre la crainte et l'espérance, étant un jour accablé de tristesse, entra dans une église, et, se prosternant devant un autel pour prier, il disait et redisait en lui-même : Oh! si je savais que je dusse persévérer! Aussitôt il entendit intérieurement cette divine réponse : Si vous le saviez, que voudriez-vous faire? Faites maintenant ce que vous feriez alors, et vous jouirez de la paix.

Consolé à l'instant même, et fortifié, il s'abandonna sans réserve à la volonté de Dieu, et ses agitations cessèrent.

Il ne voulut plus rechercher avec curiosité ce qui lui arriverait dans l'avenir; mais il s'appliqua uniquement à connaître la volonté de Dieu, et ce qui lui plaît davantage, afin de commencer et d'achever tout ce qui est bien.

3. *Espérez en Dieu*, dit le Prophète, *et faites le bien : habitez en paix la terre, et vous serez nourri de ses richesses*[1].

Une chose refroidit en quelques-uns l'ardeur d'avancer et de se corriger : la crainte des difficultés, et le travail du combat.

En effet, ceux-là devancent les autres dans la vertu, qui s'efforcent avec le plus de courage de se vaincre eux-mêmes dans ce qui leur est le plus pénible et qui contrarie le plus leurs penchants.

Car l'homme fait d'autant plus de progrès et mérite d'autant plus de grâces, qu'il se surmonte lui-même et se mortifie davantage.

1. Ps. XXXVI, 3.

4. Il est vrai que tous n'ont pas également à combattre pour se vaincre et mourir à eux-mêmes.

Cependant un homme animé d'un zèle ardent avancera bien plus, même avec de nombreuses passions, qu'un autre à cet égard mieux disposé, mais tiède pour la vertu.

Deux choses aident surtout à opérer un grand amendement : s'arracher avec violence à ce que la nature dégradée convoite, et travailler ardemment à acquérir la vertu dont on a le plus grand besoin.

Attachez-vous aussi particulièrement à éviter et à vaincre les défauts qui vous déplaisent le plus dans les autres.

5. Profitez de tout pour votre avancement. Si vous voyez de bons exemples, ou si vous les entendez raconter, animez-vous à les imiter.

Que si vous apercevez quelque chose de répréhensible, prenez garde de commettre la même faute; ou, si vous l'avez quelquefois commise, tâchez de vous corriger promptement.

Comme votre œil observe les autres, les autres vous observent aussi.

Qu'il est consolant et doux de voir des religieux zélés, pieux, fervents, fidèles observateurs de la règle!

Qu'il est triste, au contraire, et pénible d'en voir qui ne vivent pas dans l'ordre, et qui ne remplissent pas les engagements auxquels ils ont été appelés!

Qu'on se nuit à soi-même en négligeant les devoirs de sa vocation, et en détournant son cœur à des choses dont on n'est point chargé!

6. Souvenez-vous de ce que vous avez promis, et que Jésus crucifié vous soit toujours présent.

Vous avez bien sujet de rougir, en considérant la vie de Jésus-Christ, d'avoir jusqu'ici fait si peu d'efforts pour y conformer la vôtre, quoique vous soyez, depuis si longtemps, entré dans la voie de Dieu.

Un religieux qui s'exerce à méditer sérieusement, et avec piété, la vie très-sainte et la Passion du Sauveur, y trouvera en abondance tout ce qui est utile et nécessaire : et il n'a pas besoin de chercher hors de Jésus quelque chose de meilleur.

Ah! si Jésus crucifié entrait dans notre cœur, que nous serions bientôt suffisamment instruits!

7. Un religieux fervent reçoit bien ce qu'on lui commande, et s'y soumet sans peine.

Un religieux tiède et relâché souffre tribulation sur tribulation, et ne trouve de tous côtés que la gêne, parce qu'il est privé des consolations intérieures, et qu'il lui est interdit d'en chercher au dehors.

Un religieux qui s'affranchit de sa règle est exposé à des chutes terribles.

Celui qui cherche une vie moins contrainte et moins austère sera toujours dans l'angoisse : car toujours quelque chose lui déplaira.

8. Comment font tant d'autres religieux qui observent, dans les cloîtres, une si étroite discipline?

Ils sortent rarement, ils vivent retirés, ils sont nourris très-pauvrement et grossièrement vêtus; ils travaillent beaucoup, parlent peu, veillent longtemps, se lèvent matin, font de longues prières, de fréquentes lectures, et observent en tout une exacte discipline.

Considérez les Chartreux, les religieux de Cîteaux, et les autres religieux et religieuses de différents ordres, qui se lèvent toutes les nuits pour chanter les louanges de Dieu.

Il serait donc bien honteux que la paresse vous tînt encore éloigné d'un saint exercice, lorsque déjà tant de religieux commencent à célébrer le Seigneur.

9. Oh! si vous n'aviez autre chose à faire qu'à louer de cœur et de bouche, perpétuellement, le Seigneur notre Dieu! si jamais vous n'aviez besoin de manger, de boire, de dormir, et que vous puissiez ne pas interrompre un seul moment ces louanges ni les autres exercices spirituels! vous seriez alors beaucoup plus heureux qu'à présent, assujetti comme vous l'êtes au corps et à toutes ses nécessités.

Plût à Dieu que nous fussions affranchis de ces nécessités, et que nous n'eussions à songer qu'à la nourriture de notre âme, que nous goûtons, hélas! si rarement!

10. Quand un homme en est venu à ne chercher sa consolation dans aucune créature, c'est alors qu'il commence à goûter Dieu parfaitement, et qu'il est, quoi qu'il arrive, toujours satisfait.

Alors il ne se réjouit d'aucune prospérité, et aucun revers ne le contriste; mais il s'abandonne tout entier, avec une pleine confiance, à Dieu, qui lui est tout en toutes choses, pour qui rien ne périt, rien ne meurt, pour qui, au contraire, tout vit, et à qui tout obéit sans délai.

11. Souvenez-vous toujours que votre fin approche, et que le temps perdu ne revient point.

Les vertus ne s'acquièrent qu'avec beaucoup de soins et des efforts constants.

Dès que vous commencez à tomber dans la tiédeur, vous tomberez dans le trouble.

Mais si vous persévérez dans la ferveur, vous trouverez une grande paix, et vous sentirez votre travail plus léger, à cause de la grâce de Dieu et de l'amour de la vertu.

L'homme fervent et zélé est prêt à tout.

Il est plus pénible de résister aux vices et aux passions que de supporter les fatigues du corps.

Celui qui n'évite pas les petites fautes tombera peu à peu dans les grandes [1].

Vous vous réjouirez toujours le soir, quand vous aurez employé le jour avec fruit.

Veillez sur vous, excitez-vous, avertissez-vous; et quoi qu'il en soit des autres, ne vous négligez pas vous-même.

Vous ne ferez de progrès qu'autant que vous vous ferez de violence.

RÉFLEXION.

Êtes-vous sincèrement résolu à vous sauver? en avez-vous la volonté ferme? Alors préparez-vous au travail, au combat; car le salut est à ce prix : *La voie qui conduit à la perte est large;* mais qu'étroite, dit l'Évangile, *est celle qui conduit à la vie* [2] *!* Sans

1. Eccli. XIX, 1. — 2. Matth. VII, 13, 14.

doute l'onction de la grâce adoucit, pour le fidèle, ce travail, ce combat; au milieu des fatigues et des souffrances, il jouit d'une paix céleste que le pécheur ne connaît point. Cependant il a besoin de continuels efforts pour triompher de lui-même, pour vaincre ses désirs, ses passions, et le monde, *et le prince de ce monde* [1]. Qui a fait les Saints, sinon cette lutte courageuse et persévérante? *Les uns ont été tourmentés, ne voulant pas racheter leur vie, afin d'en trouver une meilleure dans la résurrection. Les autres ont souffert les moqueries, les fouets, les chaînes et les prisons; ils ont été lapidés, sciés, éprouvés* en toute manière; *ils sont morts par le tranchant du glaive; vagabonds, couverts de peaux de brebis et de peaux de chèvres, oppressés par le besoin, l'affliction, l'angoisse, ils ont erré dans les déserts, et dans les montagnes, et dans les antres, et dans les cavernes de la terre; eux dont le monde n'était pas digne. Enveloppés donc d'une si grande nuée de témoins, dégageons-nous de tout ce qui nous appesantit, et du péché qui nous environne, et courons par la patience au combat qui nous est proposé, les regards fixés sur Jésus, l'auteur et le consommateur de la foi, qui, en vue de la joie qui lui était préparée, a souffert la croix, en méprisant l'ignominie; et maintenant il est assis à la droite du trône de Dieu* [2].

1. Joan. XIV, 30. — 2. Heb. XI, 35-38; XII, 1, 2.

FIN DU PREMIER LIVRE.

LIVRE DEUXIÈME.

INSTRUCTION POUR AVANCER DANS LA VIE INTÉRIEURE.

CHAPITRE PREMIER.

DE LA CONVERSATION INTÉRIEURE.

1. *Le royaume de Dieu est au dedans de vous*[1], dit le Seigneur.

Revenez à Dieu de tout votre cœur, laissez là ce misérable monde, et votre âme trouvera le repos.

Apprenez à mépriser les choses extérieures, et à vous donner aux intérieures, et vous verrez le royaume de Dieu venir en vous.

Car le royaume de Dieu est paix et joie dans l'Esprit-Saint[2] : ce qui n'est pas donné aux impies.

Jésus-Christ viendra à vous, et il vous remplira de ses

1. Luc. XVII, 21. — 2. Rom. XIV, 17.

consolations, si vous lui préparez au dedans de vous une demeure digne de lui.

Toute sa gloire et toute sa beauté *est intérieure*[1]*;* c'est dans le secret du cœur qu'il se plaît.

Il visite souvent l'homme intérieur, et ses entretiens sont doux, ses consolations ravissantes; sa paix est inépuisable, et sa familiarité incompréhensible.

2. Ame fidèle, hâtez-vous donc de préparer votre cœur pour l'époux, afin qu'il daigne venir et habiter en vous.

Car il a dit : *Si quelqu'un m'aime, il gardera ma parole, et nous viendrons à lui, et nous ferons en lui notre demeure*[2]. Laissez donc Jésus entrer en vous, et n'y laissez entrer que lui.

Lorsque vous posséderez Jésus, vous serez riche, et lui seul vous suffit. Il veillera sur vous, il prendra de vous un soin fidèle en toutes choses, de sorte que vous n'aurez plus besoin de rien attendre des hommes.

Car les hommes changent vite, et vous manquent tout d'un coup; *mais Jésus-Christ demeure éternellement*[3]*:* inébranlable dans sa constance, il est près de vous jusqu'à la fin.

3. On ne doit guère compter sur un homme fragile et mortel, encore bien qu'il vous soit utile, et que vous soyez chers l'un à l'autre; et il n'y a pas lieu de s'attrister beaucoup, si quelquefois il vous traverse et s'élève contre vous.

Ceux qui sont aujourd'hui pour vous, pourront demain

1. Ps. XLIV, 14. — 2. Joan. XIV, 23. — 3. *Ibid.*, XII, 34.

être contre vous, et réciproquement : les hommes changent comme le vent.

Mettez en Dieu toute votre confiance : qu'il soit votre crainte et votre amour : il répondra pour vous, et il fera ce qui est le meilleur.

Vous n'avez point ici de demeure stable[1] : en quelque lieu que vous soyez, vous êtes étranger et voyageur; et vous n'aurez jamais de repos, que vous ne soyez uni intimement à Jésus-Christ.

4. Que cherchez-vous autour de vous? Ce n'est pas ici le lieu de votre repos.

Votre demeure doit être dans le ciel, et vous ne devez regarder toutes les choses de la terre que comme en passant.

Tout passe : et vous passez avec tout le reste.

Prenez garde de vous attacher à quoi que ce soit, de peur d'en devenir l'esclave, et de vous perdre.

Que sans cesse votre pensée monte vers le Très-Haut, et votre prière vers Jésus-Christ.

Si vous ne savez pas encore vous élever aux contemplations célestes, reposez-vous dans la Passion du Sauveur, et aimez à demeurer dans ses plaies sacrées.

Car si vous vous réfugiez avec amour dans ces plaies et ces précieux stigmates, vous sentirez une grande force au temps de la tribulation; vous vous inquiéterez peu du mépris des hommes, et vous supporterez aisément les paroles médisantes.

1. Heb. XIII, 14.

5. Jésus-Christ a été aussi méprisé des hommes en ce monde, et, dans les plus extrêmes angoisses, abandonné des siens, de ses amis, de ses proches, au milieu des opprobres.

Jésus-Christ a voulu souffrir et être méprisé, et vous osez vous plaindre de quelque chose !

Jésus-Christ a eu des ennemis et des détracteurs, et vous voudriez n'avoir que des amis et des bienfaiteurs !

Comment votre patience méritera-t-elle d'être couronnée, s'il ne vous arrive rien de pénible ?

Si vous ne voulez rien souffrir, comment serez-vous ami de Jésus-Christ ?

Souffrez avec Jésus-Christ et pour Jésus-Christ, si vous voulez régner avec Jésus-Christ.

6. Si une seule fois vous étiez entré bien avant dans le cœur de Jésus, et que vous eussiez ressenti quelque mouvement de son amour, que vous auriez peu de souci de ce qui peut ou vous contrarier ou vous plaire ! Vous vous réjouiriez d'un outrage reçu, parce que l'amour de Jésus apprend à l'homme à se mépriser lui-même.

Celui qui aime Jésus et la vérité, un homme vraiment intérieur, et dégagé de toute affection déréglée, peut librement s'approcher de Dieu, et, s'élevant en esprit au-dessus de soi-même, se reposer en lui par une jouissance anticipée.

7. Celui qui estime les choses suivant ce qu'elles sont, et non d'après les discours et l'opinion des hommes, est vraiment sage ; et c'est Dieu qui l'instruit plus que les hommes.

Celui qui vit au dedans de lui-même, et qui s'inquiète peu des choses du dehors, tous les lieux lui sont bons, et tous les temps pour remplir ses pieux exercices.

Un homme intérieur se recueille bien vite, parce qu'il ne se répand jamais tout entier au dehors.

Les travaux extérieurs, les occupations nécessaires en certains temps, ne le troublent point; mais il se prête aux choses, selon qu'elles arrivent.

Celui qui a établi l'ordre au dedans de soi, ne se tourmente guère de ce qu'il y a de bien ou de mal dans les autres.

L'on n'a de distractions et d'obstacles qu'autant que l'on s'en crée soi-même.

8. Si vous étiez ce que vous devez être, entièrement libre et détaché, tout contribuerait à votre bien et à votre avancement.

Mais beaucoup de choses vous déplaisent et souvent vous troublent, parce que vous n'êtes pas encore tout à fait mort à vous-même et séparé des choses de la terre.

Rien n'embarrasse et ne souille tant le cœur de l'homme que l'amour impur des créatures.

Si vous rejetez les consolations du dehors, vous pourrez contempler les choses du ciel, et goûter souvent les joies intérieures.

RÉFLEXION.

L'âme chrétienne, détachée du monde, n'a qu'un désir pour le temps comme pour l'éternité : d'être unie à Jésus, de cette union ineffable dont la divine peinture nous ravit dans le cantique mystérieux de l'amour. *Mon bien-aimé est à moi, et je suis à lui; il repose entre les lis, jusqu'à ce que l'aurore se lève, et que les ombres déclinent*[1]. Hélas! que cherchez-vous au dehors? Rentrez, rentrez en vous-même, préparez au céleste Époux une demeure digne de lui, et il viendra, et il s'y reposera; car ses délices sont d'habiter dans le cœur qui l'appelle. Alors, seul avec Jésus, loin des bruits de la terre, dans le silence des créatures, il vous parlera, *comme un ami parle à son ami*[2], et, transporté de l'entendre, vous ne voudrez plus à jamais écouter que lui.

1. Cant. II, 16, 17. — 2. Exod. XXXIII, 11.

CHAPITRE II.

QU'IL FAUT S'ABANDONNER A DIEU EN ESPRIT D'HUMILITÉ.

1. Inquiétez-vous peu qui est pour vous ou contre vous; mais prenez soin que Dieu soit avec vous en tout ce que vous faites.

Ayez la conscience pure, et Dieu prendra votre défense.

Toute la malice des hommes ne saurait nuire à celui que Dieu veut protéger.

Si vous savez vous taire et souffrir, Dieu, sans doute, vous assistera.

Il sait le temps et la manière de vous délivrer; abandonnez-vous donc à lui.

C'est de Dieu que vient le secours, c'est lui qui délivre de la confusion.

Il est souvent très-utile, pour nous retenir dans une plus grande humilité, que les autres soient instruits de nos défauts, et qu'ils nous les reprochent.

2. Quand un homme s'humilie de ses défauts, il apaise aisément les autres, et se réconcilie sans peine ceux qui sont irrités contre lui.

Dieu protége l'humble et le délivre; il aime l'humble et le console : il s'incline vers l'humble et lui prodigue ses grâces, et, après l'abaissement, il l'élève dans la gloire.

Il révèle à l'humble ses secrets; il l'invite et l'attire doucement à lui.

Quelque affront qu'il reçoive, l'humble vit encore en paix, parce qu'il s'appuie sur Dieu et non sur le monde.

Ne pensez pas avoir fait de progrès, si vous ne vous croyez au-dessous de tous les autres.

RÉFLEXION.

Que vous importent les discours et les pensées des hommes! Ce ne seront point eux qui vous jugeront. S'ils vous accusent à tort, celui qui voit le fond des consciences vous a déjà justifié. S'ils vous reprochent des fautes réelles, n'êtes-vous pas heureux d'être averti, heureux de souffrir une humiliation salutaire? Ce qui vous trouble, c'est l'orgueil, qui ne saurait supporter d'être repris. L'humble ne s'irrite point, ne s'émeut point, lors même que la passion le condamne injustement. Plein du sentiment de sa misère, on ne saurait jamais tant s'abaisser, qu'il ne s'abaisse dans son cœur encore davantage. Voulez-vous que rien n'altère le calme de votre âme? abandonnez-vous à Dieu en toutes choses; et dans les peines, les contrariétés, les traverses, dites avec Jésus-Christ : *Oui, mon Père, parce qu'il vous a plu ainsi* [1] *!*

1. Luc. x, 21.

CHAPITRE III.

DE L'HOMME PACIFIQUE.

1. Conservez-vous premièrement dans la paix; et alors vous pourrez la donner aux autres.

Le pacifique est plus utile que le savant.

Un homme passionné change de bien en mal, et croit le mal aisément. L'homme paisible et bon ramène tout au bien.

Celui qui est affermi dans la paix ne pense mal de personne; mais l'homme inquiet et mécontent est agité de divers soupçons : il n'a jamais de repos, et n'en laisse point aux autres.

Il dit souvent ce qu'il ne faudrait pas dire, et ne fait pas ce qu'il faudrait faire.

Attentif au devoir des autres, il néglige ses propres devoirs.

Ayez donc premièrement du zèle pour vous-même, et vous pourrez ensuite avec justice l'étendre sur le prochain.

2. Vous savez bien colorer et excuser vos fautes, et vous ne voulez pas recevoir les excuses des autres.

Il serait plus juste de vous accuser vous-même, et d'excuser votre frère.

Si vous voulez qu'on vous supporte, supportez aussi les autres.

Voyez combien vous êtes loin encore de la vraie charité et de l'humilité, qui jamais ne s'irrite et ne s'indigne que contre elle-même !

Ce n'est pas une grande chose de bien vivre avec les hommes doux et bons, car cela plaît naturellement à tous; chacun aime son repos, et s'affectionne à ceux qui partagent ses sentiments.

Mais vivre en paix avec des hommes durs, pervers, sans règle, ou qui nous contrarient, c'est une grande grâce, une vertu courageuse et digne d'être louée.

3. Il y en a qui sont en paix avec eux-mêmes et avec les autres.

Et il y en a qui n'ont point la paix, et qui troublent celle d'autrui : ils sont à charge aux autres et plus à charge à eux-mêmes.

Il y en a enfin qui se maintiennent dans la paix, et qui s'efforcent de la rendre aux autres.

Au reste, toute notre paix, dans cette misérable vie, consiste plus dans une souffrance humble que dans l'exemption de la souffrance.

Qui sait le mieux souffrir possédera la plus grande paix. Celui-là est vainqueur de soi et maître du monde, ami de Jésus-Christ et héritier du ciel.

RÉFLEXION.

Bienheureux les pacifiques, parce qu'ils seront appelés enfants de Dieu[1]. Comprenez la grandeur de ce nom et l'instruction profonde qu'il renferme. La paix, c'est l'ordre parfait; et le trouble, les dissensions, les discordes, la guerre, ne sont entrés dans le monde que par la violation de l'ordre ou par le péché. Ainsi, point de paix où règne le péché; point de paix dans l'homme dont les pensées, les affections, les volontés ne sont pas en tout conformes à l'ordre ou à la vérité et à la volonté de Dieu; point de paix dans la société dont les doctrines et les lois s'écartent de la loi et des doctrines révélées de Dieu : et quiconque, homme ou peuple, brise cette loi, nie ces doctrines, ne fût-ce qu'en un seul point, cet homme, ce peuple rebelle à Dieu, subit à l'instant le châtiment de son crime. Un malaise inconnu s'empare de lui : je ne sais quelle force désordonnée le pousse et le repousse en tous sens, et nulle part il ne trouve de repos : comme Caïn, après son meurtre, il a peur. Non, la paix n'est en effet que pour les *enfants de Dieu :* ils la goûtent en eux-mêmes, et la répandent sur les autres; elle coule, pour ainsi dire, de leur cœur, comme ces fleurs qui arrosaient l'heureux séjour de notre premier père, au temps de son innocence. Et quand viendra la dernière heure, ce sera encore la paix; car *le royaume de Dieu est justice et paix*[2]. Enfants de Dieu, *entrez dans le royaume qui vous a été préparé dès le commencement du monde*[3]*!*

1. Matth. v, 9. — 2. Rom. xiv, 17. — 3. Matth. xxv, 34.

CHAPITRE IV.

DE LA PURETÉ D'ESPRIT, ET DE LA DROITURE D'INTENTION.

1. L'homme s'élève au-dessus de la terre sur deux ailes, la simplicité et la pureté.

La simplicité doit être dans l'intention, et la pureté dans l'affection.

La simplicité cherche Dieu; la pureté le trouve et le goûte.

Nulle bonne œuvre ne vous sera difficile, si vous êtes libre au dedans de toute affection déréglée.

Si vous ne voulez que ce que Dieu veut, et ce qui est utile au prochain, vous jouirez de la liberté intérieure.

Si votre cœur était droit, alors toute créature vous serait un miroir de vie et un livre rempli de saintes instructions.

Il n'est point de créature si petite et si vile qui ne présente quelque image de la bonté de Dieu.

2. Si vous aviez en vous assez d'innocence et de pureté, vous verriez tout sans obstacle. Un cœur pur pénètre le ciel et l'enfer.

Chacun juge des choses du dehors selon ce qu'il est au dedans de lui-même.

S'il est quelque joie dans le monde, le cœur pur la possède.

Et s'il y a des angoisses et des tribulations, avant tout elles sont connues de la mauvaise conscience.

Comme le fer mis au feu perd sa rouille, et devient tout étincelant, ainsi celui qui se donne sans réserve à Dieu, se dépouille de sa langueur et se change en un homme nouveau.

3. Quand l'homme commence à tomber dans la tiédeur; alors il craint le moindre travail, et reçoit avidement les consolations du dehors.

Mais quand il commence à se vaincre parfaitement et à marcher avec courage dans la voie de Dieu, alors il compte pour rien ce qui lui était le plus pénible.

RÉFLEXION.

Quand Jésus-Christ voulut proposer un modèle à ses disciples, le choisit-il parmi les hommes distingués par leur science ou par la supériorité de leur esprit? Non; *il appela un petit enfant, le plaça au milieu d'eux, et dit : En vérité, je vous le dis, si vous ne vous convertissez et ne devenez comme de petits enfants, vous n'entrerez point dans le royaume des cieux*[1]. Or, que voyons-nous dans l'enfance? la simplicité, la pureté. Elle croit, elle aime, elle agit, sans aucun retour sur elle-même, par un premier mouvement du cœur; et voilà ce qui plaît à Dieu. Il ne demande ni de

1. Matth. XVIII, 2, 3.

longues prières, ni d'éloquents discours, ni des méditations profondes, mais une volonté droite et un amour plein de candeur. N'avoir en tout de désirs que les siens, s'oublier entièrement soi-même, se soumettre aux volontés de l'adorable Providence, sans chercher à les scruter, quoi de plus pur que cet abandon, que cette simple obéissance? Aussi la récompense en sera-t-elle grande : *Heureux*, est-il dit, *ceux qui ont le cœur pur, parce qu'ils verront Dieu* [1].

1. Matth. v, 8.

CHAPITRE V.

DE LA CONSIDÉRATION DE SOI-MÊME.

1. Nous ne devons pas trop compter sur nous-mêmes, parce que souvent la grâce et le jugement nous manquent.

Nous n'avons en nous que peu de lumière, et ce peu il est aisé de le perdre par négligence.

Souvent, nous ne nous apercevons pas combien nous sommes aveugles au dedans de nous.

A de mauvaises actions souvent nous donnons de pires excuses.

Quelquefois nous sommes mus par la passion, et nous croyons que c'est par le zèle.

Nous relevons de petites fautes dans les autres, et nous nous en permettons de plus grandes.

Nous sentons bien vite, et nous pensons ce que nous souffrons des autres; mais tout ce qu'ils ont à souffrir de nous, nous n'y songeons point.

Qui se jugerait équitablement soi-même, sentirait qu'il n'a droit de juger personne sévèrement.

2. L'homme intérieur préfère le soin de soi-même à

tout autre soin; et lorsqu'on est attentif à soi, on se tait aisément sur les autres.

Vous ne serez jamais un homme intérieur et vraiment pieux, si vous ne gardez le silence sur ce qui vous est étranger, et si vous ne vous occupez principalement de vous-même.

Si vous n'avez que Dieu et vous-même en vue, vous serez peu touché de ce que vous apercevrez au dehors.

Où êtes-vous quand vous n'êtes pas présent à vous-même? Et que vous revient-il d'avoir tout parcouru, et de vous être oublié?

Si vous voulez posséder la paix et être véritablement uni à Dieu, il faut laisser là tout le reste, et ne penser qu'à vous seul.

3. Vous ferez de grands progrès, si vous vous dégagez de tous les soins du temps.

Vous serez au contraire fatigué bien vite, si vous comptez pour quelque chose ce qui n'est que de ce monde.

Qu'il n'y ait rien de grand à vos yeux, d'élevé, de doux, d'aimable, que Dieu seul, ou ce qui vient de Dieu.

Regardez comme une pure vanité toute consolation qui repose sur la créature.

L'âme qui aime Dieu méprise tout ce qui est au-dessous de Dieu.

Dieu seul, éternel, immense, et remplissant tout, est la consolation de l'âme et la vraie joie du cœur.

RÉFLEXION.

Quand vous sauriez ce qu'il y a de bon et de mauvais dans chaque homme, sans en excepter un seul, à quoi cela vous servirait-il, si vous vous ignorez vous-même? On ne vous interrogera point, au dernier jour, sur la conscience d'autrui. Laissez donc là une sollicitude dont presque toujours l'orgueil et la malignité sont le principe, et occupez-vous d'un soin plus agréable à Dieu et plus utile pour vous. La grande, la vraie science est de se connaître soi-même : ce doit être notre étude de tous les instants. Alors on apprend à se mépriser, à gémir sur la plaie de son cœur, sur l'amour-propre effréné qui nous domine, sur les secrètes convoitises qui nous tourmentent, et l'on s'écrie comme l'Apôtre: *Qui me délivrera de ce corps de mort*[1]? Heureuse, heureuse délivrance! mais que trouverons-nous après, si nous avons été fidèles? Dieu, uniquement Dieu, et en lui toutes choses, toute consolation, tout bien. O mon âme! puisqu'il est ainsi, commence dès ce moment même à te dégager du poids qui t'affaisse, de la terre et des créatures, pour ne t'attacher qu'à Dieu seul.

1. Rom. VII, 24.

CHAPITRE VI.

DE LA JOIE D'UNE BONNE CONSCIENCE.

1. *La gloire de l'homme de bien est le témoignage de sa conscience*[1].

Ayez la conscience pure, et vous posséderez toujours la joie.

La bonne conscience peut supporter beaucoup de choses, et elle est pleine de joie dans les adversités.

La mauvaise conscience est toujours inquiète et troublée.

Vous jouirez d'un repos ravissant, si votre cœur ne vous reproche rien.

Ne vous réjouissez que d'avoir fait le bien.

Les méchants n'ont jamais de véritable joie, ils ne possèdent point la paix intérieure, *parce qu'il n'y a point de paix pour l'impie*[2], dit le Seigneur.

Et s'ils disent : *Nous sommes dans la paix, les maux ne viendront pas sur nous; et qui oserait nous nuire*[3]*?* ne

1. II. Cor. I, 12. — 2. Is. LVII, 21. — 3. Jer. V, 12.

les croyez pas : car la colère de Dieu se lèvera soudain, et leurs œuvres seront réduites à rien, et leurs pensées périront.

2. Se faire un sujet de gloire de la tribulation n'est pas difficile à celui qui aime : car se glorifier ainsi, c'est *se glorifier dans la Croix de Jésus-Christ*[1].

La gloire que les hommes donnent et reçoivent est courte.

La tristesse accompagne toujours la gloire du monde.

La gloire des bons est dans leur conscience, et non dans la bouche des hommes.

L'allégresse des justes est de Dieu et en Dieu, et leur joie vient de la vérité.

Celui qui désire la gloire véritable et éternelle dédaigne la gloire du temps.

Et celui qui recherche la gloire du temps, et ne la méprise pas de toute son âme, montre qu'il aime peu la gloire éternelle.

Il jouit d'une grande tranquillité de cœur, celui que n'émeut ni la louange ni le blâme.

3. Il sera aisément en paix et content, celui dont la conscience est pure.

Vous n'êtes pas plus saint parce qu'on vous loue, ni plus imparfait parce qu'on vous blâme.

Vous êtes ce que vous êtes ; et tout ce qu'on pourra dire ne vous fera pas plus grand que vous ne l'êtes aux yeux de Dieu.

1. Rom. v, 3; Gal. vi, 14.

Si vous considérez bien ce que vous êtes en vous-même, vous vous embarrasserez peu de ce que les hommes disent de vous.

L'homme voit le visage, mais Dieu voit le cœur[1]. L'homme regarde les actions, mais Dieu pèse l'intention.

Faire toujours bien et s'estimer peu, c'est le signe d'une âme humble.

Ne vouloir de consolation d'aucune créature, c'est la marque d'une grande pureté et d'une grande confiance intérieure.

4. Quand on ne cherche au dehors aucun témoignage en sa faveur, il est manifeste qu'on s'est entièrement remis à Dieu.

Car ce n'est pas celui qui se recommande lui-même qui est approuvé, dit saint Paul, *mais celui que Dieu recommande*[2].

Avoir toujours Dieu présent au dedans de soi, et ne tenir à rien au dehors, c'est l'état de l'homme intérieur.

RÉFLEXION.

Nul repos pour celui qui ne le trouve pas en soi. Le cœur inquiet, qui cherche au dehors dans les créatures la paix dont il est privé intérieurement, se fait une grande illusion ; elle n'est pas là. Pourquoi vous tromper vous-même? La mer soulevée par les tempêtes n'est pas plus agitée que le monde ; et vous lui dites : Apaise mon trouble ! Il n'y a de joie que dans la conscience pure. Les plaisirs distraient, les passions enivrent un moment; mais ce

1. I Reg. XVI, 7. — 2. II. Cor. X, 18.

moment passé, que reste-t-il? Et encore que d'ennui souvent et que d'amertume pendant sa durée! Vous représentez-vous, au contraire, une félicité comparable à celle qui accompagne l'innocence; quelque chose qui, dès ici-bas, ressemble plus au ciel, que l'état d'une âme détachée de la terre, et tranquille sous la main de Dieu qu'elle possède déjà par l'espérance et par l'amour? Eh bien donc, que cet état devienne le vôtre; *venez et goûtez combien le Seigneur est doux*[1]; faites un effort, veuillez seulement : celui qui donne le bon vouloir vous donnera aussi de l'accomplir.

1. Ps. XXXIII, 9.

CHAPITRE VII.

QU'IL FAUT AIMER JÉSUS-CHRIST PAR-DESSUS TOUTES CHOSES.

1. Heureux celui qui comprend ce que c'est que d'aimer Jésus, et de se mépriser soi-même à cause de Jésus!

Il faut que notre amour pour lui nous détache de tout autre amour, parce que Jésus veut être aimé seul par-dessus toutes choses.

L'amour de la créature est trompeur et passe bientôt; l'amour de Jésus est stable et fidèle.

Celui qui s'attache à la créature tombera comme elle et avec elle; celui qui s'attache à Jésus sera pour jamais affermi.

Aimez et conservez pour ami celui qui ne vous quittera point alors que tous vous abandonneront, et qui, quand viendra votre fin, ne vous laissera point périr.

Que vous le vouliez ou non, il vous faudra un jour être séparé de tout.

2. Vivant et mourant, tenez-vous donc près de Jésus, et confiez-vous à la fidélité de celui qui seul peut vous secourir lorsque tout vous manquera.

Tel est votre bien-aimé, qu'il ne veut point de partage; il veut posséder seul votre cœur, et y régner comme un roi sur le trône qui est à lui.

Si vous saviez bannir de votre âme toutes les créatures, Jésus se plairait à demeurer en vous.

Vous trouverez avoir perdu presque tout ce que vous aurez établi sur les hommes et non sur Jésus.

Ne vous appuyez point sur un roseau qu'agite le vent, et n'y mettez pas votre confiance, *car toute chair est comme l'herbe, et sa gloire passe comme la fleur des champs*[1].

Vous serez trompé souvent, si vous jugez des hommes d'après ce qui paraît au dehors; au lieu des avantages et du soulagement que vous cherchez en eux, vous n'éprouverez presque toujours que du préjudice.

Cherchez Jésus en tout, et en tout vous trouverez Jésus. Si vous vous cherchez vous-même, vous vous trouverez aussi, mais pour votre perte.

Car l'homme qui ne cherche pas Jésus, se nuit plus à lui-même que tous ses ennemis et que le monde entier.

RÉFLEXION.

Entraînés par le *charme de sentir*, ainsi que parle Bossuet, nous cherchons notre bien dans les créatures qui nous échappent et s'évanouissent comme des ombres. Nous voulons aimer et être aimés; et nous nous éloignons de la source du véritable amour, de l'amour infini. Comprenons enfin combien il est insensé d'at-

1. Is. XL, 6.

tacher notre cœur à ce qui passe, et combien sont vaines ces amitiés de la terre, *qui s'en vont avec les années et les intérêts.* Aimons Jésus sans partage; aimons-le comme il nous aime et comme il veut être aimé. *La mesure de notre amour pour lui,* dit saint Bernard, *est de l'aimer sans mesure.* Malheur à qui lui préfère quelque chose! ses désirs sont sur la route du néant.

CHAPITRE VIII.

DE LA FAMILIARITÉ QUE L'AMOUR ÉTABLIT ENTRE JÉSUS ET L'AME FIDÈLE.

1. Quand Jésus est présent, tout est doux et rien ne semble difficile; mais quand Jésus se retire, tout fatigue.

Quand Jésus ne parle pas au dedans, nulle consolation n'a de prix; mais si Jésus dit une seule parole, on est merveilleusement consolé.

Marie Madeleine ne se leva-t-elle pas aussitôt du lieu où elle pleurait, lorsque Marthe lui dit : *le Maître est là, et il vous appelle*[1].

Heureux moment, où Jésus appelle des larmes à la joie de l'esprit!

Combien, sans Jésus, n'êtes-vous pas aride et insensible!

Et quelle vanité, quelle folie, si vous désirez autre chose que Jésus-Christ! Ne serait-ce pas une plus grande perte que si vous aviez perdu le monde entier?

2. Que peut vous donner le monde sans Jésus?

1. Joan. XI, 28.

Être sans Jésus, c'est un insupportable enfer; être avec Jésus, c'est un paradis de délices.

Si Jésus est avec vous, nul ennemi ne pourra vous nuire.

Qui trouve Jésus, trouve un trésor immense, ou plutôt un bien au-dessus de tout bien.

Qui perd Jésus, perd plus et beaucoup plus que s'il perdait le monde entier.

Vivre sans Jésus, c'est le comble de l'indigence; être uni à Jésus, c'est posséder des richesses infinies.

3. C'est un grand art que de savoir converser avec Jésus, et une grande prudence que de savoir le retenir près de soi.

Soyez humble et pacifique, et Jésus sera avec vous.

Que votre vie soit pieuse et calme, et Jésus demeurera près de vous.

Vous éloignerez bientôt Jésus, et vous perdrez sa grâce, si vous voulez vous répandre au dehors.

Et si vous l'éloignez et le perdez, qui sera votre refuge, et quel autre ami chercherez-vous?

Vous ne sauriez vivre heureux sans ami, et si Jésus n'est pas pour vous un ami au-dessus de tous les autres, n'attendez que tristesse et désolation.

Qu'insensés vous êtes, si vous mettez en quelque autre votre confiance ou votre joie!

Il vaudrait mieux avoir le monde entier contre vous, que d'être dans la disgrâce de Jésus.

Qu'il vous soit donc plus cher que tout ce qui vous est cher.

4. Aimez tous les autres pour Jésus, et Jésus pour lui-même.

Lui seul doit être aimé uniquement, parce qu'il est le seul ami bon, fidèle, entre tous les amis.

Aimez en lui et à cause de lui vos amis et vos ennemis, et priez-le pour tous, afin que tous le connaissent et l'aiment.

Ne souhaitez jamais d'obtenir aucune préférence dans l'estime ou l'amour des hommes : car cela n'appartient qu'à Dieu, qui n'a point d'égal.

Ne désirez point que quelqu'un s'occupe de vous dans son cœur, et ne soyez vous-même préoccupé de l'amour de personne ; mais que Jésus soit en vous et en tout homme de bien.

5. Soyez pur et libre au dedans, sans aucune attache à la créature.

Il vous faut être dépouillé de tout, et offrir à Dieu un cœur pur, si vous voulez être libre, et goûter combien le Seigneur est doux.

Et certes, jamais vous n'y parviendrez, si sa grâce ne vous prévient et ne vous attire ; de sorte qu'ayant exclu et banni tout le reste, vous soyez seul uni à lui seul.

Car, lorsque la grâce de Dieu visite l'homme, alors il peut tout; et quand elle se retire, alors il est pauvre et infirme, et ne semble réservé qu'aux châtiments.

En cet état même, il ne doit ni se laisser abattre ni désespérer; mais il doit se soumettre avec calme à la volonté de Dieu, et souffrir, pour l'amour de Jésus-Christ, tout ce qui lui arrive : car l'été succède à l'hiver, après la nuit revient le jour, et après la tempête une grande sérénité.

RÉFLEXION.

L'amour a fait descendre le Fils de Dieu sur la terre; l'amour nous élève jusqu'à lui. Alors il s'établit entre notre âme et Jésus comme une union ravissante; alors s'accomplit cette promesse : *Je ne vous laisserai pas orphelin, je viendrai à vous* [1]. Venez donc, ô mon Jésus, venez briser les derniers liens qui m'attachent aux créatures et retardent l'heureux moment où je ne vivrai plus que pour vous. Faites que, m'oubliant moi-même, je ne voie, je ne désire que vous seul, et me repose sur votre sein comme le disciple bien-aimé, dans cette paix délicieuse que *le monde ne donne pas* [2], qu'il ne peut même comprendre, mais aussi que ses orages ne sauraient troubler.

1. Joan. XIV, 18. — 2. *Ibid.*, 27.

CHAPITRE IX.

DE LA PRIVATION DE TOUTE CONSOLATION.

1. Il n'est pas difficile de mépriser les consolations humaines, quand on jouit des consolations divines.

Mais il est grand et très-grand de consentir à être privé tout à la fois des consolations des hommes et de celles de Dieu, de supporter volontairement pour sa gloire cet exil du cœur, de ne se rechercher en rien, et de ne faire aucun retour sur ses propres mérites.

Qu'y a-t-il d'étonnant, si vous êtes remp d'allégresse et de ferveur lorsque la grâce descend en vous? C'est pour tous l'heure désirable.

Il avance aisément et avec joie, celui que la grâce soulève.

Comment sentirait-il son fardeau, quand il est porté par le Tout-Puissant, et conduit par le guide suprême?

2. Toujours nous cherchons quelque soulagement, et difficilement l'homme se dépouille de lui-même.

Fidèle à son évêque, le saint martyr Laurent vainquit le siècle, parce qu'il méprisa tout ce que le monde offre de séduisant, et qu'il souffrit en paix, pour l'amour de Jésus-Christ, d'être séparé du souverain prêtre de Dieu, de Sixte, qu'il aimait avec une vive tendresse.

Par l'amour du Créateur, surmontant l'amour de l'homme, aux consolations humaines il préféra le bon plaisir divin.

Et vous aussi, apprenez donc à quitter, pour l'amour de Dieu, l'ami le plus cher et le plus intime.

Et ne murmurez point, s'il arrive que votre ami vous abandonne, sachant qu'après tout il faut bien un jour se séparer tous.

3. Ce n'est pas sans combattre beaucoup et longtemps en lui-même, que l'homme apprend à se vaincre pleinement, et à reporter en Dieu toutes ses affections.

Lorsqu'il s'appuie sur lui-même, il se laisse aisément aller aux consolations humaines.

Mais celui qui a vraiment l'amour de Jésus-Christ et le zèle de la vertu, ne cède point à l'attrait des consolations, et ne cherche point les douceurs sensibles : il désire plutôt de fortes épreuves, et de souffrir de durs travaux pour Jésus-Christ.

4. Quand donc Dieu vous accorde quelque consolation spirituelle, recevez-la avec action de grâces; mais reconnaissez-y le don de Dieu, et non votre propre mérite.

Ne vous en élevez pas, n'en ayez point trop de joie, n'en concevez pas une vaine présomption. Que cette grâce, au contraire, vous rende plus humble, plus vigilant, plus timide dans toutes vos actions : car ce moment passera et sera suivi de la tentation.

Quand la consolation vous est ôtée, ne vous découragez pas aussitôt, mais attendez avec humilité et avec patience que Dieu vous visite de nouveau : car il est tout-puissant pour vous consoler encore plus.

Cela n'est ni nouveau ni étrange pour ceux qui ont l'expérience des voies de Dieu : les grands Saints et les anciens prophètes ont souvent éprouvé ces vicissitudes.

5. Un d'eux, sentant la présence de la grâce, s'écriait : *J'ai dit dans mon abondance : Je ne serai jamais ébranlé!* Mais la grâce s'étant retirée, il ajoutait : *Vous avez détourné de moi votre face, et j'ai été rempli de trouble* [1].

Dans ce trouble, cependant, il ne désespère point, mais il prie le Seigneur avec plus d'instance, disant : *Seigneur, je crierai vers vous et j'implorerai mon Dieu* [2].

Enfin il recueille le fruit de sa prière, et il témoigne qu'il a été exaucé : *Le Seigneur m'a écouté, et il a eu pitié de moi : le Seigneur s'est fait mon appui* [3].

Mais comment? *Vous avez,* dit-il, *changé mes gémissements en chants d'allégresse, et vous m'avez environné de joie* [4].

Or, puisque Dieu en use ainsi avec les plus grands Saints, nous ne devons pas perdre courage, pauvres infirmes que nous sommes, si quelquefois nous éprouvons de la ferveur et quelquefois du refroidissement : car l'esprit de Dieu vient et se retire comme il lui plaît. Ce qui faisait dire au bienheureux Job : *Vous visitez l'homme dès le matin, et aussitôt vous l'éprouvez* [5].

1. Ps. XXIX, 7, 8. — 2. *Ibid.*, 9. — 3. *Ibid.*, 11. — 4. *Ibid.*, 12. — 5. Job VII, 18.

6. En quoi donc espérer, et en quoi mettre ma confiance, si ce n'est uniquement dans la grande miséricorde de mon Dieu et dans l'attente de la grâce céleste?

Car, soit que j'aie près de moi des hommes vertueux, des religieux fervents, des amis fidèles; soit que je lise de saints livres et d'éloquents traités; soit que j'entende le doux chant des hymnes; tout cela aide peu et ne touche guère quand la grâce se retire, et que je suis délaissé dans ma propre indigence.

Alors il n'est point de meilleur remède qu'une humble patience, et l'abandon de soi-même à la volonté de Dieu.

7. Je n'ai jamais rencontré d'homme si pieux et si parfait, qui n'ait éprouvé quelquefois cette privation de la grâce, et une diminution de ferveur.

Nul saint n'a été ravi si haut ni si rempli de lumière, qu'il n'ait été tenté avant ou après.

Car il n'est pas digne d'être élevé jusqu'à la contemplation de Dieu celui qui n'a pas souffert pour Dieu quelque tribulation.

La tentation annonce d'ordinaire la consolation qui doit suivre.

Car la consolation céleste est promise à ceux qu'a éprouvés la tentation. *Celui qui vaincra*, dit le Seigneur, *je lui donnerai à manger du fruit de l'arbre de vie*[1].

8. La consolation divine est donnée, afin que l'homme ait plus de force pour soutenir l'adversité.

La tentation vient après, afin qu'il ne s'enorgueillisse pas du bien.

1. Apoc. II, 7.

Car Satan ne dort point, et la chair n'est pas encore morte : c'est pourquoi ne cessez de vous préparer au combat, parce qu'à droite et à gauche sont des ennemis qui ne se reposent jamais.

RÉFLEXION.

Bien que l'humanité sainte du Sauveur ne cessât de jouir, par son intime union avec le Verbe divin, d'une paix et d'une joie inaltérables, il ne laissait pas de ressentir souvent, dans la partie inférieure de l'âme, les afflictions et les douleurs devenues l'apanage de notre nature depuis le péché. Qui n'a présentes à l'esprit ces grandes paroles : *Mon âme est triste jusqu'à la mort*[1]. *Mon Père! mon Père! pourquoi m'avez-vous délaissé*[2]? Ainsi l'âme chrétienne, sans perdre sa paix, est éprouvée aussi par la tristesse et les tribulations intérieures. Si elle goûtait toujours la consolation, il serait à craindre qu'elle ne tombât peu à peu dans le relâchement; et qu'aurait-elle d'ailleurs à offrir à son bien-aimé? *La vertu se perfectionne dans l'infirmité*. C'est l'Apôtre qui nous l'apprend, et il ajoute aussitôt : *Je me glorifierai donc dans mes infirmités, afin que la vertu de Jésus-Christ habite en moi*[3]. Cette espèce d'abandon, cet *exil du cœur* nous rappelle vivement notre misère, que nous oublions trop facilement, exerce notre foi, notre amour, et nous maintient dans l'humilité. Gardez-vous donc, en ces moments où Jésus paraît se retirer de vous, de fléchir sous le poids de l'épreuve, et de vous laisser aller au découragement. « Un des grands secours, dit un pieux auteur, pour « bien porter sa croix, est d'en ôter l'inquiétude, et de rendre « cette peine tranquille par une totale conformité à la divine vo- « lonté[4]. » Au lieu de gémir et de vous troubler, réjouissez-vous

1. Matth. XXVI, 38. — 2. *Ibid.*, XXVII, 46. — 3. II. Cor. XII, 9. — 4. Boudon, *les Saintes Voies de la Croix*, liv. II, chap. III.

plutôt; car il est écrit : *Ceux qui sèment dans les larmes moissonnent dans l'allégresse. Ils allaient et pleuraient en répandant des semences ; ils reviendront pleins de joie, portant des gerbes dans leurs mains* [1].

1. Ps. cxxv, 5, 6.

CHAPITRE X.

DE LA RECONNAISSANCE POUR LA GRACE DE DIEU.

1. Pourquoi cherchez-vous le repos, lorsque vous êtes né pour le travail?

Disposez-vous à la patience plutôt qu'aux consolations, et à porter la croix plutôt qu'à goûter la joie.

Quel est l'homme du siècle qui ne reçût volontiers les joies et les consolations spirituelles, s'il pouvait en jouir toujours?

Car les consolations spirituelles surpassent toutes les délices du monde et toutes les voluptés de la chair.

Toutes les délices du monde sont ou honteuses, ou vaines; les délices spirituelles sont seules douces et chastes, nées des vertus et répandues par Dieu dans les cœurs purs.

Mais nul ne peut jouir toujours à son gré des consolations divines, parce que la tentation ne cesse jamais longtemps.

2. Une fausse liberté d'esprit et une grande confiance

en soi-même forment un grand obstacle aux visites d'en haut.

Dieu accorde à l'homme un grand bien en lui donnant la grâce de la consolation; mais l'homme fait un grand mal quand il ne remercie pas Dieu de ce don, et ne le lui rapporte pas tout entier.

Si la grâce ne coule point abondamment sur nous, c'est que nous sommes ingrats envers son Auteur, et que nous ne remontons point à sa source première.

Car la grâce n'est jamais refusée à celui qui la reçoit avec gratitude, et Dieu ordinairement donne à l'humble ce qu'il ôte au superbe.

3. Je ne veux point de la consolation qui m'ôte la componction; je n'aspire point à la contemplation qui conduit à l'orgueil.

Car tout ce qui est élevé n'est pas saint; tout ce qui est doux n'est pas bon; tout désir n'est pas pur; tout ce qui est cher à l'homme n'est pas agréable à Dieu.

J'aime une grâce qui me rend plus humble, plus vigilant, plus prêt à me renoncer moi-même.

L'homme instruit par le don de la grâce, et par sa privation, n'osera s'attribuer aucun bien; mais plutôt il confessera son indigence et sa nudité.

Donnez à Dieu ce qui est à Dieu; et ce qui est de vous, ne l'imputez qu'à vous. Rendez gloire à Dieu de ses grâces, et reconnaissez que, n'ayant rien à vous que le péché, rien ne vous est dû que la peine du péché.

4. *Mettez-vous* toujours *à la dernière place* [1], et la

1. Luc. XIV, 10.

première vous sera donnée; car ce qui est le plus élevé s'appuie sur ce qui est le plus bas.

Les plus grands Saints aux yeux de Dieu sont les plus petits à leurs propres yeux; et plus leur vocation est sublime, plus ils sont humbles dans leur cœur.

Pleins de la vérité et de la gloire céleste, ils ne sont pas avides d'une gloire vaine.

Fondés et affermis en Dieu, ils ne sauraient s'élever en eux-mêmes.

Rapportant à Dieu tout ce qu'ils ont reçu de bien, ils ne recherchent point la gloire que donnent les hommes, et ne veulent que celle qui vient de Dieu seul : leur unique but, leur désir unique, est qu'il soit glorifié en lui-même et dans tous les Saints, par-dessus toutes choses.

5. Soyez donc reconnaissant des moindres grâces, et vous mériterez d'en recevoir de plus grandes.

Que le plus léger don, la plus petite faveur, aient pour vous autant de prix que le don le plus excellent et la faveur la plus singulière.

Si vous considérez la grandeur de celui qui donne, rien de ce qu'il donne ne vous paraîtra petit ni méprisable : car peut-il être quelque chose de tel dans ce qui vient d'un Dieu infini?

Vous envoie-t-il des peines et des châtiments, recevez-les encore avec joie : car c'est toujours pour notre salut qu'il fait ou qu'il permet tout ce qui nous arrive.

Voulez-vous conserver la grâce de Dieu, soyez reconnaissant lorsqu'il vous la donne, patient lorsqu'il vous l'ôte.

Priez pour qu'elle vous soit rendue, et soyez humble et vigilant pour ne pas la perdre.

RÉFLEXION.

L'homme est si pauvre, qu'il n'a pas même une bonne pensée, un bon désir, qui ne lui viennent d'en haut. De lui-même il ne peut rien, pas même souhaiter d'être affranchi de sa misère, qu'il ne connaît que par une lumière surnaturelle... Si la divine miséricorde ne le prévenait, il languirait dans une éternelle impuissance de tout bien. Plus la grâce donc lui est donnée avec abondance, plus il a raison de s'humilier, en voyant ce qu'il serait sans elle, ce qu'il est par son propre fonds. Créature insensée, qui t'enorgueillis des dons de Dieu, *qu'as-tu que tu n'aies reçu? et si tu l'as reçu, pourquoi te glorifier, comme si tu ne l'avais pas reçu*[1]*?* Il faut que l'orgueil plie sous cette parole, et que l'homme tout entier s'anéantisse en présence de celui qui seul le retire de l'abîme où le péché l'avait précipité. Il ne se relève qu'en s'abaissant; ce qui faisait dire à saint Paul : *Quand je me sens faible, c'est alors que je suis fort*[2]. Je vous comprends, ô grand Apôtre! ce sentiment qui vous humilie appelle la grâce promise *aux humbles*[3], et par elle vous êtes revêtu de la force de Dieu même. Que ne devons-nous point à ce Dieu de bonté, et que lui rendrons-nous pour tant de bienfaits? Hélas! dans notre indigence, nous n'avons à lui offrir que notre cœur, et c'est aussi tout ce qu'il demande de sa pauvre créature. Que ce cœur au moins lui appartienne sans réserve; que rien ne le partage; qu'il ne veuille, qu'il ne goûte que Dieu, ne vive que de son amour; et qu'ainsi commence sur la terre cette union ravissante qui sera plus tard notre éternelle félicité!

1. I. Cor. IV, 7. — 2. II. Cor. XII, 10. — 3. Jacob. IV, 6.

CHAPITRE XI.

DU PETIT NOMBRE DE CEUX QUI AIMENT LA CROIX DE JÉSUS-CHRIST.

1. Il y en a beaucoup qui désirent le céleste royaume de Jésus, mais peu consentent à porter sa Croix.

Beaucoup souhaitent ses consolations, mais peu aiment ses souffrances.

Il trouve beaucoup de compagnons de sa table, mais peu de son abstinence.

Tous veulent partager sa joie, mais peu veulent souffrir quelque chose pour lui.

Plusieurs suivent Jésus jusqu'à la fraction du pain, mais peu jusqu'à boire le calice de sa Passion.

Plusieurs admirent ses miracles, mais peu goûtent l'ignominie de sa Croix.

Plusieurs aiment Jésus, pendant qu'il ne leur arrive aucune adversité.

Plusieurs le louent et le bénissent, tandis qu'ils reçoivent ses consolations.

Mais si Jésus se cache et les délaisse un moment, ils

tombent dans le murmure, ou dans un excessif abattement.

2. Mais ceux qui aiment Jésus pour Jésus, et non pour eux-mêmes, le bénissent dans toutes les tribulations et dans l'angoisse du cœur, comme dans les consolations les plus douces.

Et quand il ne voudrait jamais les consoler, toujours cependant ils le loueraient, toujours ils lui rendraient grâces.

3. Oh! que ne peut l'amour de Jésus, quand il est pur et sans aucun mélange d'amour ni d'intérêt propre!

Ne sont-ce pas des mercenaires, ceux qui cherchent toujours des consolations?

Ne prouvent-ils pas qu'ils s'aiment eux-mêmes plus que Jésus-Christ, ceux qui pensent toujours à leur gain et à leurs avantages?

Où trouvera-t-on quelqu'un qui veuille servir Dieu pour Dieu seul?

4. Rarement on rencontre un homme assez avancé dans les voies spirituelles pour être dépouillé de tout.

Car le véritable pauvre d'esprit, détaché de toute créature, qui le trouvera? *Il faut le chercher bien loin, et jusqu'aux extrémités de la terre*[1].

Si l'homme donne tout ce qu'il possède, ce n'est encore rien[2].

S'il fait une grande pénitence, c'est peu encore.

Et s'il embrasse toutes les sciences, il est encore loin.

1. Prov. XXXI, 10. — 2. Cant. VIII, 7.

Et s'il a une grande vertu et une piété fervente, il lui manque encore beaucoup, il lui manque une chose souverainement nécessaire.

Qu'est-ce donc? C'est qu'après avoir tout quitté, il se quitte aussi lui-même, et se dépouille entièrement de l'amour de soi.

C'est, enfin, qu'après avoir fait tout ce qu'il sait devoir faire, il pense encore n'avoir rien fait.

5. Qu'il estime peu ce qu'on pourrait regarder comme quelque chose de grand, et qu'en toute sincérité il confesse qu'il est un serviteur inutile, selon la parole de la Vérité : *Quand vous aurez fait tout ce qui vous est commandé, dites : Nous sommes des serviteurs inutiles* [1].

Alors il sera vraiment pauvre et séparé de tout en esprit, et il pourra dire avec le Prophète : *Oui, je suis pauvre et seul dans le monde* [2].

Nul cependant n'est plus riche, plus puissant, plus libre, que celui qui sait quitter tout, et soi-même, et se mettre au dernier rang.

RÉFLEXION.

Il faut aimer Dieu pour Dieu même, et non pas à cause de la joie que l'on goûte à le servir : car, s'il nous retirait ses consolations, que deviendrait cet amour mercenaire? Celui qui se cherche encore en quelque chose, ne sait point aimer. Regardez votre modèle, contemplez Jésus, il ne s'est recherché en rien : *Christus non sibi placuit* [3]. Il a tout sacrifié pour vous, son repos, sa vie,

1. Luc. XVII, 10. — 2. Ps. XXIV, 17. — 3. Rom. XV, 3.

sa volonté même : *Non pas ce que je veux,* disait-il, *mais ce que vous voulez*[1]. Il a tout souffert jusqu'à la croix, jusqu'au délaissement de son Père : *Mon Dieu! pourquoi m'avez-vous abandonné*[2]? Entrons, à son exemple, dans cet esprit de sacrifice; et, détachés désormais de tout intérêt propre, acceptons, avec une égale sérénité, les biens et les maux, les peines et les joies, en sorte que, n'ayant de pensées, de désirs que ceux de Jésus, nous soyons *consommés avec lui dans cette unité parfaite*[3] que, près de quitter ce monde, il demandait pour nous à son Père, comme le dernier et le plus grand de ses dons.

1. Matth. xxvi, 39. — 2. *Ibid.*, xxvii, 46. — 3. Joann. xvii, 23.

CHAPITRE XII.

DE LA SAINTE VOIE DE LA CROIX.

1. Cette parole semble dure à plusieurs : *Renoncez à vous-même, prenez votre Croix, et suivez*[1] Jésus.

Mais il sera bien plus dur, au dernier jour, d'entendre cette parole : *Retirez-vous de moi, maudits, allez au feu éternel*[2] *!*

Ceux qui écoutent maintenant volontiers la parole qui commande de porter la Croix, et qui y obéissent, ne craindront point alors d'entendre l'arrêt d'une éternelle condamnation.

Ce signe de la Croix sera dans le ciel, lorsque le Seigneur viendra pour juger[3].

Alors tous les disciples de la Croix, qui auront imité, pendant leur vie, Jésus crucifié, s'approcheront avec une grande confiance de Jésus-Christ juge.

1. Luc. IX, 23. — 2. Matth. XXV, 41. — 3. *Ibid.*, XXIV, 30.

2. Pourquoi donc craignez-vous de porter la Croix par laquelle on arrive au royaume du ciel?

Dans la Croix est le salut, dans la Croix la vie, dans la Croix la protection contre nos ennemis.

C'est de la Croix que découlent les suavités célestes.

Dans la Croix est la force de l'âme, dans la Croix la joie de l'esprit, la consommation de la vertu, la perfection de la sainteté.

Il n'y a de salut pour l'âme, ni d'espérance de vie éternelle, que dans la Croix.

Prenez donc votre Croix, et suivez Jésus, et vous parviendrez à l'éternelle vie.

Il vous a précédé portant sa Croix, et il est mort pour vous sur la Croix, afin que vous aussi vous portiez votre Croix, et que vous aspiriez à mourir sur la Croix.

Car si vous mourez avec lui, vous vivrez aussi avec lui[1]; et si vous partagez ses souffrances, vous partagerez sa gloire.

3. Ainsi tout est dans la Croix, et tout consiste à mourir. Il n'est point d'autre voie qui conduise à la vie et à la véritable paix du cœur, que la voie de la Croix et d'une mortification continuelle.

Allez où vous voudrez, cherchez tout ce que vous voudrez, et vous ne trouverez pas au-dessus une voie plus élevée, au-dessous une voie plus sûre que la voie de la sainte Croix.

Disposez de tout selon vos vues, réglez tout selon vos

1. Rom. vi, 8.

désirs, et toujours vous trouverez qu'il vous faut souffrir quelque chose, que vous le vouliez ou non; et ainsi vous trouverez toujours la Croix.

Car, ou vous sentirez de la douleur dans le corps, ou vous éprouverez de l'amertume dans l'âme.

4. Tantôt vous serez délaissé de Dieu, tantôt exercé par le prochain, et ce qui est plus encore, vous serez souvent à charge à vous-même. Vous ne trouverez à vos peines aucun remède, aucun soulagement; mais il vous faudra souffrir aussi longtemps que Dieu le voudra.

Car Dieu veut que vous appreniez à souffrir sans consolation, et que vous vous soumettiez à lui sans réserve, et que vous deveniez plus humble par la tribulation.

Nul n'a si avant dans son cœur la Passion de Jésus-Christ, que celui qui a souffert quelque chose de semblable.

La Croix est donc toujours préparée; elle vous attend partout.

Vous ne pouvez la fuir, quelque part que vous alliez, puisque partout où vous irez, vous vous porterez et vous trouverez toujours vous-même.

Élevez-vous, abaissez-vous, sortez de vous-même, rentrez-y : toujours vous trouverez la Croix; et il faut que partout vous preniez patience, si vous voulez posséder la paix intérieure et mériter la couronne immortelle.

5. Si vous portez de bon cœur la Croix, elle-même vous portera, et vous conduira au terme désiré, où vous cesserez de souffrir : mais ce ne sera pas en ce monde.

Si vous la portez à regret, vous en augmentez le poids,

vous rendez votre fardeau plus dur; et cependant il vous faut la porter.

Si vous rejetez une Croix, vous en trouverez certainement une autre, et peut-être plus pesante.

6. Croyez-vous échapper à ce que nul homme n'a pu éviter? Quel Saint a été en ce monde sans Croix et sans tribulation?

Jésus-Christ lui-même, Notre-Seigneur, n'a pas été une seule heure, dans toute sa vie, sans éprouver quelques souffrances : *Il fallait*, dit-il, *que le Christ souffrît, et qu'il ressuscitât d'entre les morts et qu'il entrât ainsi dans sa gloire*[1].

Comment donc cherchez-vous une autre voie que la voie royale de la sainte Croix?

7. Toute la vie de Jésus-Christ n'a été qu'une Croix et un long martyre : et vous cherchez le repos et la joie!

Vous vous trompez, n'en doutez pas, vous vous trompez lamentablement, si vous cherchez autre chose que des afflictions à souffrir; car toute cette vie mortelle est pleine de misères et environnée de Croix.

Et plus un homme aura fait de progrès dans les voies spirituelles, plus ses Croix souvent seront pesantes; parce que l'amour lui rend son exil plus douloureux.

8. Cependant celui que Dieu éprouve par tant de peines, n'est pas sans consolations qui les adoucissent; parce qu'il sent s'accroître les fruits de sa patience à porter sa Croix.

1. Luc. XXIV, 26, 46.

Car lorsqu'il s'incline volontairement sous elle, l'affliction qui l'accablait se change tout entière en une douce confiance qui le console.

Et plus la chair est affligée, brisée, plus l'esprit est fortifié intérieurement par la grâce.

Quelquefois même le désir de souffrir, pour être conforme à Jésus crucifié, lui inspire tant de force, qu'il ne voudrait pas être exempt de tribulations et de douleur, parce qu'il se croit d'autant plus agréable à Dieu, qu'il souffre pour lui davantage.

Ce n'est point là la vertu de l'homme, mais la grâce de Jésus-Christ, qui opère si puissamment dans une chair infirme, que tout ce qu'elle abhorre et fuit naturellement, elle l'embrasse et l'aime par la ferveur de l'esprit.

9. Il n'est pas selon l'homme de porter la Croix, d'aimer la Croix, de châtier le corps, de le réduire en servitude, de fuir les honneurs, de souffrir volontiers les outrages, de se mépriser soi-même et de souhaiter d'être méprisé, de supporter les afflictions et les pertes, et de ne désirer aucune prospérité dans ce monde.

Si vous ne regardez que vous, vous ne pouvez rien de tout cela.

Mais si vous vous confiez dans le Seigneur, la force vous sera donnée d'en haut, et vous aurez pouvoir sur la chair et le monde.

Vous ne craindrez pas même le démon, votre ennemi, si vous êtes armé de la foi et marqué de la Croix de Jésus-Christ.

10. Disposez-vous donc, comme un bon et fidèle ser-

viteur de Jésus-Christ, à porter courageusement la Croix de votre maître, crucifié par amour pour vous.

Préparez-vous à souffrir mille adversités, mille traverses dans cette misérable vie : car voilà partout ce qui vous attend, ce que vous trouverez partout, en quelque lieu que vous vous cachiez.

Il faut qu'il en soit ainsi : et à cette foule de maux et de douleurs, il n'y a d'autre remède que de vous supporter vous-même.

Buvez avec joie le calice du Sauveur, si son amour vous est cher et si vous désirez avoir part à sa gloire.

Laissez Dieu disposer de ses consolations : qu'il les répande comme il lui plaira.

Pour vous, choisissez les souffrances, et regardez-les comme des consolations d'un grand prix : car *toutes les souffrances du temps n'ont aucune proportion avec la gloire future, et ne sauraient vous la mériter*[1], quand seul vous les supporteriez toutes.

11. Lorsque vous en serez venu à trouver la souffrance douce, et à l'aimer pour Jésus-Christ, alors estimez-vous heureux, parce que vous avez trouvé le Paradis sur la terre.

Mais tandis que la souffrance vous sera amère, et que vous la fuirez, vous vivrez dans le trouble; et la tribulation que vous fuirez vous suivra partout.

12. Si vous vous appliquez à être ce que vous devez être, à souffrir et à mourir, bientôt vos peines s'adouciront, et vous aurez la paix.

1. Rom. VIII, 18.

Quand vous auriez été ravi, avec Paul, jusqu'au troisième ciel, vous ne seriez pas pour cela assuré de ne rien souffrir. *Je lui montrerai*, dit Jésus, *combien il faut qu'il souffre pour mon nom* [1].

Il ne vous reste donc qu'à souffrir, si vous voulez aimer Jésus et le servir constamment.

13. Plût à Dieu que vous fussiez digne de souffrir quelque chose pour le nom de Jésus! Quelle gloire vous serait réservée! Quelle joie parmi tous les Saints! Quelle édification pour le prochain!

Car tous recommandent la patience, quoique peu cependant veuillent souffrir.

Avec quelle joie vous devriez souffrir quelque chose pour Jésus, lorsque tant d'autres souffrent beaucoup plus pour le monde!

14. Sachez, et croyez fermement, que notre vie doit être une mort continuelle; et que plus on meurt à soi-même, plus on commence à vivre pour Dieu.

Nul n'est propre à comprendre les choses du Ciel, s'il ne se soumet à supporter les adversités pour Jésus-Christ.

Rien n'est plus agréable à Dieu, rien ne vous est plus salutaire en ce monde, que de souffrir avec joie pour Jésus-Christ; et si vous aviez à choisir, vous devriez plutôt souhaiter d'être affligé pour lui, que d'être comblé de consolations, parce que vous seriez alors plus semblable à Jésus-Christ et plus conforme à tous les Saints.

1. Act. IX, 16.

Car notre mérite et notre progrès dans la perfection ne consistent point dans la douceur et l'abondance des consolations, mais plutôt dans la force de supporter de grandes tribulations et de pesantes épreuves.

15. S'il y avait eu, pour l'homme, quelque chose de meilleur et de plus utile que de souffrir, Jésus-Christ nous l'aurait appris par ses paroles et par son exemple.

Or, manifestement il exhorte à porter la Croix, et les disciples qui le suivaient, et tous ceux qui voudraient le suivre, disant : *Si quelqu'un veut marcher sur mes pas, qu'il renonce à soi-même, qu'il porte sa Croix et qu'il me suive* [1].

Après donc avoir tout lu et tout examiné, concluons enfin qu'*il nous faut passer par beaucoup de tribulations pour entrer dans le royaume de Dieu* [2].

RÉFLEXION.

La doctrine de la Croix, *scandale pour les Juifs et folie pour les Gentils* [3], est ce que les hommes comprennent le moins. Qu'un Dieu soit mort pour les sauver, leur raison s'abaissera devant ce mystère; mais qu'ils doivent s'associer à cet étonnant sacrifice, en mourant à eux-mêmes, à leurs passions, à leurs volontés, à leurs désirs, voilà ce qui les révolte, et leur fait dire comme les Capharnaïtes : *Cette parole est dure, et qui peut l'entendre* [4] ? Il faut bien pourtant que nous l'entendions, car notre salut dépend de là. Le Ciel était séparé de la terre, la Croix les a réunis; et c'est du pied de la Croix que part tout ce qui va jusqu'au Ciel. Pres-

1. Matth. XVI, 24. — 2. Act. XIV, 21. — 3. I. Cor. I, 23. — 4. Joan. VI, 61.

sons-nous donc contre la Croix; qu'elle soit ici-bas notre consolation, comme elle est notre force. Lorsque, dans sa bonté, Dieu nous envoie quelque épreuve, disons avec saint André : *O douce Croix! si longtemps désirée, et préparée maintenant pour cette âme qui la souhaitait ardemment!* Tous les Saints ont senti ce désir, tous ont tenu ce langage. *Souffrir ou mourir,* répétait souvent sainte Thérèse; et, dans la souffrance, elle trouvait plus de paix et de bonheur que n'en goûteront jamais ceux que le monde appelle heureux. Une seule larme versée aux pieds de Jésus est plus délicieuse mille fois que tous les plaisirs du siècle.

FIN DU DEUXIÈME LIVRE.

LIVRE TROISIÈME.

DE LA VIE INTÉRIEURE.

CHAPITRE PREMIER.

DES ENTRETIENS INTÉRIEURS DE JÉSUS-CHRIST AVEC L'AME FIDÈLE.

1. *J'écouterai ce que le Seigneur Dieu dit en moi* [1].

Heureuse l'âme qui entend le Seigneur lui parler intérieurement, et qui reçoit de sa bouche la parole de consolation!

Heureuses les oreilles toujours attentives à recueillir ce souffle divin, et sourdes aux bruits du monde!

Heureuses encore une fois les oreilles qui écoutent, non la voix qui retentit au dehors, mais la vérité qui enseigne au dedans!

Heureux les yeux qui, fermés aux choses extérieures, ne contemplent que les intérieures!

1. Ps. LXXXIV, 8.

Heureux ceux qui pénètrent les mystères que le cœur recèle, et qui, par des exercices de chaque jour, tâchent de se préparer de plus en plus à comprendre les secrets du Ciel !

Heureux ceux dont la joie est de s'occuper de Dieu, et qui se dégagent de tous les embarras du siècle!

Considère ces choses, ô mon âme! et ferme la porte de tes sens, afin que tu puisses entendre ce que le Seigneur ton Dieu dit en toi.

2. Voici ce que dit ton bien-aimé : Je suis votre salut, votre paix et votre vie.

Demeurez près de moi, et vous trouverez la paix. Laissez là tout ce qui passe; ne cherchez que ce qui est éternel.

Que sont toutes les choses du temps, que des séductions vaines? et de quoi vous serviront toutes les créatures, si vous êtes abandonné du Créateur?

Renoncez donc à tout, et occupez-vous de plaire à votre Créateur, et de lui être fidèle, afin de parvenir à la vraie béatitude.

RÉFLEXION.

Écoutons la Sagesse incréée : *Mes délices, dit-elle, sont d'être avec les enfants des hommes*[1]. Mais la plupart des hommes ne comprenant pas son langage, ou craignant de l'entendre, s'éloignent d'elle pour s'entretenir avec les créatures. *Elle est venue dans le monde, et le monde ne l'a point connue*[2]. C'est pourquoi l'Apôtre

1. Prov. VIII, 31. — 2. Joan. I, 10.

nous défend d'*aimer le monde, ni rien de ce qui est dans le monde*[1], *parce qu'il appartient tout entier à l'esprit de malice*[2]. Si donc nous voulons attirer en nous l'esprit de Dieu, cet esprit dont *l'onction enseigne toutes choses*[3], séparons-nous du monde, renonçons à ses maximes, à ses plaisirs, à ses sociétés tumultueuses. Jésus ne se trouve qu'au désert; *sa voix ne retentit pas dans les lieux publics*[4], au milieu des assemblées du siècle; mais, lorsqu'il a résolu de répandre ses faveurs sur l'âme fidèle, *il la conduit dans la solitude, et là il parle à son cœur*[5]. Comment peindre les délices de ce céleste entretien? Qui les a goûtées une fois ne peut plus supporter les entretiens des hommes. O Jésus! parlez à mon cœur, je veux désormais n'écouter que votre voix, dans le silence de toutes les créatures.

1. I. Joan. II, 15. — 2. *Ibid.*, V, 19. — 3. *Ibid.*, II, 27. — 4. Matth. XII, 19. — 5. Osee II, 14.

CHAPITRE II.

LA VÉRITÉ PARLE AU DEDANS DE NOUS SANS AUCUN BRUIT DE PAROLES.

1. *Parlez, Seigneur, parce que votre serviteur écoute.*

Je suis votre serviteur : donnez-moi l'intelligence, afin que je sache vos témoignages[1].

Inclinez mon cœur aux paroles de votre bouche; qu'elles tombent sur lui comme une douce rosée[2].

Les enfants d'Israël disaient autrefois à Moïse : *Parlez-nous, et nous vous écouterons : mais que le Seigneur ne nous parle point, de peur que nous ne mourions*[3].

Ce n'est pas là, Seigneur, ce n'est pas là ma prière; mais au contraire, je vous implore, comme le prophète Samuel, avec un humble désir, disant : *Parlez, Seigneur, parce que votre serviteur écoute*[4].

Que Moïse ne me parle point, ni aucun des prophètes; mais vous plutôt parlez, Seigneur mon Dieu, vous la lumière de tous les prophètes, et l'esprit qui les inspirait.

1. I. Reg. III, 9; Ps. CXVIII, 125.— 2. Ps. CXVIII, 36; Deuter. XXXII, 2.— 3. Exod. XX, 19. — 4. I. Reg. III, 9.

Sans eux, vous pouvez seul pénétrer toute mon âme de votre vérité ; et sans vous, ils ne pourraient rien.

2. Ils peuvent prononcer des paroles, mais non les rendre efficaces.

Leur langage est sublime ; mais si vous vous taisez, il n'échauffe point le cœur.

Ils exposent la lettre ; mais vous en découvrez le sens.

Ils proposent les mystères ; mais vous rompez le sceau qui en dérobait l'intelligence.

Ils publient vos commandements ; mais vous aidez à les accomplir.

Ils montrent la voie ; mais vous donnez des forces pour marcher.

Ils n'agissent qu'au dehors ; mais vous éclairez et instruisez les cœurs.

Ils arrosent extérieurement ; mais vous donnez la fécondité.

Leurs paroles frappent l'oreille ; mais vous ouvrez l'intelligence.

3. Que Moïse donc ne me parle point, mais vous, Seigneur mon Dieu, éternelle vérité ! parlez-moi, de peur que je ne meure, et que je n'écoute sans fruit, si, averti seulement au dehors, je ne suis point intérieurement embrasé ; de peur que je ne trouve ma condamnation dans votre parole, entendue sans être accomplie, connue sans être aimée, crue sans être observée.

Parlez-moi donc, Seigneur, parce que votre serviteur écoute : vous avez les paroles de la vie éternelle[1].

1. I. Reg. III, 9 ; Joan. VI, 69.

Parlez-moi pour consoler un peu mon âme, pour m'apprendre à réformer ma vie; parlez-moi pour la louange, la gloire, l'honneur éternel de votre nom.

RÉFLEXION.

Il y a une voix qui nous parle intérieurement et comme dans le fond de l'âme, lorsque, fermant l'oreille au bruit des créatures, nous ne voulons plus écouter que Dieu seul, et que nous l'appelons en nous de toute l'ardeur de nos désirs. C'est cette voix qui, loin des hommes, ravissait au désert les Paul, les Antoine, les Pacôme, et leur révélait sans obscurité les secrets de la science divine. C'est cette voix qui instruit les Saints, les enflamme, les console et les enivre, pour ainsi dire, de sa céleste douceur. Moïse et les prophètes étaient voilés pour les disciples d'Emmaüs: Jésus vient, et, à sa voix, les ombres qui offusquaient leur intelligence se dissipent; quelque chose d'inconnu se remue en eux, de sorte qu'ils se disaient l'un à l'autre : *Notre cœur n'était-il pas tout brûlant au dedans de nous, lorsqu'il nous parlait dans le chemin, et nous ouvrait les Écritures*[1] ? Et nous, pauvres infortunés que le tumulte du monde distrait encore, que ferons-nous? Ne voulons-nous point aussi entendre Jésus? Comme les deux disciples nous sommes en voyage; nous nous en allons vers l'éternité. Jésus, dans son amour, *s'approche* de nous; il se fait, en quelque sorte, le compagnon de notre route[2] : mais, nous trouvant si peu attentifs, il se retire, et nous marchons seuls. Effrayante solitude! Ah! prenons garde que la nuit ne nous surprenne près du terme! Hâtons-nous de rappeler le divin guide, et disons-lui de toute notre âme : *Seigneur, demeurez avec nous, car le soir se fait et déjà le jour baisse*[3] !

1. Luc. XXIV, 32. — 2. *Ibid.*, 15. — 3. *Ibid.*, 29.

CHAPITRE III.

QU'IL FAUT ÉCOUTER LA PAROLE DE DIEU AVEC HUMILITÉ, ET QUE PLUSIEURS NE LA REÇOIVENT PAS COMME ILS LE DEVRAIENT.

1. J.-C. Mon fils, écoutez mes paroles, paroles pleines de douceur, et qui surpassent toute la science des philosophes et des sages du monde.

Mes paroles sont esprit et vie[1], et l'on n'en doit pas juger par le sens humain.

Il ne faut pas en tirer une vaine complaisance, mais les écouter en silence, et les recevoir avec une humilité profonde et un ardent amour.

2. Le F. Et j'ai dit : *Heureux celui que vous instruisez, Seigneur, et à qui vous enseignez votre loi, afin de lui adoucir les jours mauvais, et de ne pas le laisser sans consolation sur la terre*[2].

3. J.-C. C'est moi qui ai, dès le commencement, instruit les prophètes, dit le Seigneur; et jusqu'à présent même, je ne cesse point de parler à tous: mais plusieurs sont endurcis et sourds à ma voix.

1. Joan. VI, 64. — 2. Ps. XCIII, 12, 13.

Le plus grand nombre écoute le monde de préférence à Dieu : ils aiment mieux suivre les désirs de la chair que d'obéir à la volonté divine.

Le monde promet peu de chose, et des choses qui passent, et on le sert avec une grande ardeur : je promets des biens immenses, éternels, et le cœur des hommes reste froid.

Qui me sert et m'obéit en toutes choses, avec autant de soin qu'on sert le monde et les maîtres du monde?

Rougis, Sidon, dit la mer[1]; et si tu en demandes la cause, écoute, voici pourquoi :

Pour un petit avantage, on entreprend une longue route; et, pour la vie éternelle, à peine en trouve-t-on qui veuillent faire un pas.

On recherche le plus vil gain : on plaide honteusement quelquefois pour une pièce de monnaie; sur une légère promesse et pour une chose de rien, on ne craint pas de se fatiguer le jour et la nuit.

Mais, ô honte! pour un bien immuable, pour une récompense infinie, pour un honneur suprême et une gloire sans fin, on ne saurait se résoudre à la moindre fatigue.

4. Serviteur paresseux et toujours murmurant, rougis donc de ce qu'il y ait des hommes plus ardents à leur perte que tu ne l'es à te sauver, et pour qui la vanité a plus d'attraits que n'en a pour toi la vérité.

Et cependant ils sont souvent abusés par leurs espérances; tandis que ma promesse ne trompe point, et

1. Is. XXIII, 4.

que jamais je ne me refuse à celui qui se confie en moi.

Ce que j'ai promis, je le donnerai; ce que j'ai dit, je l'accomplirai, si toutefois l'on demeure avec fidélité dans mon amour jusqu'à la fin.

C'est moi qui récompense les bons, et qui éprouve fortement les justes.

5. Gravez mes paroles dans votre cœur, et méditez-les profondément : car, à l'heure de la tentation, elles vous seront très-nécessaires.

Ce que vous n'entendez pas en le lisant, vous le comprendrez au jour de ma visite.

J'ai coutume de visiter mes élus de deux manières : par la tentation et par la consolation.

Et tous les jours, je leur donne deux leçons, l'une en les reprenant de leurs défauts, l'autre en les exhortant à avancer dans la vertu.

Celui qui reçoit ma parole, et qui la méprise, sera jugé par elle au dernier jour[1].

PRIÈRE

POUR DEMANDER LA GRACE DE LA DÉVOTION.

6. Le F. Seigneur, mon Dieu, vous êtes tout mon bien : et qui suis-je pour oser vous parler?

Je suis le plus pauvre de vos serviteurs, et un abject ver de terre, beaucoup plus pauvre et plus méprisable que je ne sais et que je n'ose dire.

1. Joan. xii, 48.

Souvenez-vous cependant, Seigneur, que je ne suis rien, que je n'ai rien, que je ne puis rien.

Vous êtes seul bon, juste et saint; vous pouvez tout, vous donnez tout, vous remplissez tout, hors le pécheur que vous laissez vide.

Souvenez-vous de vos miséricordes [1], et remplissez mon cœur de votre grâce, vous qui ne voulez point qu'aucun de vos ouvrages demeure vide.

7. Comment puis-je, en cette misérable vie, porter le poids de moi-même, si votre miséricorde et votre grâce ne me fortifient?

Ne détournez pas de moi votre visage; ne différez pas à me visiter; ne me retirez point votre consolation, de peur que, *privée de vous, mon âme ne devienne comme une terre sans eau* [2].

Seigneur, apprenez-moi à faire votre volonté [3]; apprenez-moi à vivre d'une vie humble et digne de vous.

Car vous êtes ma sagesse, vous me connaissez dans la vérité, et vous m'avez connu avant que je fusse au monde, et avant même que le monde fût.

RÉFLEXION.

Rien de plus rare qu'un désir sincère du salut; et c'est ce qui doit nous faire trembler, car notre sort à chacun sera ce que nous l'aurons fait: Dieu nous aide, il vient par sa grâce au secours du libre arbitre, mais il ne le contraint pas. Or que voyons-nous? Quel spectacle nous offre le monde? Nous ne parlons point ici de

1. Ps. XXIV, 6. — 2. Ps. CXLII, 6. — 3. *Ibid.*, 10.

l'impie résolu à se perdre, et déjà marqué du sceau de la réprobation, nous parlons de ceux qui se disent, qui se croient les disciples de Jésus-Christ. Dans la spéculation, ces chrétiens veulent se sauver; mais ils veulent en même temps, ils veulent surtout posséder les biens et goûter les jouissances de la terre. Ils donneront à Dieu, en passant, quelques prières obligées; ils s'informeront de sa loi pour connaître ce qu'elle commande strictement : puis, tranquilles de ce côté, ils se jetteront à la poursuite des honneurs, des richesses, des plaisirs qu'ils nomment légitimes, ou ils s'endormiront dans une vie de mollesse permise à leurs yeux, parce qu'elle ne viole en apparence aucun précepte formel. Mais, dans tout cela, où est la foi qui doit régler toutes nos actions sur la vue de l'éternité? Où est l'amour perpétuellement occupé de son objet, l'amour avide de sacrifices? Où est la pénitence? Où est la Croix? O Dieu! et c'est là désirer le salut! N'est-il donc pas écrit que *celui qui cherche son âme la perdra*[1]? Que chacun se juge sur cette parole avant le jour terrible où le Seigneur lui-même le jugera.

1. Luc. XVII, 33.

CHAPITRE IV.

QU'IL FAUT MARCHER EN PRÉSENCE DE DIEU DANS LA VÉRITÉ ET L'HUMILITÉ.

1. J.-C. Mon fils, marchez devant moi dans la vérité, et cherchez-moi toujours dans la simplicité de votre cœur.

Celui qui marche devant moi dans la vérité ne craindra nulle attaque ; la vérité le délivrera des calomnies et des séductions des méchants.

Si la vérité vous délivre, vous serez vraiment libre, et peu vous importeront les vains discours des hommes.

2. Le F. Seigneur, il est vrai : qu'il me soit fait, de grâce, selon votre parole. Que votre vérité m'instruise, qu'elle me défende, qu'elle me conserve jusqu'à la fin dans la voie du salut.

Qu'elle me délivre de tout désir mauvais, de toute affection déréglée ; et je marcherai devant vous dans une grande liberté de cœur.

3. J.-C. La vérité, c'est moi : je vous enseignerai ce qui est bon, ce qui m'est agréable.

Rappelez-vous vos péchés avec une grande douleur et

un profond regret; et ne pensez jamais être quelque chose, à cause du bien que vous faites.

Car, dans la vérité, vous n'êtes qu'un pécheur, sujet à beaucoup de passions et engagé dans leurs liens.

De vous-même, vous tendez toujours au néant; un rien vous ébranle, un rien vous abat, un rien vous trouble et vous décourage.

Qu'avez-vous, dont vous puissiez vous glorifier? et que de motifs, au contraire, pour vous mépriser vous-même! car vous êtes beaucoup plus infirme que vous ne sauriez le comprendre.

4. Que rien de ce que vous faites ne vous paraisse donc quelque chose de grand.

Mais plutôt qu'à vos yeux rien ne soit grand, précieux, admirable, élevé, digne d'être estimé, loué, recherché, que ce qui est éternel.

Aimez, par-dessus toutes choses, l'éternelle vérité, et n'ayez jamais que du mépris pour votre extrême bassesse.

N'appréhendez rien tant, ne blâmez et ne fuyez rien tant que vos péchés et vos vices : ils doivent vous affliger plus que toutes les pertes du monde.

Il y en a qui ne marchent pas devant moi avec un cœur sincère; mais, guidés par une certaine curiosité présomptueuse, ils veulent découvrir mes secrets et pénétrer les profondeurs de Dieu, tandis qu'ils négligent de s'occuper d'eux-mêmes et de leur salut.

Ceux-là tombent souvent, à cause de leur orgueil et de leur curiosité, en de grandes tentations et de grandes fautes, parce que je me sépare d'eux.

5. Craignez les jugements de Dieu : redoutez la colère du Tout-Puissant; ne scrutez point les œuvres du Très-Haut; mais sondez vos iniquités, le mal que tant de fois vous avez commis, le bien que vous avez négligé.

Plusieurs mettent toute leur dévotion en des livres, d'autres en des images, d'autres en des signes et des marques extérieures.

Quelques-uns m'ont souvent dans la bouche, mais peu dans le cœur.

Il en est d'autres qui, éclairés et purifiés intérieurement, ne cessent d'aspirer aux biens éternels, ont à dégoût les entretiens de la terre, et ne s'assujettissent qu'à regret aux nécessités de la nature. Ceux-là entendent ce que l'Esprit de vérité dit en eux.

Car il leur apprend à mépriser ce qui passe, à aimer ce qui dure éternellement, à oublier le monde, et à désirer le Ciel, le jour et la nuit.

RÉFLEXION.

Je suis le Dieu tout-puissant : marchez en ma présence, et soyez parfait[1]. Ainsi parlait le Seigneur au Père des croyants, et ce commandement s'adresse avec encore plus de force aux chrétiens, qui ont contemplé, dans le Fils de l'homme, le modèle de toute perfection. Aussi leur est-il dit : *Soyez parfaits, comme votre Père céleste est parfait*[2]. Étonnant précepte qui, relevant notre incompréhensible bassesse, nous apprend ce qu'est l'homme racheté, ce qu'est le chrétien aux yeux de Dieu. Mais comment,

1. Gen. XVII, 1. — 2. Matth. V, 48.

faibles créatures, courbées sous le poids de la chair, approcherons-nous cette perfection souveraine, à laquelle il nous est ordonné de tendre sans cesse? Écoutez Jésus-Christ : *Je suis la voie, la vérité et la vie*[1]. Il est la voie qui conduit à Dieu, la vérité qui est Dieu même; il est la vie promise à ceux qui *marchent dans la vérité*[2], *qui font la vérité*[3], selon le mot profond de l'Apôtre. Donc, tout en Jésus-Christ et par Jésus-Christ. Unis aux siennes, nos pensées, nos affections, nos œuvres se divinisent : et comme la perfection du Fils est la perfection même du Père, par notre union avec le Fils, qui commence sur la terre et se consommera dans le ciel, nous devenons parfaits comme le Père est parfait. Ainsi s'accomplit la prière du Christ : *Père saint, conservez en votre nom ceux que vous m'avez donnés, afin qu'ils soient un comme nous sommes un! Sanctifiez-les dans la vérité; je me sanctifie pour eux moi-même, afin qu'ils soient sanctifiés dans la vérité*[4]. Mais cette grande union, qui nous élève jusqu'à participer aux mérites infinis du Rédempteur, ne s'effectue, ne l'oublions pas, qu'en proportion du sacrifice que nous faisons de nous-mêmes. Notre humilité en est la mesure : elle est le fruit du renoncement propre, du détachement, de l'abaissement qui nous anéantit devant Dieu. Là où l'amour corrompu de soi, là où la nature vit encore, l'union avec Jésus-Christ n'est pas complète. Il faut mourir à soi-même, à ses désirs, à ses goûts, à sa volonté, à sa raison aveugle, pour être *un avec le Fils*, comme il est *un avec son Père*, pour être *sanctifié dans la vérité*[5]. Heureuse mort, qui nous met en possession de la véritable vie, de Dieu même et de sa sainteté, de sa vérité éternelle!

1. Joan. xiv, 6. — 2. III. Joan. 4. — 3. Ephes. iv, 15. — 4. Joan. xvii, 11, 17, 19. — 5. II. Cor. i, 8.

CHAPITRE V.

DES MERVEILLEUX EFFETS DE L'AMOUR DIVIN.

1. Le F. Je vous bénis, Père céleste, Père de Jésus-Christ, mon Seigneur, parce que vous avez daigné vous souvenir de moi, pauvre créature.

O Père des miséricordes, et Dieu de toute consolation[1], je vous rends grâces de ce que, tout indigne que j'en suis, vous voulez bien cependant quelquefois me consoler!

Je vous bénis à jamais, et je vous glorifie avec votre Fils unique et l'Esprit consolateur, dans les siècles des siècles.

O Seigneur, mon Dieu, saint objet de mon amour! quand vous descendrez dans mon cœur, toutes mes entrailles tressailliront de joie.

Vous êtes ma gloire et la joie de mon cœur.

Vous êtes mon espérance et mon refuge au jour de la tribulation.

2. Mais, parce que mon amour est encore faible et ma

1. II. Cor. I, 3.

vertu chancelante, j'ai besoin d'être fortifié et consolé par vous : visitez-moi donc souvent, et dirigez-moi par vos divines instructions.

Délivrez-moi des passions mauvaises, et retranchez de mon cœur toutes ses affections déréglées, afin que, guéri et purifié intérieurement, je devienne propre à vous aimer, fort pour souffrir, ferme pour persévérer.

3. C'est quelque chose de grand que l'amour, et un bien au-dessus de tous les biens. Seul, il rend léger ce qui est pesant, et fait qu'on supporte avec une âme égale toutes les vicissitudes de la vie.

Il porte son fardeau sans en sentir le poids, et rend doux ce qu'il y a de plus amer.

L'amour de Jésus est généreux; il fait entreprendre de grandes choses, et il excite toujours à ce qu'il y a de plus parfait.

L'amour aspire à s'élever, et ne se laisse arrêter par rien de terrestre.

L'amour veut être libre et dégagé de toute affection du monde, afin que ses regards pénètrent jusqu'à Dieu sans obstacle, afin qu'il ne soit ni retardé par les biens, ni abattu par les maux du temps.

Rien n'est plus doux que l'amour, rien n'est plus fort, plus élevé, plus étendu, plus délicieux; il n'est rien de plus parfait ni de meilleur au ciel et sur la terre, parce que l'amour est né de Dieu, et qu'il ne peut se reposer qu'en Dieu, au-dessus de toutes les créatures.

4. Celui qui aime, court, vole; il est dans la joie, il est libre, et rien ne l'arrête.

Il donne tout pour posséder tout; et il possède tout en toutes choses, parce qu'au-dessus de toutes choses il se repose dans le seul être souverain, de qui tout bien procède et découle.

Il ne regarde pas aux dons, mais il s'élève au-dessus de tous les biens, jusqu'à celui qui donne.

L'amour souvent ne connaît point de mesure, mais, comme l'eau qui bouillonne, il déborde de toutes parts.

Rien ne lui pèse, rien ne lui coûte; il tente plus qu'il ne peut; jamais il ne prétexte l'impossibilité, parce qu'il se croit tout possible et tout permis.

Et à cause de cela il peut tout, et il accomplit beaucoup de choses qui fatiguent et qui épuisent vainement celui qui n'aime point.

5. L'amour veille sans cesse; dans le sommeil même il ne dort point.

Aucune fatigue ne le lasse, aucuns liens ne l'appesantissent, aucunes frayeurs ne le troublent; mais, tel qu'une flamme vive et pénétrante, il s'élance vers le Ciel, et s'ouvre un sûr passage à travers tous les obstacles.

Si quelqu'un aime, il entend ce que dit cette voix.

L'ardeur même d'une âme embrasée s'élève jusqu'à Dieu comme un grand cri : Mon Dieu! mon amour! vous êtes tout à moi, et je suis tout à vous.

6. Dilatez-moi dans l'amour, afin que j'apprenne à goûter au fond de mon cœur combien il est doux d'aimer et de se fondre et de se perdre dans l'amour.

Que l'amour me ravisse et m'élève au-dessus de moi-même, par la vivacité de ses transports.

Que je chante le cantique de l'amour, que je vous suive, ô mon bien-aimé, jusque dans les hauteurs de votre gloire; que toutes les forces de mon âme s'épuisent à vous louer, et qu'elle défaille de joie et d'amour.

Que je vous aime plus que moi, que je ne m'aime moi-même que pour vous, et que j'aime en vous tous ceux qui vous aiment véritablement, ainsi que l'ordonne la loi de l'amour, que nous découvrons dans votre lumière.

7. L'amour est prompt, sincère, pieux, doux, prudent, fort, patient, fidèle, constant, magnanime, et il ne se recherche jamais : car dès qu'on commence à se rechercher soi-même, à l'instant on cesse d'aimer.

L'amour est circonspect, humble et droit, sans mollesse, sans légèreté; il ne s'occupe point de choses vaines; il est sobre, chaste, ferme, tranquille, et toujours attentif à veiller sur les sens.

L'amour est obéissant et soumis aux supérieurs; il est vil et méprisable à ses yeux. Dévoué à Dieu sans réserve, et toujours plein de reconnaissance, il ne cesse point de se confier en lui, d'espérer en lui, lors même qu'il semble en être délaissé, parce qu'on ne vit point sans douleur dans l'amour.

8. Qui n'est pas prêt à tout souffrir et à s'abandonner entièrement à la volonté de son bien-aimé, ne sait pas ce que c'est que d'aimer.

Il faut que celui qui aime embrasse avec joie tout ce qu'il y a de plus dur et de plus amer pour son bien-aimé, et qu'aucune traverse ne le détache de lui.

RÉFLEXION.

Dieu est amour, et celui qui demeure dans l'amour demeure en Dieu, et Dieu en lui[1]. Mais l'amour a ses temps d'épreuve, comme ses temps de jouissance, et cette vie tout entière ne doit être qu'un continuel exercice d'amour, ou la consommation d'un grand sacrifice, dont une vie éternelle ou un amour immuable sera le prix. Tous les caractères de la charité, détaillés par saint Paul[2], nous rappellent l'idée de sacrifice; et l'amour infini lui-même n'a pu se manifester pleinement à nous que par un sacrifice infini. *Dieu a tant aimé le monde, qu'il a donné son Fils unique*[3]; et notre amour pour Dieu ne peut non plus se manifester que par un sacrifice, non pas égal, il est impossible, mais semblable, par le don de tout notre être ou une parfaite obéissance de notre esprit, de notre cœur et de nos sens à la volonté de celui qui nous *a tant aimés*. C'est alors que s'accomplit cette union ineffable que Jésus-Christ, à sa dernière heure, conjurait son Père d'opérer entre lui et la créature rachetée[4]. Pendant que la nature vit encore en nous, quelque chose nous sépare de Dieu et de Jésus; et *l'amour de Jésus nous presse*[5] d'achever le sacrifice, et de prononcer cette parole dernière, que le monde ne comprend pas, mais qui réjouit le Ciel : *Tout est consommé*[6].

1. I. Joan. IV, 16. — 2. I. Cor. XIII. — 3. Joan. III, 16. — 4. *Ibid.*, XVII, 21, 23. — 5. II. Cor. V, 14. — 6. Joan. XIX, 30.

CHAPITRE VI.

DE L'ÉPREUVE DU VÉRITABLE AMOUR.

1. J.-C. Mon fils, votre amour n'est encore ni assez fort ni assez éclairé.

Le F. Pourquoi, Seigneur?

J.-C. Parce qu'à la moindre contrariété vous laissez là l'œuvre commencée, et que vous recherchez trop avidement les consolations.

Celui qui aime fortement demeure ferme dans la tentation, et ne cède point aux suggestions artificieuses de l'ennemi. Dans le mauvais comme dans le bon succès, son cœur est également à moi.

2. Celui dont l'amour est éclairé considère moins le don de celui qui aime, que l'amour de celui qui donne.

L'affection le touche plus que le bienfait, et il préfère son bien-aimé à tout ce qu'il reçoit de lui.

Celui qui m'aime d'un amour généreux ne se repose pas dans mes dons, mais en moi par-dessus tous mes dons.

Ne croyez pas tout perdu cependant, s'il vous arrive

de sentir, pour moi ou pour mes Saints, moins d'amour que vous ne voudriez.

Cet amour tendre et doux que vous éprouvez quelquefois est l'effet de la présence de la grâce et une sorte d'avant-goût de la patrie céleste ; il n'y faut pas chercher trop d'appui, parce qu'il passe comme il est venu.

Mais combattre les mouvements déréglés de l'âme, et mépriser les sollicitations du démon, c'est un grand sujet de mérite, et la marque d'une solide vertu.

3. Ne vous troublez donc point des fantômes, quels qu'ils soient, qui obsèdent votre imagination.

Conservez une résolution ferme, et une intention droite devant Dieu.

Ce n'est point une illusion, si quelquefois vous êtes soudain ravi en extase, et qu'aussitôt vous retombiez dans les pensées misérables qui occupent d'ordinaire votre cœur.

Car vous souffrez alors plus que vous n'agissez; et tant qu'elles vous déplaisent et que vous y résistez, c'est un mérite et non pas une chute.

4. Sachez que l'antique ennemi s'efforce d'étouffer vos bons désirs et de vous éloigner de tout pieux exercice, du culte des Saints, de la méditation de mes douleurs et de ma mort, du souvenir si utile de vos péchés, de l'attention à veiller sur votre cœur, et du ferme propos d'avancer dans la vertu.

Il vous suggère mille pensées mauvaises, pour vous causer du trouble et de l'ennui, pour vous détourner de la prière et des lectures saintes.

Une humble confession lui déplaît, et, s'il pouvait, il vous éloignerait tout à fait de la communion.

Ne le croyez point, et n'ayez de lui aucune appréhension, quoiqu'il vous tende souvent des piéges pour vous surprendre.

Rejetez sur lui seul les pensées criminelles et honteuses qu'il vous inspire. Dites-lui :

Va, esprit immonde; rougis, malheureux; il faut que tu sois étrangement pervers pour me tenir un pareil langage.

Retire-toi de moi, détestable séducteur, tu n'auras jamais en moi aucune part : mais Jésus sera près de moi comme un guerrier formidable, et tu demeureras confondu.

J'aime mieux mourir et souffrir tous les tourments, que de consentir à celui que tu me proposes.

Tais-toi donc, ne me parle plus[1]; je ne t'écouterai pas davantage, quoi que tu fasses pour m'inquiéter. *Le Seigneur est ma lumière et mon salut : qui craindrai-je*[2]*?*

Quand une armée se rangerait en bataille contre moi, mon cœur ne craindrait pas[3]. *Le Seigneur est mon aide et mon Rédempteur*[4].

5. Combattez comme un généreux soldat, et si quelquefois vous succombez par fragilité, reprenez un courage plus grand, dans l'espérance d'être soutenu par une grâce plus forte; et gardez-vous surtout de la vaine complaisance et de l'orgueil.

C'est ainsi que plusieurs s'égarent, et tombent dans un aveuglement presque incurable.

1. Marc. IV, 39. — 2. Ps. XXVI, 1. — 3. *Ibid.*, 3. — 4. Ps. XVIII, 15.

Que la chute de ces superbes, qui présumaient follement d'eux-mêmes, vous soit une leçon continuelle de vigilance et d'humilité.

RÉFLEXION.

Tous ceux qui disent : Seigneur, Seigneur, n'entreront pas dans le royaume des cieux: mais celui qui fait la volonté de mon Père qui est au ciel, celui-là entrera dans le royaume des cieux[1] : c'est par les œuvres que se connaît le véritable amour. Toujours prompt à obéir, jamais il ne se relâche, il ne se décourage jamais. Dans l'amertume et dans la joie, dans la consolation et dans la souffrance, il loue, il bénit également celui *qui frappe et qui guérit*[2], selon ses divins conseils, impénétrables à la créature. La tentation vient-elle l'éprouver, il combat, il résiste avec paix, parce qu'il ne compte point sur ses propres forces, et n'attend la victoire que du secours d'en haut. S'il succombe quelquefois, il se relève aussitôt sans trouble, humilié, mais non abattu. Son repentir, quoique profond, est calme, parce qu'il est exempt de l'irritation de l'orgueil. Ses fautes l'affligent et ne l'étonnent point. Il connaît sa fragilité, et il en gémit, plein de confiance en la grâce, qui le soutiendra, s'il lui est fidèle. Détaché de la terre et de ses vanités qu'on appelle des biens, que veut-il? ce que Dieu veut : il n'a point d'autre volonté, ni d'autre désir. Quand le bien-aimé se retire et se dérobe à ses transports, loin de murmurer et loin de se plaindre, il s'avoue indigne de le posséder, et la privation, qui le purifie, enflamme encore son ardeur. O Jésus, qu'elles sont merveilleuses les voies par où vous conduisez les âmes qui vous aiment, *qui ont soif de vous*[3] ! Tantôt vous les inondez de votre joie, tantôt vous les délaissez dans les

1. Matth. VII, 21. — 2. Deuter. XXXII, 39. — 3. Ps. XLI, 3.

larmes : maintenant vous les prévenez, et puis elles semblent vous appeler en vain, comme l'épouse du divin Cantique. Épreuves de tendresse et de miséricorde! Ainsi épurées, ces âmes élues peu à peu se dégagent de leurs liens; elles s'élancent vers vous, et un dernier effort d'amour les porte au pied du trône où vous vous montrez sans voile. Alors la jouissance, alors l'allégresse et l'éternel rassasiement : *Satiabor cum apparuerit*[1]!

1. Ps. xvi, 15.

CHAPITRE VII.

QU'IL FAUT CACHER HUMBLEMENT LES GRACES QUE DIEU NOUS FAIT.

1. J.-C. Mon fils, lorsque la grâce vous inspire des mouvements de piété, il est meilleur pour vous et plus sûr de tenir cette grâce cachée, de ne vous en point élever, d'en parler peu, et de ne pas vous exagérer sa grandeur; mais plutôt de vous mépriser vous-même, et de craindre une faveur dont vous étiez indigne.

Il ne faut pas s'attacher trop à un sentiment qui bientôt peut se changer en un sentiment contraire.

Quand la grâce vous est donnée, songez combien vous êtes pauvre et misérable sans la grâce.

Le progrès de la vie spirituelle ne consiste pas seulement à jouir des consolations de la grâce, mais à en supporter la privation avec humilité, avec abnégation, avec patience; de sorte qu'alors on ne se relâche point dans l'exercice de la prière, et qu'on n'abandonne aucune de ses pratiques accoutumées.

Faites au contraire tout ce qui est en vous le mieux

que vous pourrez, selon vos lumières; et ne vous négligez pas entièrement vous-même, à cause de la sécheresse et de l'angoisse que vous sentez en votre âme.

2. Car il y en a beaucoup qui, au temps de l'épreuve, tombent aussitôt dans l'impatience ou le découragement.

Cependant *la voie de l'homme n'est pas toujours en son pouvoir*[1]. C'est à Dieu de consoler et de donner quand il veut, autant qu'il veut, et à qui il veut, comme il lui plaît, et non davantage.

Des indiscrets se sont perdus par la grâce même de la dévotion, parce qu'ils ont voulu faire plus qu'ils ne pouvaient, ne mesurant point leur faiblesse, mais suivant plutôt l'impétuosité de leur cœur que le jugement de la raison.

Et parce qu'ils ont aspiré, dans leur présomption, à un état plus élevé que celui où Dieu les voulait, ils ont promptement perdu la grâce.

Ils avaient placé leur demeure dans le ciel, et tout à coup on les a vus pauvres et délaissés dans leur misère, afin que par l'humiliation et le dénûment ils apprissent à ne plus tenter de s'élever sur leurs propres ailes, mais à se réfugier sous les miennes.

Ceux qui sont encore nouveaux et sans expérience dans les voies de Dieu peuvent aisément s'égarer et se briser sur les écueils, s'ils ne se laissent conduire par des personnes prudentes.

3. Que s'ils veulent suivre leur sentiment plutôt que

1. Jer. x, 23.

de croire à l'expérience des autres, le résultat leur en sera funeste, si toutefois ils s'obstinent dans leur propre sens.

Rarement ceux qui sont sages à leurs yeux se laissent humblement conduire par les autres.

Il vaut mieux être humble avec un esprit et des lumières bornés, que de posséder des trésors de science, et de se complaire en soi-même.

Il vaut mieux pour vous avoir peu, que beaucoup dont vous pourriez vous enorgueillir.

Celui-là manque de prudence, qui se livre tout entier à la joie, oubliant son indigence passée, et cette chaste crainte du Seigneur, qui appréhende de perdre la grâce reçue.

C'est aussi manquer de vertu que de se laisser aller à un découragement excessif, au temps de l'adversité et de l'épreuve, et d'avoir des pensées et des sentiments indignes de la confiance qu'on me doit.

4. Celui qui, durant la paix, a trop de sécurité, se trouve souvent, pendant la guerre, le plus timide et le plus lâche.

Si, ne présumant jamais de vous-même, vous saviez demeurer toujours humble, modérer et régler les mouvements de votre esprit, vous ne tomberiez pas si vite dans le péril et dans le péché.

C'est une pratique sage que de penser, durant la ferveur, à ce qu'on sera dans la privation de la lumière.

Et quand vous en êtes en effet privé, songez qu'elle peut revenir, et que je ne vous l'ai retirée que pour un temps, qu'en vue de ma gloire, et pour exciter votre vigilance.

Souvent une telle épreuve vous est plus utile, que si tout vous succédait constamment selon vos désirs.

Car, pour juger du mérite, on ne doit pas regarder si quelqu'un a beaucoup de visions ou de consolations, ou s'il est habile dans l'Écriture sainte, ou s'il occupe un rang élevé ;

Mais s'il est affermi dans la véritable humilité, et rempli de la charité divine ; s'il cherche en tout et toujours uniquement la gloire de Dieu ; s'il est bien convaincu de son néant ; s'il a pour lui-même un mépris sincère, et s'il se réjouit plus d'être méprisé des autres et humilié par eux, que d'en être honoré.

RÉFLEXION.

Reconnaître sa misère et ne la jamais perdre de vue ; s'abandonner sans réserve entre les mains de Dieu, avec une foi vive et un obéissant amour : voilà toute la vie spirituelle, dont l'humilité est le premier fondement. Celui qui se dit au fond de son âme : Je ne suis que la faiblesse et l'indigence même, ne cherche point d'appui en soi, et met en Jésus sa seule espérance. Il suit avec simplicité les mouvements de la grâce, ne s'élève point dans la ferveur, ne s'abat point dans la sécheresse ; toujours satisfait, pourvu que la volonté divine s'accomplisse en lui. L'orgueil, qui souvent se cache sous le voile de ce qu'il y a de plus saint, ne les séduit pas par le vain désir d'un état en apparence plus parfait, auquel il n'est point appelé. Fidèle et tranquille dans sa voie, il dit à Dieu : *Donnez-moi la sagesse qui assiste près de votre trône, et ne me rejetez pas du nombre de vos enfants, car je suis votre serviteur et le fils de votre servante, un homme infirme, de peu de durée, et qui n'a point l'intelligence de votre jugement et de vos lois*[1]. Qu'il aille en paix celui dont le cœur prie ainsi, désire ainsi : Dieu le regarde avec complaisance, et sa bénédiction reposera sur lui.

1. Sapient. IX, 4, 5.

CHAPITRE VIII.

QU'IL FAUT S'ANÉANTIR SOI-MÊME DEVANT DIEU.

1. Le F. *Je parlerai au Seigneur mon Dieu, bien que je ne sois que cendre et poussière*[1]. Si je me crois quelque chose de plus, voilà que vous vous élevez contre moi; et mes iniquités rendent un témoignage vrai, et que je ne puis contredire.

Mais si je m'abaisse, si je m'anéantis, si je me dépouille de toute estime pour moi-même, et que je rentre dans la poussière dont j'ai été formé, votre grâce s'approchera de moi, et votre lumière sera près de mon cœur; alors tout sentiment d'estime, même le plus léger, que je pourrais concevoir de moi, disparaîtra pour jamais dans l'abîme de mon néant.

Là, vous me montrez à moi-même, vous me faites voir ce que je suis, ce que j'ai été, jusqu'où je suis descendu : *car je ne suis rien, et je ne le savais pas*[2].

Si vous me laissez à moi-même, que suis-je? rien

1. Gen. XVIII, 27. — 2. Ps. LXXII, 22.

qu'infirmité; mais, dès que vous jetez un regard sur moi, à l'instant je deviens fort, et je suis rempli d'une joie nouvelle.

Et certes, cela me confond d'étonnement que vous me releviez ainsi tout d'un coup, et me preniez avec tant de bonté entre vos bras, moi toujours entraîné par mon propre poids vers la terre.

2. C'est votre amour qui opère cette merveille, qui me prévient gratuitement, qui ne se lasse point de me secourir dans mes nécessités, qui me préserve des plus grands périls, et, à vrai dire, me délivre de maux innombrables.

Car je me suis perdu en m'aimant d'un amour déréglé: mais en ne cherchant que vous, en n'aimant que vous, je vous ai trouvé, et je me suis retrouvé moi-même, et l'amour m'a fait rentrer plus avant dans mon néant.

O Dieu plein de tendresse! vous faites pour moi beaucoup plus que je ne mérite, et plus que je n'oserais espérer ou demander.

3. Soyez béni, mon Dieu, de ce que, tout indigne que je suis de recevoir de vous aucune grâce, cependant votre bonté généreuse et infinie ne cesse de faire du bien même aux ingrats, et à ceux qui se sont le plus éloignés de vous.

Ramenez-nous à vous, afin que nous soyons reconnaissants, humbles, fervents, parce que vous êtes notre salut, notre vertu et notre force.

RÉFLEXION.

Dieu se montre, dans l'Écriture, plein d'une immense compassion pour les fautes, si on peut le dire, purement humaines; mais il est sans pitié pour l'orgueil, *principe de tout mal*[1], pour l'orgueil qui est le crime propre de l'Ange rebelle, et qui s'attaque directement au souverain Être. Il a dit : *Je suis Jéhova, c'est mon nom; je ne donnerai point ma gloire à un autre*[2]. Or tout orgueil tend, par essence, à s'égaler à Dieu, à se faire Dieu : désordre tel que non-seulement on n'en conçoit pas de plus grand, mais qu'on hésiterait à le croire possible, s'il n'était sans cesse présent sous nos yeux, et si l'on n'en sentait pas le germe en soi-même. Aussi, voyez comme Dieu le foudroie : et d'abord cette ironie qui glace l'âme d'un effroi surnaturel : *Voilà qu'Adam est devenu comme l'un de nous*[3]*;* Adam jeté nu, avec son péché, sur une terre maudite! Adam qui venait d'entendre cette parole : *Tu mourras de mort*[4]*!* Ses enfants imitent son crime, leur orgueil s'élève sans mesure. Alors l'Esprit divin : *Comment es-tu tombé, toi qui te levais comme l'astre du matin, qui disais en ton cœur : Je monterai dans les cieux, je poserai mon trône au-dessus des étoiles et je serai semblable au Très-Haut. Voilà que tu seras traîné aux enfers, dans la profondeur du lac : on se baissera pour te voir*[5]. Lisez, dans l'Évangile, les effroyables malédictions prononcées contre les Pharisiens superbes, tandis que celui qui s'abaisse est à l'instant justifié. Une femme pleure aux pieds de Jésus; elle s'humilie de ses fautes, elle n'ose presque en solliciter le pardon, son silence seul supplie. Le Sauveur ému la console : *Beaucoup de péchés lui sont remis, parce qu'elle a beaucoup aimé*[6]. Mais l'orgueil n'aime point; c'est encore là un de ses

1. Eccli. x, 15. — 2. Is. xlii, 8. — 3. Gen. iii, 22. — 4. *Ibid.*, ii, 17. — 5. Is. xiv, 12-16. — 6. Luc. vii, 47.

caractères, et comme le type infernal. Il est le père de la haine, de l'envie, de la violence, de la fausse sécurité et de l'endurcissement. Sorti de l'abîme, il s'y replonge : le reste est le mystère de l'éternelle justice. O Dieu, ayez pitié de votre pauvre créature! Le front dans la poussière, je m'anéantis devant vous. Je sens, je confesse ma misère, ma corruption profonde, ma désolante impuissance et tout ce qui à jamais me séparerait de vous, si votre grande miséricorde ne venait à mon secours par le don gratuit de la grâce. Daignez, daignez la répandre en mon âme. Ne m'abandonnez pas, Seigneur; *sauvez-moi, ou je vais périr*[3]. O Dieu, ayez pitié de votre pauvre créature[1].

1. Matth. VIII, 25.

CHAPITRE IX.

QU'IL FAUT RAPPORTER TOUT A DIEU COMME A NOTRE DERNIÈRE FIN.

1. Mon fils, je dois être votre fin suprême et dernière, si véritablement vous désirez être heureux.

Cette vue purifiera vos affections, qui s'abaissent trop souvent jusqu'à vous et aux créatures.

Car, si vous vous recherchez en quelque chose, aussitôt vous tombez dans la langueur et la sécheresse.

Rapportez donc principalement tout à moi, parce que c'est moi qui vous ai tout donné.

Considérez chaque bien comme découlant du souverain bien; et songez que, dès lors, ils doivent tous remonter à moi comme à leur origine.

2. En moi, comme dans une source intarissable, le petit et le grand, le pauvre et le riche, puisent l'eau vive, et ceux qui me servent volontairement et de cœur recevront grâce sur grâce.

Mais celui qui cherchera sa gloire hors de moi, ou sa jouissance dans un autre bien que moi, sa joie ne sera ni vraie ni solide, et son cœur toujours à la gêne, toujours à l'étroit, ne trouvera que des angoisses.

Ne vous attribuez donc aucun bien, et n'attribuez à nul homme sa vertu; mais rendez tout à Dieu, sans qui l'homme n'a rien.

C'est moi qui vous ai tout donné, et je veux que vous vous donniez à moi tout entier; j'exige avec une extrême rigueur les actions de grâces qui me sont dues.

3. Ceci est la vérité qui dissipe la vanité de la gloire.

Là où pénètrent la grâce céleste et la vraie charité, il n'y a plus de place pour l'amour-propre, ni pour l'envie qui torture le cœur.

Car l'amour divin subjugue tout et agrandit toutes les forces de l'âme.

Si vous écoutez la sagesse, vous ne vous réjouirez qu'en moi, vous n'espérerez qu'en moi, parce que nul n'est bon que Dieu seul, à qui, en tout et par-dessus tout, est due à jamais la louange et la bénédiction.

RÉFLEXION.

Tout bien découle de Dieu, qui est le bien suprême, et tout ce qu'il fait est bon[1], parce qu'il le tire de lui. Il n'y a dans le monde d'autre mal que le péché; car la peine du péché n'est pas un mal, puisque, supportée patiemment, elle l'expie, et que toujours elle rétablit l'ordre que le péché avait troublé. Ainsi nous tenons de Dieu la vie, l'intelligence, l'amour, qui doit remonter perpétuellement vers sa source, et de nous-mêmes nous ne pou-

1. Gen. I, 4 et seq.

vons rien, pas même dire : *Mon Père* [1] ! car *nous ne savons pas prier, et c'est l'esprit qui demande en nous avec des gémissements ineffables* [2]. L'unique chose qui nous appartienne, c'est le péché ; il est le fruit de notre volonté libre, et *son salaire est la mort* [3]. Élevons-nous tant que nous voudrons dans notre pensée, voilà ce que nous sommes ; nous n'avons rien de plus que ce que Dieu nous donne dans sa bonté et sa miséricorde toute gratuite. Donc à nous le mépris, la confusion, la honte, en nous trouvant si misérables ; et à Dieu *la bénédiction, la gloire, la puissance* [4], comme les Saints le chantent dans le ciel, au pied du trône de l'Agneau.

1. Rom. VIII, 15. — 2. *Ibid.*, 26. — 3. *Ibid.*, VI, 23. — 4. Apoc. V, 13.

CHAPITRE X.

QU'IL EST DOUX DE SERVIR DIEU ET DE MÉPRISER LE MONDE.

1. Le F. Je vous parlerai encore, Seigneur, et je ne me tairai point. Je dirai à mon Dieu, mon Seigneur et mon roi, assis dans les hauteurs des cieux :

Oh! quelle abondance de douceurs vous avez réservée pour ceux qui vous craignent[1]*!* Et qu'est-ce donc pour ceux qui vous servent de tout leur cœur?

Elles sont vraiment ineffables, les délices dont vous inondez ceux qui vous aiment, quand leur âme vous contemple.

Vous m'avez montré principalement en ceci toute la tendresse de votre amour : je n'étais pas, et vous m'avez créé ; j'errais loin de vous, vous m'avez ramené pour vous servir, et vous m'avez commandé de vous aimer.

2. O source d'amour éternel, que dirai-je de vous?

Comment pourrais-je vous oublier, vous qui avez

1. Ps. xxx, 20.

daigné vous souvenir de moi, lorsque déjà épuisé, consumé, je penchais vers la mort?

Votre miséricorde envers votre serviteur a passé toute espérance; et vous avez répandu sur lui votre grâce et votre amour, bien au delà de ce qu'il pouvait mériter.

Que vous rendrai-je pour une telle faveur? car il n'est pas donné à tous de tout quitter, de renoncer au siècle pour embrasser la vie religieuse.

Est-ce faire beaucoup que de vous servir, vous que doivent servir toutes les créatures?

Cela doit me sembler peu de chose : mais ce qui me paraît grand et merveilleux, c'est que vous daigniez agréer le service d'une créature si pauvre et si misérable, et l'admettre parmi les serviteurs que vous aimez.

3. Tout ce que j'ai, tout ce que je puis consacrer à votre service, est à vous.

Et néanmoins, prenant pour ainsi dire ma place, vous me servez plus que moi-même je ne vous sers.

Voilà que le ciel et la terre, que vous avez créés pour le service de l'homme, sont devant vous, et chaque jour ils exécutent tout ce que vous leur avez commandé.

C'est peu encore : vous avez préparé pour l'homme le ministère même des Anges.

Mais, ce qui surpasse tout, vous avez daigné le servir vous-même, et vous avez promis de vous donner à lui.

4. Que vous rendrai-je pour tant de biens? Ah! si je pouvais vous servir tous les jours de ma vie! si je pouvais même un seul jour vous servir dignement!

Il est bien vrai que vous êtes digne d'être servi

universellement, digne de tout honneur et d'une louange éternelle.

Vous êtes vraiment mon Seigneur, et je suis votre pauvre serviteur, qui dois vous servir de toutes mes forces, et ne me lasser jamais de vous louer.

Je le veux ainsi, je le désire ainsi : daignez suppléer vous-même à tout ce qui me manque.

5. C'est un grand honneur, une grande gloire de vous servir et de mépriser tout à cause de vous.

Car ils recevront des grâces abondantes, ceux qui se courbent volontairement sous votre joug très-saint.

Ils seront abreuvés de la délectable consolation de l'Esprit-Saint, ceux qui, pour votre amour, auront rejeté tous les plaisirs des sens.

Ils jouiront d'une grande liberté d'esprit, ceux qui, pour la gloire de votre nom, seront entrés dans la voie étroite, et auront renoncé à toutes les sollicitudes du monde.

6. O aimable et douce servitude de Dieu, dans laquelle l'homme retrouve la vraie liberté et la sainteté!

O saint assujettissement de la vie religieuse, qui rend l'homme agréable à Dieu, égal aux Anges, terrible aux démons, respectable à tous les fidèles!

O esclavage digne à jamais d'être désiré, embrassé, puisqu'il nous mérite le souverain bien, et nous assure une joie éternelle!

RÉFLEXION.

Le monde est tellement fasciné par les passions, qu'il ne peut rien comprendre à la félicité des enfants de Dieu. Quelquefois il les plaint, comme le monde sait plaindre, en jetant sur eux un regard de mépris ; quelquefois il les contemple avec une sorte d'étonnement stupide. Il n'a nulle idée de ce qui se passe dans l'âme unie à son Créateur, nulle idée des consolations et du calme délicieux dont elle jouit. Saint Paul s'écriant : *Je surabonde de joie au milieu de mes tribulations* [1], lui est un mystère inexplicable ; jamais il ne concevra cette joie pure, *qui est justice et paix dans le Saint-Esprit* [2]. Quel est donc le partage du serviteur du monde? un immense ennui parsemé de quelques rares plaisirs ; et quand Dieu ne l'abandonne pas entièrement, le remords. Creusez dans son cœur, vous n'y trouverez que cela. Le remords est sa *justice* et l'ennui sa *paix*. Ames chrétiennes, âmes détachées, qui avez renoncé au monde et à tout ce qui est du monde, plaignez à votre tour les infortunés chargés encore de ses pesantes chaînes ; mais plaignez-les en vous humiliant aux pieds de Celui qui vous a délivrées, et dont la grâce, qui ne vous était pas due, vous met en possession des seuls biens véritables. Gardez avec soin ce bon trésor que vous a confié *le Père des lumières, de qui découle tout don parfait* [3], et demandez-lui avec amour qu'après avoir commencé votre joie sur la terre, il la consomme un jour dans les cieux.

1. II. Cor. VII, 4. — 2. Rom. XIV, 17. — 3. Jacob. I, 17.

CHAPITRE XI.

QU'IL FAUT EXAMINER ET MODÉRER LES DÉSIRS DU CŒUR.

1. J.-C. Mon fils, il faut que vous appreniez beaucoup de choses que vous ne savez pas encore assez.

2. Le F. Et quoi, Seigneur?

3. J.-C. Vous devez soumettre entièrement vos désirs à ma volonté, ne point vous aimer vous-même, et ne rechercher en tout que ce qui me plaît.

Souvent vos désirs s'enflamment, et vous emportent impétueusement : mais considérez si cette ardeur a ma gloire pour motif, ou votre intérêt propre. Si c'est moi que vous avez en vue, vous serez content, quoi que j'ordonne; mais si quelque secrète recherche de vous-même se cache au fond de votre cœur, voilà ce qui vous abat et vous trouble.

4. Prenez donc garde à ne vous pas trop attacher à des désirs sur lesquels vous ne m'avez point consulté, de peur qu'ensuite vous ne veniez à vous repentir, ou que vous éprouviez du dégoût pour ce qui vous avait plu d'abord, et que vous aviez cru le meilleur.

Car tout mouvement qui paraît bon ne doit pas être aussitôt suivi; de même qu'on ne doit pas non plus céder sur-le-champ à ses répugnances.

Quelquefois il est à propos de modérer le zèle le plus saint et les meilleurs désirs, de peur qu'ils ne préoccupent et ne distraient votre esprit; ou qu'en les suivant indiscrètement, vous ne causiez du scandale aux autres; ou qu'enfin l'opposition que vous y trouverez ne vous jette vous-même dans le trouble et dans l'abattement.

5. Il faut aussi quelquefois user de violence, et résister aux convoitises des sens, avec une grande force, sans prendre garde à ce que veut la chair, et à ce qu'elle ne veut pas, et travailler surtout à la soumettre à l'esprit malgré elle.

Il faut la châtier et l'asservir, jusqu'à ce que, prête à tout, elle ait appris à se contenter de peu, à aimer les choses les plus simples, et à ne jamais se plaindre de rien.

RÉFLEXION.

Nous avons un grand combat à soutenir : contre notre esprit, qui nous égare, séduit par de fausses lueurs et par une funeste curiosité ; contre nos désirs, qui nous troublent ; contre nos sens, dont les convoitises souillent l'âme et la courbent vers la terre. Lamentable condition de l'homme déchu ! Mais Dieu ne l'a point abandonné : il peut vaincre s'il veut. La foi réprime l'inquiétude maladive de l'esprit, et le fixe dans la vérité. Une entière soumission à la volonté divine produit la paix du cœur, en étouffant les vains désirs et ceux même qui trompent la piété par une apparence de bien. Enfin nous triomphons des sens par la prière, l'humilité, la pénitence, en *châtiant le corps* rebelle, et le *réduisant en servitude* [1]. C'est dans cette guerre de chaque moment que le chrétien se perfectionne, et c'est en combattant avec fidélité qu'il peut dire comme l'Apôtre : *Je ne pense point être encore arrivé où j'aspire ; mais oubliant ce qui est en arrière et m'étendant à ce qui est devant, je cours au terme de la carrière pour saisir le prix que Dieu nous a destiné*, la félicité céleste *à laquelle il nous a appelés par Jésus-Christ* [2].

1. I. Cor. IX, 27. — 2. Philipp. III, 13, 14.

CHAPITRE XII.

QU'IL FAUT S'EXERCER A LA PATIENCE, ET LUTTER CONTRE SES PASSIONS.

1. Le F. Seigneur, mon Dieu, je vois combien la patience m'est nécessaire; car cette vie est pleine de contradictions.

Elle ne peut jamais être exempte de douleur et de guerre, quoi que je fasse pour avoir la paix.

2. J.-C. Il en est ainsi, mon fils; mais je ne veux pas que vous cherchiez une paix telle que vous n'ayez ni tentations à vaincre ni contrariétés à souffrir.

Croyez, au contraire, avoir trouvé la paix, lorsque vous serez exercé par beaucoup de tribulations, et éprouvé par beaucoup de traverses.

Si vous dites que vous ne pouvez supporter tant de souffrances, comment supporterez-vous le feu du purgatoire?

Afin donc d'éviter des supplices éternels, efforcez-vous d'endurer pour Dieu, avec patience, les maux présents.

Pensez-vous que les hommes du siècle n'aient rien ou

que peu de choses à souffrir? C'est ce que vous ne trouverez pas, même en ceux qui semblent environnés de plus de délices.

3. Mais ils ont, dites-vous, des plaisirs en abondance; ils suivent toutes leurs volontés; et ainsi ils sentent peu le poids de leurs maux.

Soit, je veux qu'ils aient tout ce qu'ils désirent : combien cela durera-t-il?

Voilà que les riches du siècle s'évanouiront comme la fumée, et il ne restera pas même un souvenir de leurs joies passées.

Et, durant leur vie même, ils ne s'y reposent pas sans amertume, sans ennui et sans crainte.

Car souvent, là même où ils se promettaient la joie, ils rencontrent le châtiment et la douleur, et avec justice, puisqu'il est juste que l'amertume et l'ignominie accompagnent les plaisirs qu'ils cherchent dans le désordre.

4. Oh! que tous ces plaisirs sont courts! qu'ils sont faux, criminels, honteux!

Et cependant ces malheureux, enivrés et aveuglés, ne le comprennent point; mais, semblables à des animaux sans raison, ils exposent leur âme à la mort, pour quelques jouissances misérables dans une vie qui va finir.

Pour vous, mon fils, *ne suivez pas vos convoitises, et détachez-vous de votre volonté. Mettez vos délices dans le Seigneur, et il vous accordera ce que votre cœur demande*[1].

1. Eccli. XVIII, 30; Ps. XXXVI, 4.

Si vous voulez goûter une véritable joie, et des consolations abondantes, méprisez toujours les choses du monde, repoussez toutes les joies terrestres; et je vous bénirai, je verserai sur vous mes inépuisables consolations.

Plus vous renoncerez à celles que donnent les créatures, plus les miennes seront douces et puissantes.

Mais vous ne les goûterez point sans avoir auparavant ressenti quelque tristesse, sans avoir travaillé, combattu.

Une mauvaise habitude vous arrêtera; mais vous la vaincrez par une meilleure.

La chair murmurera; mais elle sera contenue par la ferveur de l'esprit.

L'antique serpent vous sollicitera, vous exercera; mais vous le mettrez en fuite par la prière; et en vous occupant surtout d'un travail utile, vous lui fermerez l'entrée de votre âme.

RÉFLEXION.

Toute chair a péché, toute chair doit souffrir : c'est la loi présente de l'humanité; loi de justice, car Dieu ne serait pas Dieu si le désordre restait impuni; loi d'amour, car la souffrance, acceptée et unie aux souffrances du Sauveur, guérit l'âme et la rétablit dans l'état primitif d'innocence. De quoi donc vous plaignez-vous quand cette loi divine s'accomplit à votre égard? Est-ce de ce que la miséricorde prend soin de vous régénérer? Est-ce d'être semblable à Jésus-Christ, qui a voulu, qui a *dû*, selon les paroles de l'Évangéliste, souffrir pour vous racheter: *Et il commença à leur enseigner comment il fallait que le Fils de l'homme souffrît beaucoup de douleurs, qu'il fût réprouvé par les anciens, les souverains pontifes et les scribes, et mis à mort*[1]? Voilà la grande expiation ; mais, pour qu'elle nous soit appliquée, il est nécessaire que nous nous la rendions propre, en y joignant la nôtre. Le mystère du salut se consomme en chacun de nous sur la Croix ; et la Croix est l'unique félicité de la terre, car il n'y en a point d'autre que la parfaite soumission à l'ordre, d'où naît le calme de la conscience et la paix du cœur. Le monde vous éblouit par des joies apparentes : mais pensez-vous donc que ses sectateurs, même les plus favorisés, n'aient rien à souffrir ? Tourmentés de leurs convoitises, qui s'accroissent avec la jouissance, en vîtes-vous jamais un seul content ? De nouveaux désirs les dévorent sans cesse. Et n'ont-ils pas, d'ailleurs, autant que les autres, et plus que les autres, à supporter les maux de la vie, les soucis, les peines, les inquiétudes, et la foule innombrable des maladies, filles des vices et des troubles secrets de l'âme ? Après arrive la fin ; la justice inexorable exige sa dette ; ce riche de la terre est jeté nu *dans la prison : en vérité, je vous le dis, il n'en sortira pas qu'il n'ait payé jusqu'à la dernière obole* [2]. Réjouissez-vous donc, vous que le Seigneur purifie, délivre dès ici-bas : accomplissez avec amour le sacrifice de justice. Plusieurs disent : *Qui nous montrera les biens ? Seigneur, la lumière de votre face a été marquée sur nous : vous avez donné la paix à mon cœur. C'est pourquoi je m'endormirai dans la paix, et je reposerai, parce que vous m'avez, ô mon Dieu, affermi dans l'espérance* [3].

1. Marc. VIII, 31. — 2. Matth. V, 25, 26. — 3. Ps. IV, 6, 7, 9, 10.

CHAPITRE XIII.

QU'IL FAUT OBÉIR HUMBLEMENT, A L'EXEMPLE DE JÉSUS-CHRIST.

1. J.-C. Mon fils, celui qui cherche à se soustraire à l'obéissance, se soustrait à la grâce; et celui qui veut posséder seul quelque chose, perd ce qui est à tous.

Quand on ne se soumet pas volontairement et de bon cœur à son supérieur, c'est une marque que la chair n'est pas encore pleinement assujettie, mais que souvent elle murmure et se révolte.

Apprenez donc à obéir avec promptitude à vos supérieurs, si vous désirez dompter votre chair.

Car l'ennemi du dehors est bien plus vite vaincu, quand l'homme n'a pas la guerre au dedans de soi.

L'ennemi le plus terrible et le plus dangereux pour votre âme, c'est vous, lorsque vous êtes divisé en vous-même.

Il faut que vous appreniez à vous mépriser sincèrement, si vous voulez triompher de la chair et du sang.

L'amour désordonné que vous avez encore pour vous-même, voilà ce qui vous fait craindre de vous abandonner sans réserve à la volonté des autres.

2. Est-ce donc cependant un si grand effort, que toi, poussière et néant, tu te soumettes à l'homme à cause de Dieu; lorsque moi, le Tout-Puissant, moi le Très-Haut, qui ai tout fait de rien, je me suis soumis humblement à l'homme à cause de toi?

Je me suis fait le plus humble et le dernier de tous, afin que mon humilité t'apprît à vaincre ton orgueil.

Poussière, apprends à obéir : apprends à t'humilier, terre et limon, à t'abaisser sous les pieds de tout le monde.

Apprends à briser ta volonté, et à ne refuser aucune dépendance.

3. Enflamme-toi de zèle contre toi-même, et ne souffre pas que le moindre orgueil vive en toi; mais fais-toi si petit, et mets-toi si bas, que tout le monde puisse marcher sur toi et te fouler aux pieds comme la boue des places publiques.

Fils du néant, qu'as-tu à te plaindre? Pécheur couvert d'ignominie, qu'as-tu à répondre, quelque reproche qu'on t'adresse, toi qui as tant de fois offensé Dieu, tant de fois mérité l'enfer?

Mais ma bonté t'a épargné, parce que ton âme a été précieuse devant moi : je ne t'ai point délaissé, afin que tu connusses mon amour, et que mes bienfaits ne cessassent jamais d'être présents à ton cœur; afin que tu fusses toujours prêt à te soumettre, à t'humilier, et à souffrir les mépris avec patience.

RÉFLEXION.

Il n'existe qu'une volonté qui ait le droit essentiel et absolu d'être obéie, la volonté de l'Être éternel qui a tout créé et qui conserve tout; et de là l'admirable prière du prophète-roi : *Enseignez-moi, Seigneur, à faire votre volonté, parce que vous êtes mon Dieu*[1]. Cette volonté souveraine a des *ministres* pour rappeler ses ordonnances et en maintenir l'exécution dans la famille, dans l'État, dans l'Église; et l'obéissance leur est due, parce qu'ils représentent Dieu chacun dans son ordre, selon les degrés d'une sublime hiérarchie, qui remonte du père au roi, du roi au pontife, du pontife à Jésus-Christ, de Jésus-Christ à celui qui l'a envoyé, et *de qui toute paternité, au ciel et sur la terre, tire son nom*[2], c'est-à-dire son autorité. Ainsi le devoir n'est autre chose que le commandement divin, et la vertu n'est que l'obéissance à ce commandement. Tout péché, au contraire, n'est, comme le premier, qu'une désobéissance, une révolte; et l'homme est conçu dans la révolte, puisqu'*il est conçu dans le péché*[3]; d'où cette belle et profonde expression du Psalmiste : *Le pécheur est rebelle dès le sein de sa mère, et livré au mal dans ses entrailles*[4]. Aussi le sacrifice qui a expié le péché et réparé la nature humaine, consista-t-il essentiellement, suivant la doctrine du grand Apôtre, dans une désobéissance infinie. *Le Christ s'est rendu obéissant jusqu'à la mort, et la mort de la croix*[5]. Et nous, misérables créatures, rachetées par cette prodigieuse obéissance, nous refuserions d'obéir! Nous opposerions notre volonté à la volonté du Tout-Puissant, par cet épouvantable orgueil qui a créé l'enfer, où, dans les ténèbres, dans le supplice, dans la rage et le désespoir, dans l'ignominie de l'esclavage le plus abject et le plus hideux, l'ange prévaricateur et ses complices répéteront éter-

1. Ps. CXLII, 10. — 2. Ephes. III, 15. — 3. Ps. L, 7. — 4. *Ibid.* — 5. Philipp. II, 8.

nellement : *Je n'obéirai point ; Non serviam*[1]*!* O Dieu, préservez-moi d'un orgueil aussi insensé, aussi criminel ! Que votre grâce m'apprenne à me soumettre à vous, et à tous ceux que vous avez préposés sur moi ! *Je suis étranger sur la terre ; ne me cachez point vos commandements. Mon âme, à toute heure, en rappelle le désir*[2]. *Enseignez-moi, Seigneur, à faire votre volonté, parce que vous êtes mon Dieu!*

1. Jerem. II, 20. — 2. Ps. CXVIII, 19, 20.

CHAPITRE XIV.

QU'IL FAUT CONSIDÉRER LES SECRETS JUGEMENTS DE DIEU POUR NE PAS S'ENORGUEILLIR DU BIEN QU'ON FAIT.

1. Le F. Vous faites tonner sur moi vos jugements, Seigneur, et tous mes os ont tremblé d'épouvante, et mon âme est dans une profonde terreur.

Interdit, effrayé, je considère que *les cieux ne sont pas purs à vos yeux*[1].

Si vous avez trouvé le mal dans vos Anges[2], et si vous ne les avez pas épargnés, que sera-ce de moi?

Les étoiles sont tombées du ciel[3] : moi, poussière, que dois-je donc attendre?

Des hommes dont les œuvres paraissent louables, sont tombés aussi bas qu'on puisse tomber, et j'ai vu ceux qui se nourrissaient du pain des Anges faire leurs délices de la pâture des pourceaux.

2. Il n'est donc point de sainteté, Seigneur, si vous retirez votre main.

1. Job xv, 15. — 2. *Ibid.*, iv, 18. — 3. Apoc. vi, 13.

Point de sagesse qui soit utile, si vous ne la dirigez plus.

Point de force qui soit de secours, si vous cessez de la soutenir.

Point de chasteté assurée, si vous n'en prenez la défense.

Point de vigilance qui nous serve, si vous ne veillez vous-même pour nous.

Laissés à nous-mêmes, nous enfonçons dans les flots et nous périssons : venez-vous à nous, nous nous relevons et nous vivons.

Car nous sommes chancelants, mais vous nous affermissez; nous sommes tièdes, mais vous nous enflammez.

3. Oh! que je dois avoir d'humbles et basses pensées de moi-même! que je dois estimer peu ce qui paraît de bien en moi!

Oh! que je dois m'abaisser profondément, Seigneur, devant vos jugements impénétrables, où je me perds comme dans un abîme, et vois que je ne suis rien que néant et un pur néant!

O poids immense! ô mer sans rivages où je ne retrouve rien de moi, où je disparais comme le rien au milieu du tout!

Où donc l'orgueil se cachera-t-il? où la confiance en sa propre vertu?

Toute vanité s'éteint dans la profondeur de vos jugements sur moi.

4. Qu'est-ce que toute chair devant vous?

L'argile s'élèvera-t-elle contre celui qui l'a formée[1]?

Comment celui dont le cœur est vraiment soumis à Dieu pourrait-il s'enfler d'une louange vaine?

Le monde entier ne saurait inspirer d'orgueil à celui que la vérité a soumis à son empire; et jamais il ne sera ému des applaudissements des hommes, celui dont toute l'espérance est affermie en Dieu.

Car ceux qui parlent ne sont rien : ils s'évanouiront avec le bruit de leurs paroles : mais *la vérité du Seigneur demeure éternellement*[2].

RÉFLEXION.

Une des plus dangereuses tentations et des plus déliées, est celle de l'orgueil dans le bien. Pour peu qu'elle se relâche de sa vigilance, l'âme que la grâce avait élevée au-dessus de la nature et de sa corruption glisse imperceptiblement et retombe en elle-même. On s'est garanti de certaines fautes, on a pratiqué certaines vertus; l'amour-propre s'arrête à cette pensée, et s'y repose avec complaisance. On se regarde, on est content de soi, on se préfère peut-être à tel ou tel autre; et l'on en vient jusqu'à s'attribuer secrètement les dons de Dieu, un des crimes qui offensent le plus ce Dieu *jaloux et vengeur*[3], *et qui ne donnera sa gloire à nul autre*[4], *et qui résiste aux superbes*[5]. Que fait-il cependant? Il se retire, il délaisse cet insensé qui comptait sur ses forces, il l'abandonne à son orgueil. Alors arrivent ces chutes terribles qui étonnent et consternent; ces chutes inattendues, effrayants exemples des jugements divins. Malheur à qui s'appuie

1. Is. XXIX, 16. — 2. Ps. CXVI, 2. — 3. Nahum. I, 2. — 4. Is. XLII, 8. — 5. I. Petr. V, 5.

sur sa propre justice! la ruine l'attend. *Je ne sens,* disait l'Apôtre, *rien en moi qui m'accuse; mais je ne suis pas pour cela justifié, car celui qui me juge, c'est le Seigneur*[1]. Et le prophète-roi : *Purifiez-moi de mes fautes cachées*[2], *oubliez celles que j'ignore*[3], *et pardonnez-moi celles d'autrui*[4] : prière admirable qui rappelle à l'homme cette funeste communication du mal, en vertu de laquelle il est, hélas! si peu de péchés purement personnels. Donc nul refuge, nulle assurance que dans l'humilité, dans l'aveu sincère, dans la conviction et le sentiment toujours présent de notre profonde misère, joint à la confiance en Dieu seul. Prosternés à ses pieds, disons-lui avec le Psalmiste : *Ma honte est sans cesse devant moi,* et la confusion a couvert mon visage[5] : *Seigneur, vous ne mépriserez point un cœur contrit et humilié*[6]!

1. I. Cor. IV, 4. — 2. Ps. XVIII, 13. — 3. Ps. XXIV, 7. — 4. Ps. XVIII, 14. — 5. Ps. XLIII, 16. — 6. Ps. L, 19.

CHAPITRE XV.

DE CE QUE NOUS DEVONS DIRE ET FAIRE QUAND IL S'ÉLÈVE QUELQUE DÉSIR EN NOUS.

1. J.-C. Mon fils, dites en toutes choses : Seigneur, qu'il soit ainsi, si c'est votre volonté. Seigneur, que cela se fasse en votre nom, si vous devez en être honoré.

Si vous voyez que cela me soit bon, si vous jugez que cela me soit utile, alors donnez-le-moi, afin que j'en use pour votre gloire.

Mais si vous savez que cela me nuira, ou ne servira point au salut de mon âme, éloignez de moi ce désir.

Car tout désir n'est pas de l'Esprit-Saint, même lorsqu'il paraît bon et juste à l'homme.

Il est difficile de discerner avec certitude si c'est l'esprit bon ou mauvais qui vous porte à désirer ceci ou cela, ou même votre esprit propre.

Il s'est trouvé à la fin que plusieurs étaient dans l'illusion, qui semblaient d'abord être conduits par le bon esprit.

2. Ainsi tout ce qui se présente de désirable à votre

esprit, vous devez le désirer toujours et le demander avec une grande humilité de cœur, et surtout avec une pleine résignation, vous abandonnant à moi sans réserve et disant :

Seigneur, vous savez ce qui est le mieux ; que ceci ou cela se fasse comme vous le voudrez.

Donnez ce que vous voulez, autant que vous le voulez et quand vous le voulez.

Faites de moi ce qui vous plaira, selon ce que vous savez être bon, et pour votre plus grande gloire.

Placez-moi où vous voudrez, et disposez absolument de moi en toutes choses.

Je suis dans votre main, tournez-moi et retournez-moi en tous sens, à votre gré.

Voilà que je suis prêt à vous servir en tout : car je ne désire point vivre pour moi, mais pour vous seul : heureux si je le pouvais dignement et parfaitement!

PRIÈRE

POUR DEMANDER A DIEU LA GRACE D'ACCOMPLIR SA VOLONTÉ.

3. Le F. Accordez-moi, ô bon Jésus, votre grâce; *qu'elle soit en moi, qu'elle agisse avec moi*[1], et qu'elle demeure avec moi jusqu'à la fin.

Faites que je désire et veuille toujours ce qui vous est le plus agréable, et ce que vous aimez le plus.

1. Sap. IX, 10.

Que votre volonté soit la mienne ; et que ma volonté suive toujours la vôtre, et jamais ne s'en écarte en rien.

Qu'uni à vous, je ne veuille ni ne puisse vouloir que ce que vous voulez ; et qu'il en soit ainsi de ce que vous ne voulez pas.

Donnez-moi de mourir à tout ce qui est du monde, et d'aimer à être oublié et méprisé du siècle à cause de vous.

Faites que je me repose en vous par-dessus tout ce qu'on peut désirer, et que mon cœur ne cherche sa paix qu'en vous.

Vous êtes la véritable paix du cœur, son unique repos : hors de vous, tout pèse et inquiète. *Dans cette paix*, c'est-à-dire en vous seul, éternel et souverain Dieu, *je dormirai et je me reposerai*[1]. Ainsi soit-il.

RÉFLEXION.

Jamais satisfait pleinement de ce qu'il possède, fatigué du vide de son cœur, toujours inquiet, toujours aspirant à je ne sais quel bien qui le fuit toujours, l'homme n'a pas un moment de vrai repos, et sa vie s'écoule dans les désirs. Ce n'est pas seulement une grande misère, mais encore un grand danger ; *car la racine de tous les maux est la convoitise, et plusieurs, en s'y livrant, ont perdu la foi, et se sont engagés dans une multitude de douleurs*[2]. L'imagination qui, en cet état, se porte avec force vers tout ce qui l'attire, obscurcit la raison, ébranle et entraîne la volonté même ; et ainsi l'on doit s'attacher soigneusement à la réprimer, lors même que les objets qui l'occupent paraîtraient

1. Ps. IV, 10. — 2. I. Timoth. VI, 10.

exempts de toute espèce de mal, et qu'on croirait ne chercher dans ses rêves qu'un soulagement permis et une distraction innocente. La piété elle-même s'égare aisément, si elle n'est en garde contre les désirs en apparence les plus saints. Nous ne savons ni ce qui nous est bon, ni ce qui nous est nuisible. Tantôt nous souhaiterons d'être délivrés d'une croix nécessaire peut-être à notre salut; tantôt, dans un mouvement indiscret de ferveur, nous en souhaiterons une autre sous laquelle nos forces succomberaient, si elle nous était imposée. Que faire donc? Demander à Dieu *que sa volonté se fasse*[1] en nous et hors de nous, y conformer la nôtre entièrement, et renfermer en elle tous nos désirs. Nous ne trouverons de paix et de sécurité que dans ce parfait abandon entre les mains de notre Père. *Mon Père, non pas ce que je veux, mais ce que vous voulez*[2].

1. Matth. VI, 10. — 2. *Ibid.*, XXVI, 39.

CHAPITRE XVI.

QU'ON NE DOIT CHERCHER QU'EN DIEU LA VRAIE CONSOLATION.

1. Le F. Tout ce que je puis désirer ou imaginer pour ma consolation, je ne l'attends point ici, mais dans l'avenir.

Quand je posséderais seul tous les biens du monde, quand je jouirais seul de toutes ses délices, il est certain que tout cela ne durerait pas longtemps.

Ainsi, mon âme, tu ne peux trouver de soulagement véritable et de joie sans mélange qu'en Dieu, qui console les pauvres et relève les humbles.

Attends un peu, mon âme, attends la divine promesse, et tu posséderas dans le ciel tous les biens en abondance.

Si tu recherches trop avidement les biens présents, tu perdras les biens éternels et célestes.

Use des uns et désire les autres.

Aucun bien temporel ne saurait te rassasier, parce que tu n'as point été créée pour en jouir.

2. Quand tu posséderais tous les biens créés, ils ne pourraient te rendre ni heureuse ni contente : en Dieu,

qui a tout créé, en lui seul est ta félicité et tout ton bonheur.

Bonheur non pas tel que se le figurent et que le souhaitent les amis insensés du monde, mais tel que l'attendent les vrais serviteurs de Jésus-Christ, et tel que le goûtent quelquefois par avance les âmes pieuses et les cœurs purs, *dont l'entretien est dans le ciel*[1].

Toute consolation humaine est vide et dure peu.

La vraie, la douce consolation est celle que la vérité fait sentir intérieurement.

L'homme pieux porte avec lui partout Jésus, son consolateur, et lui dit : Seigneur Jésus, soyez près de moi en tout temps et en tout lieu.

Que ma consolation soit d'être volontiers privé de toute consolation humaine.

Et si la vôtre me manque aussi, que votre volonté et cette juste épreuve me soient une consolation au-dessus de toutes les autres.

Car vous ne serez pas toujours irrité, et vos menaces ne seront point éternelles[2].

RÉFLEXION.

Toute créature gémit, dit l'Apôtre[3]; et de siècle en siècle, le monde entier le redit après lui. Que cherchez-vous donc dans les créatures? que leur demandez-vous, et que peuvent-elles vous donner? Toujours agitées, pleines de troubles, ainsi que vous elles souhaitent le repos, et ne le trouvent point. Comment la

1. Philipp. III, 20. — 2. Ps. CII, 9. — 3. Rom. VIII, 22.

paix vous viendrait-elle du sein même de l'angoisse et des orages perpétuellement soulevés par les passions? Cessez de vous abuser, cessez de dire aux tempêtes : Calmez-moi. Le calme est en Dieu, et n'est que là : en lui seul est le repos, la paix, la joie, la consolation. *Tournez-vous donc vers le Seigneur votre Dieu*[1], et renoncez à tout le reste : alors, seulement alors, vous commencerez à jouir de la vraie félicité. « Rien, non, rien n'est comparable au bonheur de celui qui, méprisant les sens, détaché « de la chair et du monde, ne tient plus aux choses humaines « que par les seuls liens de la nécessité, converse uniquement « avec Dieu et avec lui-même, et, s'élevant au-dessus des objets « sensibles, ne vit que des divines clartés qu'il conserve en soi « toujours pures, toujours brillantes, sans aucun mélange des « ombres de la terre et des vains fantômes errant ici-bas autour « de nous; qui, réfléchissant comme un miroir céleste Dieu et « ses éblouissantes perfections, sans cesse ajoute à la lumière « une lumière plus vive, jusqu'au moment où, la vérité dissipant « tous les nuages, il arrive à la source même de toute lumière, à « l'éternelle fontaine de splendeur, fin bienheureuse de son être « et son immortel ravissement[2]. »

1. Osee XIV, 2. — 2. S. Greg. Nazianz. Orat. XXIX, in princ.

CHAPITRE XVII.

QU'IL FAUT REMETTRE A DIEU LE SOIN DE CE QUI NOUS REGARDE.

1. J.-C. Mon fils, laissez-moi agir avec vous comme il me plaît, car je sais ce qui vous est bon.

Vos pensées sont celles de l'homme, et vos sentiments sont, en beaucoup de choses, conformes aux penchants de son cœur.

2. Le F. Il est vrai, Seigneur : vous prenez de moi beaucoup plus de soin que je n'en puis prendre moi-même.

Il est menacé d'une prompte chute, celui qui ne s'appuie pas uniquement sur vous.

Pourvu, Seigneur, que ma volonté demeure droite et qu'elle soit affermie en vous, faites de moi tout ce qu'il vous plaira : car tout ce que vous ferez de moi ne peut être que bon.

Si vous voulez que je sois dans les ténèbres, soyez béni : et si vous voulez que je sois dans la lumière, soyez encore béni.

Si vous daignez me consoler, soyez béni : et si vous

voulez que j'éprouve des tribulations, soyez également toujours béni.

3. J.-C. Mon fils, c'est ainsi que vous devez être, si vous voulez ne pas vous séparer de moi.

Il faut que vous soyez préparé à la souffrance autant qu'à la joie, au dénûment et à la pauvreté autant qu'aux richesses et à l'abondance.

4. Le F. Seigneur, je souffrirai volontiers pour vous tout ce que vous voudrez qui vienne sur moi.

Je veux recevoir indifféremment, de votre main, le bien et le mal, les douceurs et les amertumes, la joie et la tristesse, et vous rendre grâces de tout ce qui m'arrivera.

Préservez-moi à jamais de tout péché, et je ne craindrai ni la mort ni l'enfer.

Pourvu que vous ne me rejetiez pas, et que vous ne m'effaciez pas du livre de vie, aucune tribulation ne peut me nuire.

RÉFLEXION.

On ne saurait trop le répéter, la vie chrétienne consiste uniquement à vouloir ce que Dieu veut, et à ne vouloir que ce qu'il veut. Presque toujours nos désirs nous trompent, par une suite de notre ignorance et de notre corruption. Mais Dieu sait tout ce qui nous est caché; il connaît les secrètes dispositions de notre cœur, la mesure de sa faiblesse, les épreuves auxquelles il est bon que nous soyons soumis, les secours nécessaires pour les supporter, car *il ne permettra pas que nous soyons tentés au delà de nos forces*[1] *: sa sagesse est infinie, et il nous a aimés jusqu'à donner pour nous son Fils unique*[2]. Quelle confiance, quelle paix ne devons-nous pas trouver dans cette pensée! Quoi de plus doux que de s'abandonner sans réserve à celui qui a tout fait pour sa pauvre créature, que de se perdre en lui par l'union intime de notre volonté à la sienne, ne nous réservant rien que l'action de grâces et l'amour; de sorte que notre âme, notre être entier s'exhale, en quelque sorte, dans cette parole qui comprend tout : *Mon Seigneur et mon Dieu*[3] *!*

1. I. Cor. x, 13. — 2. Joan. III, 16. — 3. *Ibid.*, xx, 28.

CHAPITRE XVIII.

QU'IL FAUT SOUFFRIR AVEC CONSTANCE LES MISÈRES DE CETTE VIE, A L'EXEMPLE DE JÉSUS-CHRIST.

1. J.-C. Mon fils, je suis descendu du ciel pour votre salut; je me suis chargé de vos misères, afin de vous former, par mon exemple, à la patience, et de vous apprendre à supporter les maux de cette vie sans murmurer.

Car, depuis l'heure de ma naissance jusqu'à ma mort sur la croix, je n'ai jamais été sans douleur.

J'ai vécu dans une extrême indigence des choses de ce monde; j'ai entendu souvent bien des plaintes de moi; j'ai souffert avec douceur les affronts et les outrages : je n'ai recueilli sur la terre, pour mes bienfaits, que de l'ingratitude; pour mes miracles, que des blasphèmes; pour ma doctrine, que des censures.

2. Le F. Puisque vous avez montré, Seigneur, tant de patience durant votre vie, accomplissant par là, d'une manière parfaite, ce que votre Père demandait de vous, il est bien juste que moi, pauvre pécheur, je souffre patiemment ma misère selon votre volonté, et que je porte

pour mon salut, aussi longtemps que vous le voudrez, le poids de cette vie corruptible.

Car, bien que la vie présente soit pleine de douleurs, elle devient cependant, par votre grâce, une source abondante de mérites, et votre exemple, suivi par vos Saints, la rend supportable et précieuse, même aux faibles.

Elle est aussi beaucoup plus remplie de consolations que dans l'ancienne loi, quand les portes du ciel semblaient plus obscures, et que si peu s'occupaient de chercher le royaume de Dieu.

Les justes mêmes à qui le salut était réservé, ne pouvaient entrer dans le royaume céleste qu'après la consommation de vos souffrances et le tribut sacré de votre mort.

3. Oh! quelles grâces ne dois-je pas vous rendre, de ce que vous avez daigné me montrer, et à tous les fidèles, la voie droite et sûre qui conduit à votre royaume éternel!

Car votre vie est notre voie; et par une sainte patience, nous marchons vers vous, qui êtes notre couronne.

Si vous ne nous aviez précédés et instruits, qui songerait à vous suivre?

Hélas! combien resteraient en arrière, et bien loin, s'ils n'avaient sous les yeux vos sacrés exemples!

Après tant de miracles et d'instructions, nous sommes encore tièdes! que serait-ce si tant de lumière ne nous guidait sur vos traces?

RÉFLEXION.

La vie de l'homme sur la terre est pleine de douleurs, de

misères, de souffrances ; qui ne le sait ? Nous sommes visiblement punis, et comme la justice qui nous châtie est toute-puissante, nul moyen d'échapper au châtiment. Or, en cet état, la sagesse humaine n'a vu que le choix entre deux partis : ou de se raidir contre la nature et de nier le supplice, ou d'y chercher une distraction dans la volupté. Elle a demandé le bonheur à l'orgueil et aux sens, et, trompée dans ses espérances, elle s'est voilé la tête, en disant : Il n'y a point de remède. Le monde en était là, quand tout à coup une voix s'élève : *Heureux ceux qui pleurent*[1] ! Les peuples écoutent et s'étonnent ; quelque chose de nouveau se remue en eux ; ils comprennent, ils goûtent la joie des larmes, et du haut de la croix où *l'homme de douleurs*[2] est attaché, un fleuve inépuisable de consolations inconnues coule sur le genre humain. La vie a perdu sa tristesse, depuis que, baigné d'une sueur de sang, et dans les transes de l'agonie, Jésus s'est écrié : *Mon âme est triste jusqu'à la mort*[3]. Elle n'a plus assez de souffrances pour le repentir qui les cherche, pour l'amour qui les désire et qui s'y complaît. Qu'est-ce donc que cette merveille ? O Fils du Dieu vivant, c'est que votre lumière a éclairé le monde, et que votre grâce l'a touché ; c'est que l'homme, sorti de sa voie, l'a retrouvée en vous *qui êtes la voie, la vérité et la vie*[4] ; c'est qu'il a conçu qu'après le péché, le seul bien qui reste est l'expiation, et il a dit en regardant la croix : *Ou souffrir ou mourir !* Victime sainte, *Agneau de Dieu qui ôtez le péché du monde*[5], donnez-moi de souffrir avec vous, et de mourir en unissant mes dernières souffrances à celles qui nous ont rouvert le ciel que le péché nous avait fermé !

1. Matth. v, 5. — 2. Is. LIII, 3. — 3. Marc. XIV, 34. — 4. Joan. XIV, 6. — 5. *Ibid.*, I, 29.

CHAPITRE XIX.

DE LA SOUFFRANCE DES INJURES ET DE LA VÉRITABLE PATIENCE.

1. J.-C. Pourquoi ces paroles, mon fils? Cessez de vous plaindre, en considérant mes souffrances et celles des Saints.

Vous n'avez pas encore résisté jusqu'au sang[1].

Ce que vous souffrez est peu en comparaison de ce qu'ont souffert tant d'autres, qui ont été éprouvés et exercés par de si fortes tentations, par des tribulations si pesantes.

Rappelez donc à votre esprit les peines extrêmes des autres, afin d'en supporter paisiblement de plus légères.

Que si elles ne vous paraissent pas légères, prenez garde que cela ne vienne de votre impatience.

Cependant, grandes ou petites, efforcez-vous de les souffrir patiemment.

2. Plus vous vous disposez à souffrir, plus vous montrez de sagesse et acquérez de mérites. La ferme résolution

1. Hebr. xii, 4.

et l'habitude de souffrir vous rendront même la souffrance moins dure.

Ne dites pas : Je ne puis supporter cela d'un tel homme ; ce sont des offenses qu'on n'endure point. Il m'a fait un très-grand tort, et il me reproche des choses auxquelles je n'ai jamais pensé : mais d'un autre je le souffrirai avec moins de peine, et comme je croirai devoir le souffrir.

Ce discours est insensé : car, au lieu de considérer la vertu de patience, et ce qui doit la couronner, c'est regarder seulement à l'injure et à la personne de qui on l'a reçue.

3. Celui-là n'a pas la vraie patience, qui ne veut souffrir qu'autant qu'il lui plaît, et de qui il lui plaît.

L'homme vraiment patient n'examine point qui l'éprouve, si c'est son supérieur, son égal ou son inférieur, un homme de bien ou un méchant.

Mais, indifférent sur les créatures, il reçoit de la main de Dieu, avec reconnaissance, et aussi souvent qu'il le veut, tout ce qui lui arrive de contraire, et l'estime un grand gain.

Car Dieu ne laissera sans récompense aucune peine, même la plus légère, qu'on aura soufferte pour lui.

4. Soyez donc prêt au combat, si vous voulez remporter la victoire.

On ne peut obtenir sans combat la couronne de la patience ; et refuser de combattre, c'est refuser d'être couronné.

Si vous désirez la couronne, combattez courageusement, souffrez avec patience.

On ne parvient pas au repos sans travail, ni sans combat à la victoire.

5. Le F. Seigneur, que ce qui paraît impossible à la nature me devienne possible par votre grâce !

J'ai, vous le savez, peu de force pour souffrir ; la moindre adversité m'abat aussitôt.

Faites que j'aime, que je désire d'être exercé, affligé pour votre nom : car subir l'injure et souffrir pour vous est très-salutaire à mon âme.

RÉFLEXION.

Si nous avons souvent à souffrir du prochain, il n'a pas moins à souffrir de nous; et c'est pourquoi l'Apôtre dit : *Portez le fardeau les uns des autres, et ainsi vous accomplirez la loi de Jésus-Christ*[1]. Mais je vous entends, il y a des choses qu'il est dur, dites-vous, et difficile de supporter. Eh bien! votre mérite en sera plus grand. La grâce ne nous est donnée que pour cela, pour que vous fassiez avec elle ce qui serait impossible à la nature seule. D'ailleurs que vous arrive-t-il que Dieu n'ait prévu, que Dieu n'ait voulu? La patience n'est donc qu'une soumission douce et calme à ce qu'il ordonne, et sans elle nous vivons dans un trouble perpétuel; car *qui a résisté à Dieu, et a eu la paix*[2] ? Et combien ne faut-il pas qu'il soit lui-même patient avec vous! Descendez dans votre conscience, et répondez. N'a-t-il rien à supporter de vous, rien à vous pardonner? Oui, *le Seigneur est patient et rempli de miséricorde*[3]. *Soyons donc aussi patient envers tous*[4]. *L'homme patient vaut mieux que l'homme fort, et celui qui domine son âme, mieux que celui qui réduit les villes*[5].

1. Galat. VI, 2. — 2. Job IX, 4. — 3. Ps. CXLIV, 8. — 4. I. Thess. V, 14. — 5. Prov. XVI, 32.

Je me suis tu, disait David en prophétisant les souffrances du Christ, *je me suis tu, et je n'ai point ouvert la bouche*[1] ; et un autre prophète : *Il s'est tu comme l'agneau devant celui qui le tond*[2]. Qui oserait après cela murmurer, s'irriter, rendre offense pour offense? O Jésus! soyez notre modèle. Vous nous avez appris à dire à Dieu : *Remettez-nous nos dettes, comme nous les remettons à ceux qui nous doivent*[3]. Voilà ce que nous demandons chaque jour, ce que chaque jour nous promettons, et malheur à celui dont la prière sera trouvée menteuse!

1. Ps. XXXVIII, 10. — 2. Is. LII, 7. — 3. Matth. VI, 12.

CHAPITRE XX.

DE L'AVEU DE SON INFIRMITÉ ET DES MISÈRES DE CETTE VIE.

1. LE F. *Je confesserai contre moi mon injustice*[1]: je vous confesserai, Seigneur, mon infirmité.

Souvent un rien m'abat et me jette dans la tristesse.

Je me propose d'agir avec force; mais, à la moindre tentation qui survient, je tombe dans une grande angoisse.

Souvent c'est la plus petite chose et la plus méprisable qui me cause une violente tentation.

Et quand je ne sens rien en moi-même, et que je me crois un peu en sûreté, je me trouve quelquefois presque abattu par un léger souffle.

2. Voyez donc, Seigneur, mon impuissance et ma fragilité, que tout manifeste à vos yeux.

Ayez pitié de moi, *et retirez-moi de la boue, de crainte que je n'y demeure à jamais enfoncé*[2].

1. Ps. XXXI, 5. — 2. Ps. LXVIII, 15.

Ce qui souvent fait ma peine et ma confusion devant vous, c'est de tomber si aisément, et d'être si faible contre mes passions.

Bien qu'elles ne parviennent pas à m'arracher un plein consentement, leurs sollicitations me fatiguent et me pèsent, et ce m'est un grand ennui de vivre ainsi toujours en guerre.

Je connais surtout en ceci mon infirmité, que les plus horribles imaginations s'emparent de mon esprit, bien plus facilement qu'elles n'en sortent.

3. Puissant Dieu d'Israël, défenseur des âmes fidèles, daignez jeter un regard sur votre serviteur affligé et dans le travail, et soyez près de lui pour l'aider en tout ce qu'il entreprendra.

Remplissez-moi d'une force toute céleste, de peur que le vieil homme, et cette chair de péché qui n'est pas encore entièrement soumise à l'esprit, ne prévale et ne domine, elle contre qui nous devons combattre jusqu'au dernier soupir, dans cette vie chargée de tant de misères.

Hélas! qu'est-ce que cette vie, assiégée de toutes parts de tribulations et de peines, environnée de piéges et d'ennemis?

Est-on délivré d'une affliction ou d'une tentation, une autre lui succède; et l'on combat même encore la première, que d'autres surviennent inopinément.

4. Comment peut-on aimer une vie remplie de tant d'amertumes, sujette à tant de maux et de calamités?

Comment peut-on même appeler vie ce qui engendre tant de douleurs et tant de morts?

Et cependant on l'aime, et plusieurs y cherchent leur félicité.

On reproche souvent au monde d'être trompeur et vain; et toutefois on le quitte difficilement, parce qu'on est encore dominé par les convoitises de la chair.

Certaines choses nous inclinent à aimer le monde, d'autres à le mépriser.

Le désir de la chair, le désir des yeux, et l'orgueil de la vie[1], inspirent l'amour du monde; mais les peines et les misères qui les suivent justement produisent la haine et le dégoût du monde.

5. Mais, hélas! le plaisir mauvais triomphe de l'âme livrée au monde : elle se repose avec délices dans l'esclavage des sens, parce qu'elle ne connaît pas et n'a point goûté les suavités célestes, ni le charme intérieur de la vertu.

Mais ceux qui, méprisant le monde parfaitement, s'efforcent de vivre pour Dieu sous une sainte discipline, n'ignorent point les divines douceurs promises au vrai renoncement, et voient avec clarté combien le monde, abusé par des illusions diverses, s'égare dangereusement.

RÉFLEXION.

Que sont les épreuves qui nous viennent du dehors, comparées à celles que nous trouvons au dedans de nous-mêmes? On résiste aux premières avec toutes ses forces; elles sont divisées dans les

1. I. Joan. II, 16.

secondes, et les puissances de l'âme se combattent mutuellement; combat terrible que saint Paul a peint en quelques traits : « *Je « ne fais pas le bien que je veux, et le mal que je ne veux pas, je « le fais. Je me réjouis dans la loi de Dieu, selon l'homme inté- « rieur, et je vois dans mes membres une autre loi, qui répugne « à la loi de mon esprit et me captive sous la loi du péché, qui « est dans mes membres*[1]. » Voilà ce qui désole les âmes fidèles, humiliées de cette guerre honteuse, et sans cesse tremblant de succomber; voilà ce qui faisait dire à l'Apôtre : *Qui me délivrera du corps de cette mort?* et aussitôt il ajoute : *La grâce de Dieu par Jésus-Christ notre Seigneur*[2]. Jetons-nous donc entre ses bras divins, qu'avec un amour inexprimable il étend pour nous recevoir; approchons-nous de son cœur sacré, d'où émane perpétuellement une vertu redoutable aux puissances du mal; ne comptons que sur lui, n'espérons qu'en lui; écrions-nous du fond de nos entrailles : *Délivrez-moi, Seigneur; placez-moi près de vous, et qu'ensuite la main de qui que ce soit se lève contre moi*[3]. *Le Seigneur est mon appui, mon refuge, mon libérateur; il est mon Dieu et mon aide, et j'espérerai en lui; il est la force qui fait mon salut. Je l'invoquerai dans mes louanges, et je serai délivré de mes ennemis*[4].

1. Rom. VII, 19, 22, 23. — 2. *Ibid.*, 24, 25. — 3. Job XVII, 2. — 4. Ps. XVII, 3, 4.

CHAPITRE XXI.

QU'IL FAUT ÉTABLIR SON REPOS EN DIEU, PLUTÔT QUE DANS TOUS LES AUTRES BIENS.

1. LE F. En tout, et par-dessus tout, repose-toi en Dieu, ô mon âme, parce qu'il est le repos éternel des Saints.

Aimable et doux Jésus, donnez-moi de me reposer en vous plus qu'en toutes les créatures; plus que dans la santé, la beauté, les honneurs et la gloire : plus que dans toute puissance et dans toute dignité; plus que dans la science, l'esprit, les richesses, les arts; plus que dans les plaisirs et la joie, la renommée et la louange, les consolations et les douceurs, l'espérance et les promesses; plus qu'en tout mérite et en tout désir; plus même que dans vos dons et toutes les récompenses que vous pouvez nous prodiguer; plus que dans l'allégresse et tous les transports que l'âme peut concevoir et sentir; plus enfin que dans les Anges et dans les Archanges, et dans toute l'armée des cieux; plus qu'en toutes les choses visibles et invisibles, plus qu'en tout ce qui n'est pas vous, ô mon Dieu!

2. Car vous êtes seul infiniment bon, seul très-haut, très-puissant; vous suffisez seul, parce que seul vous possédez et vous donnez tout; vous seul nous consolez par vos douceurs inexprimables; seul vous êtes toute beauté, tout amour; votre gloire s'élève au-dessus de toute gloire, votre grandeur au-dessus de toute grandeur; la perfection de tous les biens ensemble est en vous, Seigneur mon Dieu, y a toujours été, y sera toujours.

Ainsi, tout ce que vous me donnez hors de vous, tout ce que vous me découvrez de vous-même, tout ce que vous m'en promettez, est trop peu et ne me suffit pas, si je ne vous vois, si je ne vous possède pleinement.

Car mon cœur ne peut avoir de vrai repos, ni être entièrement rassasié, jusqu'à ce que, s'élevant au-dessus de tous vos dons et de toute créature, il se repose uniquement en vous.

3. Tendre époux de mon âme, pur objet de son amour, ô mon Jésus, Roi de toutes les créatures, qui me délivrera de mes liens, *qui me donnera des ailes*[1] pour voler vers vous et me reposer en vous!

Oh! quand serai-je assez dégagé de la terre pour voir, Seigneur mon Dieu, et *pour goûter combien vous êtes doux*[2]!

Quand serai-je tellement absorbé en vous, tellement pénétré de votre amour, que je ne me sente plus moi-même, et que je ne vive plus que de vous, dans cette union ineffable et au-dessus des sens, que tous ne connaissent pas!

1. Ps. LIV, 7. — 2. Ps. XXXIII, 9.

Mais maintenant je ne sais que gémir, et je porte avec douleur ma misère.

Car, en cette vallée de larmes, il se rencontre bien des maux qui me troublent, m'affligent, et couvrent mon âme comme un nuage. Souvent ils me fatiguent et me retardent : ils s'emparent de moi ; ils m'arrêtent, et, m'ôtant près de vous un libre accès, ils me privent de ces délicieux embrassements dont jouissent toujours et sans obstacle les célestes esprits.

Soyez touché de mes soupirs et de ma désolation sur la terre !

4. O Jésus ! *splendeur de l'éternelle gloire*[1], consolateur de l'âme exilée ! ma bouche est muette devant vous, et mon silence vous parle.

Jusqu'à quand mon Seigneur tardera-t-il de venir ?

Qu'il vienne à ce pauvre qui est à lui, et qu'il lui rende la joie. Qu'il étende la main pour relever un malheureux plongé dans l'angoisse.

Venez, venez : car, sans vous, tous les jours, toutes les heures s'écoulent dans la tristesse, parce que vous êtes seul ma joie, et que vous pouvez seul remplir le vide de mon cœur.

Je suis oppressé de misère, et comme un prisonnier chargé de fers, jusqu'à ce que, me ranimant par la lumière de votre présence, vous me rendiez la liberté, et jetiez sur moi un regard d'amour.

5. Que d'autres cherchent, au lieu de vous, tout ce

1. Hebr. I, 3.

qu'ils voudront; pour moi, rien ne me plaît, ni ne me plaira jamais, que vous, ô mon Dieu, mon espérance, mon salut éternel!

Je ne me tairai point, je ne cesserai point de prier jusqu'à ce que votre grâce revienne, et que vous me parliez intérieurement.

6. J.-C. Me voici : je viens à vous, parce que vous m'avez invoqué. Vos larmes et le désir de votre âme, le brisement de votre cœur humilié, m'ont fléchi et ramené à vous.

7. Le F. Et j'ai dit : Seigneur, je vous ai appelé, et j'ai désiré jouir de vous, prêt à rejeter pour vous tout le reste.

Et c'est vous qui m'avez excité le premier à vous chercher.

Soyez donc béni, Seigneur, d'avoir usé de cette bonté envers votre serviteur, selon votre infinie miséricorde.

Que peut-il vous dire encore? et que lui reste-t-il qu'à s'humilier profondément en votre présence, plein du souvenir de son néant et de son iniquité?

Car il n'est rien de semblable à vous dans tout ce que le ciel et la terre renferment de plus merveilleux.

Vos œuvres sont parfaites, *vos jugements véritables, et l'univers est régi par votre providence*[1].

Louange donc et gloire à vous, ô Sagesse du Père! Que mon âme, que ma bouche, que toutes les créatures ensemble vous louent et vous bénissent à jamais!

1. Ps. XVIII, 10; Sap. XIV, 3.

RÉFLEXION.

A mesure que l'âme fidèle se dégage de la terre et d'elle-même, toutes ses pensées, tous ses désirs s'élèvent et viennent se confondre en celui qu'elle aime uniquement. Alors elle gémit des liens qui l'appesantissent et la retiennent encore ici-bas. Pressée d'un amour qui croît sans cesse, elle voudrait briser son enveloppe mortelle, et s'élancer dans le sein de l'Être infini auquel elle aspire, et s'y plonger, et s'y perdre éternellement. *Qui me donnera des ailes comme à la colombe, et je volerai et je me reposerai*[1]*!* Nul repos en effet pour elle, jusqu'à ce qu'elle soit pleinement unie à l'objet de ses ardeurs, jusqu'à ce qu'elle puisse dire dans les transports, dans l'ivresse divine de sa joie, dans la jouissance, la possession à jamais immuable du céleste Époux : *Mon bien-aimé est à moi, et je suis à lui*[2]. Oh! quand luira cet heureux jour, jour de la délivrance et de l'allégresse sans fin? Quand cessera le temps de l'exil, le temps de l'espérance et des larmes? Quand verrons-nous décliner les ombres qui dérobent à nos regards le bien-aimé? *Comme le cerf altéré désire l'eau des fontaines, ainsi mon âme vous désire, ô mon Dieu! Mon âme a eu soif du Dieu fort, du Dieu vivant : oh! quand viendrai-je et paraîtrai-je en présence de mon Dieu*[3]*?*

1. Ps. LIV, 7. — 2. Cant. II, 16. — 3. Ps. XLI, 2, 3.

CHAPITRE XXII.

DU SOUVENIR DES BIENFAITS DE DIEU.

1. Le F. *Seigneur, ouvrez mon cœur à votre loi; et enseignez-moi à marcher dans la voie de vos commandements*[1].

Faites que je connaisse votre volonté, et que je rappelle dans mon souvenir, avec un grand respect et une sérieuse attention, tous vos bienfaits, afin de vous en rendre de dignes actions de grâces.

Je sais cependant, et je confesse que je ne puis reconnaître dignement la moindre de vos faveurs.

Je suis au-dessous de tous les biens que vous m'avez accordés; et quand je considère votre élévation infinie, mon esprit s'abîme dans votre grandeur.

2. Tout ce que nous avons en nous, dans notre corps, dans notre âme, tout ce que nous possédons et au dedans et au dehors, dans l'ordre de la grâce ou de la nature,

1. II. Mach., I, 4.

c'est vous qui nous l'avez donné; et vos bienfaits nous rappellent sans cesse votre bonté, votre tendresse, l'immense libéralité dont vous usez envers nous, vous de qui nous viennent tous les biens.

Car tout vient de vous, quoique l'un reçoive plus, l'autre moins; et sans vous nous serions à jamais privés de tout bien.

Celui qui a reçu davantage ne peut se glorifier de son mérite, ni s'élever au-dessus des autres, ni insulter à celui qui a moins reçu; car celui-là est le meilleur et le plus grand, qui s'attribue le moins, et qui rend grâces avec le plus de ferveur et d'humilité.

Et celui qui se croit le plus vil et le plus indigne de tous, est le plus propre à recevoir de grands dons.

3. Celui qui a moins reçu ne doit ni s'affliger, ni se plaindre, ni concevoir de l'envie contre ceux qui ont reçu davantage; mais plutôt ne regarder que vous, et louer de toute son âme votre bonté toujours prête à répandre ses dons si abondamment, si gratuitement, sans acception de personne.

Tout vient de vous, et ainsi vous devez être loué de tout.

Vous savez ce qu'il convient de donner à chacun, pourquoi celui-ci reçoit plus, cet autre moins; ce n'est pas à nous qu'appartient ce discernement, mais à vous, qui pesez tous les mérites.

4. C'est pourquoi, Seigneur mon Dieu, je regarde comme une grâce singulière que vous m'ayez accordé peu de ces dons qui paraissent au dehors, et qui attirent les

louanges et l'admiration des hommes. Et certes, en considérant son indigence et son abjection, loin d'en être abattu, loin d'en concevoir aucune peine, aucune tristesse, on doit plutôt sentir une douce consolation, une grande joie; car vous avez choisi, mon Dieu, pour vos amis et vos serviteurs, les pauvres, les humbles, ceux que le monde méprise.

Tels étaient vos apôtres mêmes, *que vous avez établis princes sur toute la terre*[1].

Ils ont passé dans ce monde sans se plaindre, purs de tout artifice et de la pensée même du mal, si simples et si humbles, qu'*ils se réjouissaient de souffrir les outrages pour votre nom*[2], et qu'ils embrassaient avec amour tout ce que le monde abhorre.

Rien ne doit causer tant de joie à celui qui vous aime et qui connaît le prix de vos bienfaits, que l'accomplissement de votre volonté et de vos desseins éternels sur lui.

Il doit y trouver un contentement, une consolation telle, qu'il consente aussi volontiers d'être le plus petit, que d'autres désirent avec ardeur être le plus grand; qu'il soit aussi tranquille, aussi satisfait dans la dernière place que dans la première; et que toujours prêt à souffrir le mépris, les rebuts, il s'estime aussi heureux d'être sans nom, sans réputation, que les autres de jouir des honneurs et des grandeurs du monde.

Car votre volonté et le zèle de votre gloire doivent

1. Ps. XLIV, 17. — 2. Act. V, 41.

être pour lui au-dessus de tout, et lui plaire et le consoler plus que tous les dons que vous lui avez faits, et que vous pouvez lui faire encore.

RÉFLEXION.

Profitons de la grâce qui nous est donnée, sans rechercher si les autres en ont reçu une mesure plus grande. Dieu se communique comme il lui plaît, il est le maître de ses dons; et que sommes-nous pour lui en demander compte? Bénissons-le de ceux qu'il nous accorde dans sa bonté toute gratuite, et bénissons-le encore de ceux qu'il nous refuse, nous reconnaissant indignes du moindre de ses bienfaits. Si vous êtes humble, vous n'aspirerez point à des faveurs extraordinaires; et si vous manquez d'humilité, ces faveurs, loin de vous être utiles, ne serviraient peut-être qu'à vous perdre, en nourrissant en vous la vaine complaisance et l'orgueil. Une vive gratitude envers le Seigneur, une soumission parfaite à ses volontés, la fidélité dans la voie où il vous conduit, voilà ce que vous devez désirer. Avec cela vous reposerez en paix, parce que vous reposerez en Dieu, et qu'en lui vous trouverez le secours contre les tentations, la paix dans les souffrances, la consolation dans les misères et les peines de la vie, et enfin l'amour qui rend tout léger. Oh! que nous penserions peu à souhaiter un état plus élevé, ou plus doux, si nous aimions véritablement! Mais nous ne savons point aimer. Gémissons au moins de notre tiédeur et supplions le divin Maître d'échauffer, d'embraser notre cœur languissant, afin que nous puissions dire avec l'Apôtre : *Qui me séparera de l'amour du Christ? La tribulation? l'angoisse? la faim? la nudité? le péril? la persécution? le glaive? Mais nous triomphons de toutes ces choses à cause de celui qui nous a aimés. Car je suis certain que ni la mort, ni la vie, ni les Anges, ni les Principautés, ni les Vertus, ni le présent, ni l'avenir, ni la force, ni la hauteur, ni la profondeur, ni aucune autre créature ne pourra me séparer de la charité de Dieu, laquelle est dans le Christ Jésus notre Seigneur*[1].

1. Rom. VIII, 35, 37-39.

CHAPITRE XXIII.

DE QUATRE CHOSES IMPORTANTES POUR CONSERVER LA PAIX.

1. J.-C. Mon fils, je vous enseignerai maintenant la voie de la paix et de la vraie liberté.

2. Le F. Faites, Seigneur, ce que vous dites : car il m'est doux de vous entendre.

3. J.-C. Appliquez-vous, mon fils, à faire plutôt la volonté d'autrui que la vôtre.

Choisissez toujours plutôt d'avoir moins que plus.

Cherchez toujours la dernière place, et à être au-dessous de tous.

Désirez toujours et priez que la volonté de Dieu s'accomplisse parfaitement en vous.

Celui qui agit ainsi est dans la voie de la paix et du repos.

4. Le F. Seigneur, ces courts préceptes renferment une grande perfection.

Ils contiennent peu de paroles; mais elles sont pleines de sens, et abondantes en fruits.

Si j'étais fidèle à les observer, je ne tomberais pas si aisément dans le trouble.

Car toutes les fois qu'il m'arrive de perdre le calme et la paix, je reconnais que je me suis écarté de ces maximes.

Mais vous qui pouvez tout, et qui désirez le progrès des âmes, augmentez en moi votre grâce, afin qu'en obéissant à ce que vous me commandez, je puisse accomplir mon salut.

PRIÈRE

POUR OBTENIR D'ÊTRE DÉLIVRÉ DES MAUVAISES PENSÉES.

5. *Seigneur, mon Dieu, ne vous éloignez pas de moi. Mon Dieu, hâtez-vous de me secourir*[1] : car une foule de pensées diverses m'ont assailli, et de grandes terreurs agitent mon âme.

Comment traverserai-je tant d'ennemis, sans recevoir de blessures? Comment les renverserai-je?

Je marcherai devant vous, dit le Seigneur, *et j'abattrai les puissants de la terre*[2]. J'ouvrirai les portes de la prison, et je vous montrerai les issues les plus secrètes.

Faites, Seigneur, selon votre parole; et que toutes les pensées mauvaises fuient devant vous.

Mon unique espérance, ma seule consolation dans les maux qui me pressent, est de me réfugier vers vous, de

1. Ps. LXX, 12. — 2. Is. XLV, 2.

me confier en vous, de vous invoquer du fond de mon cœur et d'attendre avec patience votre secours.

PRIÈRE

POUR DEMANDER A DIEU LA LUMIÈRE.

6. Éclairez-moi intérieurement, ô bon Jésus! Faites luire votre lumière dans mon cœur, et dissipez toutes ses ténèbres.

Arrêtez mon esprit qui s'égare, et brisez la violence des tentations qui me pressent.

Déployez pour moi votre bras, et domptez ces bêtes furieuses, ces convoitises dévorantes, *afin que je trouve la paix dans votre force*[1], et que sans cesse vos louanges retentissent dans votre sanctuaire, dans une conscience pure.

Commandez aux vents et aux tempêtes : *dites à la mer : Apaise-toi ; à l'aquilon : Ne souffle point : et il se fera un grand calme*[2].

7. *Envoyez votre lumière et votre vérité*[3], pour qu'elles luisent sur la terre : car je ne suis qu'une terre stérile et ténébreuse, jusqu'à ce que vous m'éclairiez.

Répandez votre grâce d'en haut; versez sur mon cœur la rosée céleste; épanchez sur cette terre aride les eaux fécondes de la piété, afin qu'elle produise des fruits bons et salutaires.

1. Ps. CXXI, 7. — 2. Marc. IV, 39. — 3. Ps. XLII, 3.

Relevez mon âme abattue sous le poids de ses péchés ; transportez tous mes désirs au ciel, afin qu'ayant trempé mes lèvres à la source des biens éternels, je ne puisse plus sans dégoût penser aux choses de la terre.

8. Enlevez-moi, détachez-moi de toutes les fugitives consolations des créatures, car nul objet créé ne peut satisfaire ni rassasier pleinement mon cœur.

Unissez-moi à vous par l'indissoluble lien de l'amour : car vous suffisez seul à celui qui vous aime, et tout le reste sans vous n'est rien.

RÉFLEXION.

Des prophètes se sont levés en Israël, qui prophétisent à Jérusalem des visions de paix ; et il n'y a point de paix, dit le Seigneur Dieu[1]. Et le monde aussi prophétise des visions de paix à ses sectateurs ; mais cette paix qu'il met dans les plaisirs, dans le contentement de l'orgueil et de toutes les passions, ne se montre de loin que pour tromper ceux qui la poursuivent, et quand ils se croient près de la saisir, tout à coup elle s'évanouit *comme le songe d'un homme qui s'éveille*[2]. La paix véritable n'est, au contraire, que le calme d'une conscience pure : elle consiste à retrancher les désirs, et non pas à les satisfaire. Est-il un lieu caché, un endroit obscur, un rang méprisable aux yeux du monde, elle est là surtout. Plus le cœur s'humilie, plus elle est douce et profonde. Qu'est-ce, en effet, qui pourrait troubler celui qui ne souhaite rien, et ne s'attribue rien ? Il n'a guère à craindre qu'on lui envie l'abaissement où il se complaît. Mais que

1. Ezech. XIII, 16. — 2. Ps. LXXII, 20.

de grandeur dans cet abaissement cherché, voulu de toute l'âme! Les anges le contemplent avec respect, et Dieu le bénit du sein de sa gloire. Seigneur, venez à mon aide; terrassez en moi l'orgueil, et j'aurai la paix; faites que, pénétré des sentiments qui animaient le roi-prophète, il me soit donné de dire comme lui : *J'ai choisi d'être abject dans la maison de mon Dieu, plutôt que d'habiter sous les tentes des pécheurs :* Elegi abjectus esse[1]!

1. Ps. LXXXIII, 11.

CHAPITRE XXIV.

QU'IL NE FAUT POINT S'ENQUÉRIR CURIEUSEMENT DE LA CONDUITE DES AUTRES.

1. J.-C. Mon fils, réprimez en vous la curiosité, et ne vous troublez point de vaines sollicitudes.

Que vous importe ceci ou cela? suivez-moi[1].

Que vous fait ce qu'est celui-ci, comment parle ou agit celui-là?

Vous n'avez point à répondre des autres; mais vous répondrez pour vous-même : de quoi donc vous inquiétez-vous?

Voilà que je connais tous les hommes; je vois tout ce qui se passe sous le soleil; je sais ce qu'il en est de chacun, ce qu'il pense, ce qu'il veut, et où tendent ses vues.

C'est donc à moi qu'on doit tout abandonner. Pour vous, demeurez en paix, et laissez ceux qui s'agitent, s'agiter tant qu'ils voudront.

Tout ce qu'ils feront, tout ce qu'ils diront, viendra sur eux; car ils ne peuvent me tromper.

1. Joan. XXI, 22.

2. Ne poursuivez pas cette ombre qu'on appelle un grand nom ; ne désirez ni de nombreuses liaisons, ni l'amitié particulière d'aucun homme.

Car tout cela dissipe l'esprit, et obscurcit étrangement le cœur.

Je me plairais à vous faire entendre ma parole, et à vous révéler mes secrets, si vous étiez, quand je viens à vous, toujours attentif et prêt à m'ouvrir la porte de votre cœur.

Songez à l'avenir, veillez, priez sans cesse, et humiliez-vous en toutes choses.

RÉFLEXION.

Pourquoi ouvrez-vous un œil envieux sur les actions de vos frères? Qui vous a chargé de scruter leur conscience et leurs œuvres? Laissez, laissez à Dieu un soin qu'il se réserve, et songez à répondre pour vous. On se trompe presque toujours en jugeant les autres, et l'on se prépare à soi-même un jugement plus sévère, en usurpant un droit qu'on n'a pas, et en blessant, par des soupçons malins et téméraires, l'amour du prochain. *La charité est indulgente, elle ne pense point le mal*[1]. Présumez d'autrui tout ce qui est bon, pardonnez pour qu'on vous pardonne, et *ne jugez point, afin que vous ne soyez point jugé*[2].

1. I. Cor. XIII, 4, 5. — 2. Matth. VII, 1.

CHAPITRE XXV.

EN QUOI CONSISTE LA VRAIE PAIX ET LE VÉRITABLE PROGRÈS DE L'AME.

1. J.-C. Mon fils, j'ai dit : *Je vous laisse la paix, je vous donne ma paix, non comme le monde la donne*[1].

Tous désirent la paix ; mais tous ne cherchent pas ce qui procure une paix véritable.

Ma paix est avec ceux qui sont doux et humbles de cœur.

Votre paix sera dans une grande patience.

Si vous m'écoutez, et si vous obéissez à ma parole, vous jouirez d'une profonde paix.

2. Le F. Seigneur, que ferai-je donc?

3. J.-C. En toutes choses, veillez à ce que vous faites et à ce que vous dites. N'ayez d'autre intention que celle de plaire à moi seul. Ne désirez, ne recherchez rien hors de moi.

Ne jugez point témérairement des paroles ou des actions des autres : ne vous ingérez point de ce qui n'est point

1. Joan. XIV, 27.

commis à votre charge; alors vous serez peu ou rarement troublé.

Mais ne sentir jamais aucun trouble, n'éprouver aucune peine du cœur, aucune souffrance du corps, cela n'est pas la vie présente; c'est l'état de l'éternel repos.

Ne croyez donc pas avoir trouvé la véritable paix, lorsqu'il ne vous arrive aucune contrariété; ni que tout soit bien, quand vous n'essuyez d'opposition de personne; ni que votre bonheur soit parfait, lorsque tout réussit selon vos désirs.

Gardez-vous aussi de concevoir une haute idée de vous-même, et d'imaginer que Dieu vous chérit particulièrement, si vous sentez votre cœur rempli d'une piété tendre et douce : car ce n'est pas en cela qu'on reconnaît celui qui aime vraiment la vertu, ni en cela que consiste le progrès de l'homme et sa perfection.

4. Le F. En quoi donc, Seigneur?

5. J.-C. A vous offrir de tout votre cœur à la volonté divine; à ne vous rechercher en aucune chose, ni petite, ni grande, ni dans le temps, ni dans l'éternité : de sorte que, regardant du même œil et pesant dans la même balance les biens et les maux, vous m'en rendiez également grâces.

Et ce n'est pas tout : il faut encore que vous soyez si ferme, si constant dans l'espérance, que, privé intérieurement de toute consolation, vous prépariez votre cœur à de plus dures épreuves, sans jamais vous justifier vous-même, comme si vous ne méritiez pas de tant souffrir; mais reconnaissant, au contraire, ma justice, et louant ma sainteté dans tout ce que j'ordonne. Alors vous marcherez dans la voie droite, dans la véritable voie de la paix; et vous pourrez avec assurance espérer *de revoir mon visage dans l'allégresse*[1].

Que si vous parvenez à un parfait mépris de vous-même, je vous le dis, vous jouirez d'une paix aussi profonde qu'il est possible en cette vie d'exil.

RÉFLEXION.

On ne saurait trop répéter à l'homme que sa grandeur, sa sécurité, sa paix, consiste à se renoncer, à se mépriser lui-même, à s'anéantir devant Dieu, à ne vouloir en toutes choses et à ne désirer que l'accomplissement de sa volonté sainte, sans aucun retour d'intérêt propre, dans un abandon sans réserve à ce qu'il lui plaît d'ordonner de nous. Il faut se détacher même de ses dons, pour s'unir à lui d'une manière plus intime et plus pure. La ferveur sensible, les consolations, les ravissantes douceurs de l'amour, nous sont données et nous sont retirées selon des desseins que nous ignorons; elles passent, et tout ce qui passe produit le trouble, si l'on s'y attache. Dieu seul donc : n'aimons que Dieu seul, ne souhaitons que Dieu seul, aimons-le pour lui-même, dans la tristesse comme dans la joie, dans l'amertume comme dans la jouissance. Oui, *je vous aimerai, Seigneur*[2], *je vous bénirai en tout temps*[3] *: vous êtes vous-même notre paix*[4], *et dans cette paix, je dormirai et je me reposerai*[5].

1. Job XXXIII, 26. — 2. Ps. XVII, 2. — 3. Ps. XXXIII, 2. — 4. Ephes. II, 14. — 5. Ps. IV, 9.

CHAPITRE XXVI.

DE LA LIBERTÉ DU CŒUR, QUI S'ACQUIERT PLUTÔT PAR LA PRIÈRE QUE PAR LA LECTURE.

1. Le F. Seigneur, c'est une haute perfection de ne jamais détourner des choses du ciel les regards de son cœur, de passer au milieu des soins du monde, sans se préoccuper d'aucun soin, non par indolence, mais par le privilége d'une âme libre, qu'aucune affection déréglée n'attache à la créature.

2. Je vous en conjure, ô Dieu de bonté! délivrez-moi des soins de cette vie, de peur qu'ils ne retardent ma course; des nécessités du corps, de peur que la volupté ne me séduise; de tout ce qui arrête et trouble l'âme, de peur que l'affliction ne me brise et ne m'abatte.

Je ne parle point des choses que la vanité humaine recherche avec tant d'ardeur; mais de ces misères qui, par une suite de la malédiction commune à tous les enfants d'Adam, tourmentent et appesantissent l'âme de votre serviteur, et l'empêchent de jouir, autant qu'il voudrait, de la liberté de l'esprit.

3. O mon Dieu, douceur ineffable! changez pour moi en amertume toute consolation de la chair, qui me détourne de l'amour des biens éternels, et m'attire, et me fascine par le charme funeste du plaisir présent.

Que je ne sois pas, mon Dieu, vaincu par la chair et le sang, trompé par le monde et sa gloire qui passe, que je ne succombe point aux ruses du démon.

Donnez-moi la force pour résister, la patience pour souffrir, la constance pour persévérer.

Donnez-moi, au lieu de toutes les consolations du monde, la délicieuse onction de votre esprit; et au lieu de l'amour terrestre, pénétrez-moi de l'amour de votre nom.

4. Le boire, le manger, le vêtement, et les autres choses nécessaires pour soutenir le corps, sont à charge à une âme fervente.

Faites que j'use de ces soulagements avec modération, et que je ne les recherche point avec trop de désir.

Les rejeter tous, cela n'est pas permis, parce qu'il faut soutenir la nature : mais votre loi sainte défend de rechercher tout ce qui est au delà du besoin et ne sert qu'à flatter les sens; autrement la chair se révolterait contre l'esprit.

Que votre main, Seigneur, me conduise entre ces deux extrêmes, afin qu'instruit par vous, je me préserve de tout excès.

RÉFLEXION.

En voyant combien les hommes sont enfoncés dans la vie présente, l'importance qu'ils attachent à tout ce qui s'y rapporte, le désir qui les consume d'amasser des biens et de s'en assurer la perpétuelle jouissance, croirait-on jamais qu'ils soient persuadés que cette vie doive finir, et finir sitôt? Dans leurs longues prévoyances, ils n'oublient rien que l'éternité : elle seule ne les touche en aucune manière, ou les touche si faiblement qu'à peine y songent-ils de loin en loin et avec ennui, dans les courts intervalles des plaisirs ou des affaires. Profonde pitié! et que l'exemple qu'ils ont reçu du Sauveur est différent! *Il a passé sur la terre comme un homme errant, comme un voyageur qui se détourne pour se reposer un peu*[1]. Voilà notre modèle. L'homme qui se met en voyage n'emporte que ce qui lui est nécessaire pour la route; ainsi, dans notre voyage vers le ciel, nous devons n'user des choses ici-bas que pour la simple nécessité, et ne voir dans ce qui est au delà qu'un fardeau souvent dangereux, et au moins toujours inutile. Que faut-il à celui qui passe? *Le voyageur altéré approche ses lèvres de la fontaine, et étanche sa soif de l'eau la plus proche; il s'assied contre le premier arbre*[2] qu'il rencontre sur le bord du chemin; et puis, ayant repris ses forces, il recommence à marcher. Une seule pensée l'occupe, celle d'achever promptement sa course. Ira-t-il attacher son âme aux objets divers qui frappent ses regards à mesure qu'il avance, et se tourmenter de mille soins pour se former un établissement stable dans le pays qu'il traverse, et qu'il ne reverra jamais? Or nous sommes tous ce voyageur. Que m'importe la terre, ô mon Dieu! Que m'importe ce lieu étranger d'où je sortirai dans un moment! Je vais à la maison de mon Père : le reste ne m'est rien. Le travail, la fatigue, qu'est-ce que cela, pourvu que j'arrive au terme où aspirent mes vœux? *Mon âme a défailli de désir, mon cœur et ma chair ont tressailli de joie dans l'attente du Dieu vivant. Vos autels, Dieu des vertus, mon Roi et mon Dieu! vos autels!... Heureux ceux qui habitent dans la maison du Seigneur*[3]*!*

1. Jerem. XIV, 8. — 2. Eccli. XXVI, 15. — 3. Ps. LXXXIII, 2, 5.

CHAPITRE XXVII.

QUE L'AMOUR DE SOI EST LE PLUS GRAND OBSTACLE QUI EMPÊCHE L'HOMME DE PARVENIR AU SOUVERAIN BIEN.

1. J.-C. Il faut, mon fils, que vous vous donniez tout entier pour posséder tout, et que rien en vous ne soit à vous-même.

Sachez que l'amour de vous-même vous nuit plus qu'aucune chose du monde.

On tient à chaque chose plus ou moins, selon la nature de l'affection et de l'amour qu'on a pour elle.

Si votre amour est pur, simple et bien réglé, vous ne serez esclave d'aucune chose.

Ne désirez point ce qu'il ne vous est pas permis d'avoir, renoncez à ce qui occupe trop votre âme et la prive de sa liberté.

Il est étrange que vous ne vous abandonniez pas à moi du fond du cœur, avec tout ce que vous pouvez désirer ou posséder.

2. Pourquoi vous consumer d'une vaine tristesse? Pourquoi vous fatiguer de soins superflus?

Demeurez soumis à ma volonté, et rien ne pourra vous nuire.

Si vous cherchez ceci ou cela, si vous voulez être ici ou là, sans autre objet que de vous satisfaire, et de vivre plus selon votre gré, vous n'aurez jamais de repos, et jamais vous ne serez libre d'inquiétude, parce qu'en tout vous trouverez quelque chose qui vous blesse, et partout quelqu'un qui vous contrarie.

3. A quoi sert donc de posséder et d'accumuler beaucoup de choses au dehors? Ce qui sert, c'est de les mépriser, et de les déraciner de son cœur.

Et n'entendez pas ceci uniquement de l'argent et des richesses, mais encore de la poursuite des honneurs, et du désir des vaines louanges, toutes choses qui passent avec le monde.

Nul lieu n'est un sûr refuge, si l'on manque de l'esprit de ferveur; et cette paix qu'on cherche au dehors ne durera guère, si le cœur est privé de son véritable appui, c'est-à-dire si vous ne vous appuyez pas sur moi. Vous changerez, et ne serez pas mieux.

Car, entraîné par l'occasion qui naîtra, vous trouverez ce que vous aurez fui, et pis encore.

PRIÈRE

POUR OBTENIR LA PURETÉ DU CŒUR ET LA SAGESSE CÉLESTE.

4. Le F. Soutenez-moi, Seigneur, par la grâce de l'Esprit-Saint.

Fortifiez-moi intérieurement de votre vertu, afin que je bannisse de mon cœur toutes les sollicitudes vaines qui le tourmentent, et que je ne sois emporté par le désir d'aucune chose ou précieuse ou méprisable ; mais plutôt qu'appréciant toutes choses ce qu'elles sont, je voie qu'elles passent, et que je passerai aussi avec elles.

Car il n'y a rien de stable sous le soleil ; et tout est vanité et affliction d'esprit[1]. Oh ! qu'il est sage, celui qui juge ainsi !

5. Donnez-moi, Seigneur, la sagesse céleste, afin que j'apprenne à vous chercher et à vous trouver, à vous goûter et à vous aimer par-dessus tout, et à ne compter tout le reste que pour ce qu'il est, selon l'ordre de votre sagesse.

Donnez-moi la prudence pour m'éloigner de ceux qui me flattent, et la patience pour supporter ceux qui s'élèvent contre moi.

Car c'est une grande sagesse de ne se point laisser agiter à tout vent de paroles, et de ne point prêter l'oreille aux perfides discours des flatteurs. C'est ainsi qu'on avance sûrement dans la voie où l'on est entré.

RÉFLEXION.

Si peu que l'homme se recherche lui-même, il s'éloigne de Dieu : mais à l'instant le trouble naît en lui ; car ou il n'atteint pas l'objet de ses désirs, ou il s'en dégoûte aussitôt, toujours

1. Eccle. I, 17.

tourmenté, soit par ses convoitises, soit par le remords et l'ennui. Il a voulu être riche, puissant, posséder des titres, des honneurs, toutes choses qui ne s'obtiennent guère que par de durs travaux, et qui rarement se rencontrent avec une conscience pure : n'importe, le voilà élevé au faîte des prospérités humaines, rien ne lui manque de ce qu'il enviait; demandez-lui s'il est satisfait : il ne sortira que des plaintes, des cris d'angoisse et de douleur, de la bouche de cet heureux du monde. *Et maintenant*, selon la forte expression de l'Apôtre, *et maintenant, ô riches, pleurez et poussez des hurlements dans les misères qui fondront sur vous. Vous avez vécu sur la terre dans les délices et les voluptés, vous vous êtes engraissés pour le jour du sacrifice*[1]. Ainsi d'un côté, les biens d'ici-bas, ces biens convoités si ardemment, fatiguent l'âme sans la rassasier; et de l'autre, à moins d'une grâce peu commune, comme Jésus-Christ lui-même nous l'apprend[2], ils la précipitent dans la perte. Au contraire, celui qui s'est renoncé complétement, celui pour qui Dieu seul est tout, jouit d'une paix inaltérable. La souffrance même lui est douce, parce qu'elle accroît son espérance, purifie son amour, et que l'affliction d'un moment enfantera une joie éternelle. *Persévérez donc dans la patience jusqu'à l'avénement du Seigneur. Dans l'espoir de recueillir le fruit précieux de la terre, le laboureur attend patiemment les pluies de la première et de l'arrière-saison. Et vous aussi soyez donc patients, car l'avénement du Seigneur approche*[3].

1. Jacob. v, 1, 5. — 2. Matth. xix, 23, 24. — 3. Jacob. v, 7, 8.

CHAPITRE XXVIII.

QU'IL FAUT MÉPRISER LES JUGEMENTS HUMAINS.

1. J.-C. Mon fils, ne vous offensez point si quelques-uns pensent mal de vous, et en disent des choses qu'il vous soit pénible d'entendre.

Vous devez penser encore plus mal de vous-même, et croire que personne n'est plus imparfait que vous.

Si vous êtes retiré en vous-même, que vous importeront les paroles qui se dissipent en l'air ?

Ce n'est pas une prudence médiocre que de savoir se taire au temps mauvais, et de se tourner vers moi indirectement, sans se troubler des jugements humains.

2. Que votre paix ne dépende point des discours des hommes; car, qu'ils jugent de vous bien ou mal, vous n'en demeurez pas moins ce que vous êtes. Où est la véritable paix et la gloire véritable? n'est-ce pas en moi?

Celui qui ne désire point de plaire aux hommes, et qui ne craint point de leur déplaire, jouira d'une grande paix.

De l'amour déréglé et des vaines craintes naissent l'inquiétude du cœur et la dissipation des sens.

RÉFLEXION.

Quelques-uns s'inquiètent plus des jugements des hommes que de celui de Dieu. Étrange folie! Quand nous paraîtrons au tribunal suprême, que nous importera le blâme ou l'estime des créatures? Nous ne serons ni condamnés ni absous sur leurs vaines pensées. C'est la vérité qui nous jugera, et sa sentence sera éternelle. Tel qui, pendant sa vie, fut enivré de louanges, s'en ira expier ses crimes cachés *là où sont les pleurs et les grincements de dents, et le ver qui ne meurt point*[1]. Tel autre, qui vécut accablé de mépris et d'outrages, entendra cette parole : *Venez, vous qui êtes le béni de mon Père ; possédez le royaume qui vous est préparé dès le commencement du monde*[2]*;* car les jugements de Dieu ne sont point comme nos jugements, ni sa justice comme notre justice : *Il sonde l'abîme et le cœur de l'homme*[3]. N'ayez donc que lui seul en vue, et soyez indifférent à tout le reste. A quoi sert ce que nous laissons à l'entrée du tombeau? les éloges recherchés souillent la conscience et tuent le mérite du bien qu'on a fait pour les obtenir. *Prenez garde à ne pas faire vos bonnes œuvres devant les hommes, pour être vu d'eux : autrement vous n'aurez point de récompense de votre Père qui est dans les cieux. Quand donc vous faites l'aumône, ne sonnez point de la trompette devant vous, comme font les hypocrites dans les synagogues et dans les carrefours, afin d'être honorés des hommes. En vérité je vous le dis, ils ont reçu leur récompense. Pour vous, quand vous faites l'aumône, que votre main gauche ne sache pas ce que fait la droite, afin que votre aumône soit dans le secret ; et*

1. Matth. xxv, 30; Marc. ix, 43. — 2. *Ibid.*, xxv, 34. — 3. Eccli. xlii, 18.

votre Père, qui voit dans le secret, vous la rendra. Et quand vous priez, ne soyez point comme les hypocrites, qui aiment à prier debout dans les synagogues et dans les angles des places publiques, afin d'être vus des hommes ; en vérité je vous le dis, ils ont reçu leur récompense. Pour vous, lorsque vous prierez, entrez dans le lieu de la maison le plus reculé, et après avoir fermé la porte, priez votre Père dans le secret ; et votre Père, qui voit dans le secret, vous le rendra[1].

1. Matth. VI, 1-6.

CHAPITRE XXIX.

COMMENT IL FAUT INVOQUER ET BÉNIR DIEU DANS L'AFFLICTION.

1. Le F. Que votre nom soit béni à jamais, Seigneur, qui avez voulu m'éprouver par cette peine et cette tentation.

Puisque je ne saurais l'éviter, qu'ai-je à faire que de me réfugier vers vous, pour que vous me secouriez, et qu'elle me devienne utile?

Seigneur, voilà que je suis dans la tribulation, mon cœur malade est tourmenté par la passion qui le presse.

Et maintenant que dirai-je[1]*?* O père plein de tendresse! Les angoisses m'ont environné : *Délivrez-moi de cette heure*[2].

Mais cette heure est venue pour que vous fassiez éclater votre gloire, en me délivrant après m'avoir humilié profondément.

Daignez, Seigneur, me secourir : car, pauvre créature que je suis, que puis-je faire, et où irai-je sans vous?

1. Joan. xii, 27. — 2. *Ibid.*

Seigneur, donnez-moi la patience encore cette fois. Soutenez-moi, mon Dieu, et je ne craindrai point, quelque pesante que soit cette épreuve.

2. Et maintenant que dirai-je encore? Seigneur, *que votre volonté se fasse*[1]. J'ai bien mérité de sentir le poids de la tribulation.

Il faut donc que je le supporte : faites, mon Dieu, que ce soit avec patience, jusqu'à ce que la tempête passe, et que le calme revienne.

Votre main toute-puissante peut éloigner de moi cette tentation, et en modérer la violence, afin que je ne succombe pas entièrement, comme vous l'avez déjà tant de fois fait pour moi, ô mon Dieu, ma miséricorde!

Et autant ce changement m'est difficile, autant il vous l'est peu : *c'est l'œuvre de la droite du Très-Haut*[2].

RÉFLEXION.

Le premier mouvement de l'âme éprouvée par la tentation doit être de s'humilier, de reconnaître son impuissance, et aussitôt de recourir avec une vive foi à celui qui seul est sa force : *Seigneur, sauvez-moi, car je vais périr*[3]: et Dieu se hâtera de venir au secours de cette pauvre âme; il étendra pour la secourir sa main toute-puissante. *Il commandera aux vents et à la mer, et il se fera un grand calme*[4]. Ainsi encore, lorsque le cœur est brisé d'affliction, oppressé d'angoisse, que fera-t-il? Il se jettera dans le sein *de Dieu le Père, de notre Seigneur Jésus-Christ, Père de miséricorde et Dieu de toute consolation, qui*

1. Matth. v, 10. — 2. Ps. LXXVI, 10. — 3. Matth. VIII, 25. — 4. *Ibid.*, 26.

nous console dans nos épreuves : car, de même que les souffrances de Jésus-Christ abondent en nous, ainsi abonde par Jésus-Christ notre consolation[1]. Alors, si notre âme, comme celle de Jésus, *est triste jusqu'à la mort*[2], si nous disons comme lui : *Mon Père, que ce calice s'éloigne de moi !* comme lui aussi nous ajouterons : *Non pas ce que je veux, mais ce que vous voulez*[3]*!*

1. II. Cor. I, 3-5. — 2. Matth. XXVI, 38. — 3. *Ibid.*, 39.

CHAPITRE XXX.

QU'IL FAUT IMPLORER LE SECOURS DE DIEU ET ATTENDRE AVEC CONFIANCE LE RETOUR DE SA GRACE.

1. J.-C. Mon fils, *je suis le Seigneur; c'est moi qui fortifie au jour de la tribulation*[1].

Venez à moi quand vous souffrirez.

Ce qui surtout éloigne de vous les consolations célestes, c'est que vous recourez trop tard à la prière.

Car, avant de me prier avec instance, vous cherchez au dehors du soulagement et une multitude de consolations.

Mais tout cela vous sert peu, et il vous faut enfin reconnaître que *c'est moi seul qui délivre ceux qui espèrent en moi*[2]; et que hors de moi il n'est point de secours efficace, point de conseil utile, point de remède durable.

Mais à présent que vous commencez à respirer après la tempête, ranimez-vous à la lumière des miséricordes : car je suis près de vous, dit le Seigneur, pour vous rendre tout ce que vous avez perdu, et beaucoup plus encore.

1. Nah. I, 7. — 2. Ps. XVI, 7.

2. *Y a-t-il rien qui soit difficile*[1]*?* ou serais-je semblable à ceux qui disent et ne font pas?

Où est votre foi? Demeurez ferme et persévérez.

Ne vous lassez point, prenez courage; la consolation viendra en son temps.

Attendez-moi, attendez : *je viendrai et je vous guérirai*[2].

Ce qui vous agite est une tentation, et ce qui vous effraye une crainte vaine.

Que vous revient-il de ces soucis d'un avenir incertain, sinon tristesse sur tristesse? *A chaque jour suffit son mal*[3].

Quoi de plus insensé, de plus vain, que de se réjouir ou de s'affliger de choses futures qui n'arriveront peut-être jamais?

3. C'est une suite de la misère humaine d'être le jouet de ces imaginations, et la marque d'une âme encore faible de céder si aisément aux suggestions de l'ennemi.

Car peu lui importe de nous séduire et de nous tromper par des objets réels ou par de fausses images; et de nous vaincre par l'amour des biens présents ou par la crainte des maux à venir.

Que votre cœur donc ne se trouble point et ne craigne point.

Croyez en moi, et confiez-vous en ma miséricorde[4].

Quand vous croyez être loin de moi, souvent c'est alors que je suis le plus près de vous.

1. Jer. XXXII, 27. — 2. Matth. VIII, 7. — 3. *Ibid.*, VI, 34. — 4. Joan. XIV, 1, 27.

Lorsque vous croyez tout perdu, ce n'est souvent que l'occasion d'un plus grand mérite.

Tout n'est pas perdu, quand le succès ne répond pas à vos désirs.

Vous ne devez pas juger selon le sentiment présent, ni vous abandonner à aucune affliction, quelle qu'en soit la cause, et vous y enfoncer, comme s'il ne vous restait nulle espérance d'en sortir.

4. Ne pensez pas que je vous aie tout à fait délaissé, lorsque je vous afflige pour un temps, ou que je vous retire mes consolations : car c'est ainsi qu'on parvient au royaume des cieux.

Et certes il vaut mieux pour vous et pour tous mes serviteurs être exercé par des traverses, que de n'éprouver jamais aucune contrariété.

Je connais le secret de votre cœur, et je sais qu'il est utile pour votre salut que vous soyez quelquefois dans la sécheresse, de crainte qu'une ferveur continue ne vous porte à la présomption, et que, par une vaine complaisance en vous-même, vous ne vous imaginiez être ce que vous n'êtes pas.

Ce que j'ai donné, je puis l'ôter et le rendre quand il me plaît.

5. Ce que je donne est toujours à moi; ce que je reprends n'est point à vous : car c'est de moi que découle tout bien et tout don parfait.

Si je vous envoie quelque peine ou quelque contradiction, n'en murmurez pas, et que votre cœur ne se laisse point abattre : car je puis, en un moment, vous délivrer de ce fardeau, et changer votre tristesse en joie.

Et lorsque j'en use ainsi avec vous, je suis juste et digne de toute louange.

Si vous jugez selon la sagesse et la vérité, vous ne devez jamais vous affliger avec tant d'excès dans l'adversité, mais plutôt vous en réjouir et m'en rendre grâces.

Et même ce doit être votre unique joie *que je vous frappe sans vous épargner*[1].

Comme mon Père m'a aimé, moi aussi je vous aime[2], ai-je dit à mes disciples en les envoyant, non pour goûter les joies du monde, mais pour soutenir de grands combats; non pour posséder les honneurs, mais pour souffrir les mépris; non pour vivre dans l'oisiveté, mais dans le travail; non pour se reposer, mais *pour porter beaucoup de fruits par la patience*[3]. Souvenez-vous, mon fils, de ces paroles.

RÉFLEXION.

Bien que les hommes sachent que la vie présente n'est qu'un état de passage, néanmoins il y a en eux un penchant extraordinaire à se concentrer dans cette vie si courte, et à ne juger des choses que par leur rapport avec elle. Ils veulent invinciblement être heureux; mais ils veulent l'être dès ici-bas; ils cherchent sur la terre un bonheur qui n'y est point, qui n'y peut pas être, et en cela ils se trompent misérablement. Les uns le placent dans les plaisirs et les biens du monde, et après s'être fatigués à leur poursuite, *ils voient que tout est vanité et affliction d'esprit*[4], *et*

1. Job VI, 10. — 2. Joan. XV, 9. — 3. Luc. XVIII, 15; Joan. XV, 16. — 4. Eccle. I, 14.

que l'homme n'a rien de plus de tous les travaux dont il se consume sous le soleil[1]. Les autres, convaincus du néant de ces liens, se tournent vers Dieu ; mais ils veulent aussi que le désir de félicité qui les tourmente soit satisfait dès à présent, toujours prêts à s'inquiéter et à se plaindre, quand Dieu leur retire les grâces sensibles, ou qu'il les éprouve par les souffrances et la tentation. Ils ne comprennent pas que la nature humaine est malade, et incapable en cet état de tout bonheur réel ; que les épreuves dont ils se plaignent sont les remèdes nécessaires que le céleste médecin des âmes emploie, dans sa bonté, pour les guérir, et que toute notre espérance sur la terre, toute notre paix consiste à nous abandonner entièrement à lui avec une confiance pleine d'amour. Et voilà pourquoi le roi-prophète revient si souvent à cette prière : *Ayez pitié de moi, Seigneur, parce que je suis malade ; guérissez-moi, car le mal a pénétré jusqu'à mes os*[2]*; guérissez mon âme*[3], vous qui guérissez toutes nos infirmités[4]. Donc, pendant cette vie, la résignation, la patience, une tranquille soumission de la volonté, au milieu des ténèbres de l'esprit et de l'amertume du cœur : et après, et bientôt, dans la véritable vie, le repos imperturbable, la joie immortelle, et la félicité de Dieu même, qu'il vous sera donné *de voir tel qu'il est face à face*[5].

1. Eccle. I, 3. — 2. Ps. VI, 3. — 3. Ps. XL, 5. — 4. Ps. CII, 3.— 5. I. Cor. XIII, 12.

CHAPITRE XXXI.

QU'IL FAUT OUBLIER TOUTES LES CRÉATURES POUR TROUVER LE CRÉATEUR.

1. Le F. Seigneur, j'ai besoin d'une grâce plus grande, s'il me faut parvenir à cet état où nulle créature ne sera un lien pour moi.

Car tant que quelque chose m'arrête, je ne puis voler librement vers vous.

Il aspirait à cette liberté, celui qui disait : *Qui me donnera des ailes comme à la colombe? et je volerai, et je me reposerai*[1].

Quel repos plus profond que le repos de l'homme qui n'a que vous en vue? et quoi de plus libre que celui qui ne désire rien sur la terre?

Il faut donc s'élever au-dessus de toutes les créatures, se détacher parfaitement de soi-même, sortir de son esprit, monter plus haut, et là reconnaître que c'est vous qui avez tout fait, et que rien n'est semblable à vous.

1. Ps. LIV, 7.

Tandis qu'on tient encore à quelque créature, on ne saurait s'occuper librement des choses de Dieu.

Et c'est pourquoi l'on trouve peu de contemplatifs, parce que peu savent se séparer entièrement des créatures et des choses périssables.

2. Il faut pour cela une grâce puissante qui soulève l'âme et la ravisse au-dessus d'elle-même.

Et tant que l'homme n'est pas élevé ainsi en esprit, détaché de toute créature, et parfaitement uni à Dieu, tout ce qu'il sait et tout ce qu'il a est de bien peu de prix.

Il sera longtemps faible et incliné vers la terre, celui qui estime quelque chose hors de l'unique, de l'immense, de l'éternel bien.

Tout ce qui n'est pas Dieu n'est rien, et ne doit être compté pour rien.

Il y a une grande différence entre la sagesse d'un homme que la piété éclaire, et la science qu'un docteur acquiert par l'étude.

La science qui vient d'en haut et que Dieu lui-même répand dans l'âme, est bien supérieure à celle où l'homme parvient laborieusement par les efforts de son esprit.

3. Plusieurs désirent s'élever à la contemplation ; mais ce qu'il faut pour cela, ils ne le veulent point faire.

Le grand obstacle est qu'on s'arrête à ce qu'il y a d'extérieur et de sensible, et que l'on s'occupe peu de se mortifier véritablement.

Je ne sais ce que c'est, ni quel esprit nous conduit, ni ce que nous prétendons, nous qu'on regarde comme des hommes tout spirituels, de poursuivre avec tant de travail et de souci des choses viles et passagères, lorsque si rarement nous nous recueillons pour penser, sans aucune distraction, à notre état intérieur.

4. Hélas! à peine sommes-nous rentrés en nous-mêmes, que nous nous hâtons d'en sortir, sans jamais sérieusement examiner nos œuvres.

Nous ne considérons point jusqu'où descendent nos affections, et nous ne gémissons point de ce que tout en nous est impur.

Toute chair avait corrompu sa voie[1]; et c'est pourquoi le déluge suivit.

Quand donc nos affections intérieures sont corrompues, elles corrompent nécessairement nos actions, et dévoilent ainsi toute la faiblesse de notre âme.

Les fruits d'une bonne vie ne croissent que dans un cœur pur.

5. On demande d'un homme, qu'a-t-il fait? Mais s'il l'a fait par vertu, c'est à quoi l'on regarde bien moins.

On veut savoir s'il a du courage, des richesses, de la beauté, de la science, s'il écrit ou s'il chante bien, s'il est habile dans sa profession; mais on ne s'informe guère s'il est humble, doux, patient, pieux, intérieur.

La nature ne considère que le dehors de l'homme; la grâce pénètre au dedans.

Celle-là se trompe souvent; celle-ci espère en Dieu pour n'être pas trompée.

1. Gen. VI, 12.

RÉFLEXION.

Jusqu'à ce que *notre vie soit*, comme parle l'Apôtre, *cachée en Dieu avec Jésus-Christ*[1], nous ne lui appartenons qu'imparfaitement, nous ne sommes pas *un* avec le Fils et avec le Père[2], nous ne sommes pas consommés dans l'unité[3] ; il y a quelque chose entre nous et Dieu, et c'est que nous tenons encore à nous-mêmes et aux créatures : notre amour est divisé ; tantôt il s'élance vers le ciel, et tantôt il rampe sur la terre. Pour vivre de la vie cachée avec Jésus-Christ en Dieu, il faut rompre les derniers liens qui nous attachent au monde. Alors, séparée de tout ce qui passe, enveloppée, pour ainsi dire, de l'être divin, plongée dans sa lumière, l'âme ne voit que lui, ne se sent qu'en lui, ne vit que de sa vérité et de son amour, qu'il lui communique par des voies inexplicables et merveilleuses. Unie intimement au Fils, et par le Fils au Père, Jésus-Christ, son modèle et son époux, la rend de plus en plus conforme à lui-même. Ce qu'il a éprouvé il veut qu'elle l'éprouve aussi, qu'elle le reproduise, en quelque sorte, dans ses divers états, avec le même esprit d'obéissance parfaite qui le dirigeait dans l'accomplissement de sa divine mission. Quelquefois il la conduit sur le Thabor, comme pour lui montrer les biens promis à sa fidélité ; plus souvent il la guide au Jardin des Oliviers, au prétoire, sur le Golgotha, où doit se consommer le sacrifice : et soit qu'il l'éclaire et la console, soit qu'il paraisse la délaisser, tout coopère à sa perfection, parce qu'elle aime, et que jamais elle ne se lasse d'aimer, dans l'amertume comme dans la joie, *le Dieu qui l'appelle à la sainteté*[4]. Elle se repose, pleine de calme, dans la volonté de ce grand Dieu. Mais l'âme qui ne s'est pas encore complétement dégagée des choses de la terre est toujours agitée,

1. Coloss. III, 3. — 2. Joan. XVII, 21. — 3. *Ibid.*, 23. — 4. Rom. VIII, 28.

inquiète ; elle marche dans l'obscurité, et mille soins la tourmentent. Hâtons-nous donc de briser nos chaînes, ne cherchons que Jésus, ne désirons que lui : *à qui irions-nous ? Il a les paroles de la vie éternelle*[1]. Quittons tout pour le suivre, et *laissons les morts ensevelir leurs morts*[2].

1. Joan. xxxv, 69 — 2. Luc. ix, 60.

CHAPITRE XXXII.

DE L'ABNÉGATION DE SOI-MÊME.

1. J.-C. Mon fils, vous ne pouvez jouir d'une liberté parfaite, si vous ne vous renoncez entièrement.

Ils vivent en servitude tous ceux qui s'aiment, et qui veulent être à eux-mêmes. On les voit, avides, curieux, inquiets, cherchant toujours ce qui flatte leurs sens, et non ce qui me plaît, se repaître d'illusions, et former mille projets qui se dissipent.

Car tout ce qui ne vient pas de Dieu périra.

Retenez bien cette courte et profonde parole : *Quittez tout, et vous trouverez tout.* Renoncez à vos désirs, et vous goûterez le repos.

Méditez ce précepte ; et quand vous l'aurez accompli, vous saurez tout.

2. Le F. Seigneur, ce n'est pas l'œuvre d'un jour, ni un jeu d'enfants : cette courte maxime renferme toute la perfection religieuse.

3. J.-C. Mon fils, vous ne devez point vous rebuter ni perdre courage, lorsqu'on vous montre la voie des parfaits ;

mais plutôt vous efforcer de parvenir à cet état sublime, ou au moins y aspirer de tous vos désirs.

Ah! s'il en était ainsi de vous! si vous en étiez venu jusqu'à ne plus vous aimer vous-même, soumis à moi sans réserve, et au supérieur que je vous ai donné! Alors j'arrêterais sur vous mes regards avec complaisance, et tous vos jours passeraient dans la paix et dans la joie.

Il vous reste encore bien des choses à quitter; et à moins que vous n'y renonciez entièrement pour moi, vous n'obtiendrez point ce que vous demandez.

Écoutez mes conseils, et pour acquérir de vraies richesses, *achetez de moi de l'or éprouvé par le feu*[1], c'est-à-dire la colère céleste, qui foule aux pieds toutes les choses d'ici-bas.

Qu'elle vous soit plus chère que la sagesse du siècle et que tout ce qui plaît aux hommes, ou nous plaît en nous-mêmes.

4. Je vous le dis, échangez ce qu'il y a de grand et de précieux dans les choses humaines, contre une chose vile.

Car on regarde comme petite et vile, et l'on oublie presque entièrement cette sagesse du ciel, la seule vraie, qui ne s'élève point en elle-même, et qui ne cherche point à être admirée sur la terre. Plusieurs ont ses louanges à la bouche, mais ils s'éloignent d'elle par leur vie. C'est cependant *cette perle précieuse*[2] qui est cachée au plus grand nombre.

1. Apoc. III, 18. — 2. Matth. XIII, 46.

RÉFLEXION.

Qu'est-ce que l'homme livré à lui-même, à son esprit dépourvu de règle, à ses désirs, à ses penchants? Esclave des erreurs diverses qui le séduisent tour à tour, esclave de ses convoitises et des objets de ses convoitises, est-il une servitude plus profonde que la sienne? Et voilà, ô mon Dieu, l'état de toute créature qui refuse de se soumettre entièrement à vous. Pour être libre, il faut obéir. La parfaite liberté n'est que l'accomplissement parfait des préceptes et des conseils évangéliques, et tous les préceptes et tous les conseils se réduisent au renoncement de soi-même: car, en renonçant à sa raison propre, on possède, dans sa plénitude et sans aucun mélange, la vérité de Dieu; en renonçant à l'amour de soi corrompu en Adam, l'amour de Dieu, et du prochain à cause de Dieu, lequel est le sommaire de la loi[1], demeure seul au fond du cœur; en renonçant à sa volonté l'on n'agit plus que d'après la volonté de Dieu, qui est l'ordre par excellence. Et l'homme alors est libre comme Dieu même, dont il devient la fidèle image; il est libre, car cette abnégation absolue de lui-même l'affranchit du double esclavage de l'erreur et des passions. *Nous avons été*, dit saint Paul, *délivrés par Jésus-Christ, et appelés par lui à la liberté*[2], c'est-à-dire, à la connaissance de la loi évangélique, *loi parfaite de liberté*[3], qui, après avoir délivré ceux qui s'y attachent fidèlement *de la servitude de la corruption*, les conduit enfin *à la liberté de la gloire promise aux enfants de Dieu*[4].

1. Matth. XXII, 40. — 2. Galat. IV, 31; V, 13. — 3. Jacob. I, 25. — 4. Rom. VIII, 21.

CHAPITRE XXXIII.

DE L'INCONSTANCE DU CŒUR, ET QUE NOUS DEVONS TOUT RAPPORTER A DIEU COMME A NOTRE DERNIÈRE FIN.

1. J.-C. Mon fils, ne vous reposez point sur ce que vous sentez en vous : maintenant vous êtes affecté d'une certaine manière, vous le serez d'une autre le moment d'après.

Tant que vous vivrez, vous serez sujet au changement, même malgré vous : tour à tour triste et gai, tranquille et inquiet, fervent et tiède; tantôt actif, tantôt paresseux, tantôt grave, tantôt léger.

Mais l'homme sage et instruit dans les voies spirituelles s'élève au-dessus de ces vicissitudes. Il ne considère point ce qu'il éprouve en soi, ni de quel côté l'incline le vent de l'inconstance; mais il arrête toute son attention sur la fin bienheureuse à laquelle il doit tendre.

C'est ainsi qu'au milieu de tant de mouvements divers, fixant sur soi seul ses regards, il demeure inébranlable et toujours le même.

2. Plus l'œil de l'âme est pur et son intention droite, moins on est agité par les tempêtes.

Mais cet œil s'obscurcit en plusieurs, parce qu'il se tourne vers chaque objet agréable qui se présente.

Car il est rare de trouver quelqu'un tout à fait exempt de la honteuse recherche de soi-même.

Ainsi autrefois les Juifs vinrent à Béthanie chez Marthe et Marie, *non pour Jésus seul, mais pour voir Lazare*[1].

Il faut donc purifier l'intention, afin que, simple et droite, elle se dirige constamment vers moi, sans s'arrêter jamais aux objets inférieurs.

RÉFLEXION.

L'esprit de l'homme va et vient sans se reposer jamais, et le cœur est emporté par la même inconstance. Or ces changements qui surviennent en nous, quelquefois malgré nous, sont ou des tentations que l'on doit combattre, ou des misères qu'il faut supporter, ou des épreuves auxquelles on doit se soumettre humblement. Et c'est pourquoi il est nécessaire de travailler sans relâche à purifier notre volonté, qui seule dépend de nous ; autrement nous tomberons bien vite ou dans le péché, ou dans le trouble, ou dans les deux à la fois. Celui qui veut sincèrement être à Dieu et n'être qu'à lui, ne craint pas les attaques de l'enfer, parce qu'il sait qu'il est invincible en celui qui le fortifie. Il ne s'irrite point contre lui-même, il voit en paix ses infirmités, il *s'en glorifie* comme l'Apôtre[2], parce qu'elles *perfectionnent la vertu*[3], et ajoutent au prix de la victoire. Que si Dieu l'éprouve,

1. Joan. XII, 9. — 2. II. Cor. XI, 30. — 3. *Ibid.* XII, 9.

il s'humilie, il se reconnaît indigne de ses consolations, et il embrasse avec amour la croix qui lui est présentée. Tranquille sur cette croix dans la tristesse, dans la souffrance et l'abandonnement, il n'a que cette parole, et elle lui suffit : *J'ai espéré en vous, Seigneur, et je ne serai point confondu éternellement* [1].

1. Ps. LXX, 1.

CHAPITRE XXXIV.

QU'ON NE SAURAIT GOUTER QUE DIEU SEUL, ET QU'ON LE GOUTE EN TOUTES CHOSES, QUAND ON L'AIME VÉRITABLEMENT.

1. Le F. Voilà mon Dieu et mon tout! Que voudrais-je de plus? et quelle plus grande félicité puis-je désirer?

O ravissante parole! mais pour celui qui aime Jésus, et non pas le monde, ni rien de ce qui est du monde.

Mon Dieu et mon tout, c'est assez dire à qui l'entend, et le redire sans cesse est doux à celui qui aime.

Vous présent, tout est délectable; en votre absence, tout devient amer.

Vous donnez au cœur le repos, et une profonde paix, et une joie inénarrable.

Vous faites que, content de tout, on vous bénit de tout. Au contraire, rien sans vous ne peut plaire longtemps, et rien n'a d'attrait ni de douceur sans l'impression de votre grâce et l'onction de votre sagesse.

2. Que ne goûtera point celui qui vous goûte! et que trouvera d'agréable celui qui ne vous goûte point!

Les sages du monde, qui n'ont de goût que pour les

voluptés de la chair, s'évanouissent dans leur sagesse : car on ne trouve là qu'un vide immense, que la mort.

Mais ceux qui, pour vous suivre, méprisent le monde et mortifient la chair, se montrent vraiment sages : car ils quittent le mensonge pour la vérité, et la chair pour l'esprit.

Ceux-là savent goûter Dieu ; et tout ce qu'ils trouvent de bon dans les créatures, ils le rapportent à la louange du Créateur.

Rien pourtant ne se ressemble moins que le goût du Créateur et celui de la créature, du temps et de l'éternité, de la lumière incréée et de celle qui n'en est qu'un faible reflet.

3. O lumière éternelle, infiniment élevée au-dessus de toute lumière créée, qu'un de vos rayons, tel que la foudre, parte d'en haut et pénètre jusqu'au fond le plus intime de mon cœur !

Purifiez, dilatez, éclairez, vivifiez mon âme et toutes ses puissances, pour qu'elle s'unisse à vous dans des transports de joie.

Oh ! quand viendra cette heure heureuse, cette heure désirable où vous me rassasierez de votre présence, où vous me serez tout en toutes choses !

Jusque-là je n'aurai point de joie parfaite.

Hélas ! le vieil homme vit encore en moi ; il n'est pas tout crucifié, il n'est pas mort entièrement.

Ses convoitises combattent encore fortement contre l'esprit ; il excite en moi des guerres intestines, et ne souffre point que l'âme règne en paix.

Mais vous *qui commandez à la mer et qui calmez le mouvement des flots, levez-vous, secourez-moi*[1].

Dissipez les nations qui veulent la guerre[2], et brisez-les dans votre puissance.

Faites, je vous conjure, *éclater vos merveilles, et signalez la gloire de votre bras*[3] *:* car je n'ai point d'autre espérance ni d'autre refuge que vous, ô mon Dieu !

RÉFLEXION.

Il est étrange que, connaissant Dieu, toute notre âme ne soit pas absorbée dans son amour ; qu'elle s'arrête encore aux créatures, au lieu de se plonger et de se perdre dans la source de tout bien. Qu'est-ce que le bonheur, sinon l'amour ? et qu'est-ce que le bonheur infini, sinon un amour sans bornes ? Il faut donc à notre cœur un objet infini, il faut Dieu : rien de créé ne saurait le satisfaire jamais. Que me veut le monde ? Qu'ai-je besoin de lui ? Que peut-il me donner ? Mon cœur est plus grand que tous ses biens, et *Dieu seul est plus grand que mon cœur*[4]. Dieu seul donc, Dieu seul, maintenant et toujours : éternellement Dieu seul !

1. Ps. LXXXVIII, 10; XLIII, 26. — 2. Ps. LXVII, 32. — 3. Judith IX, 11; Eccli. XXXVI, 7. — 4. Joan. III, 20.

CHAPITRE XXXV.

QU'ON EST TOUJOURS, DURANT CETTE VIE, EXPOSÉ A LA TENTATION.

1. J.-C. Mon fils, vous n'aurez jamais de sécurité dans cette vie : mais, tant que vous vivrez, les armes spirituelles vous seront toujours nécessaires.

Vous êtes environné d'ennemis ; ils vous attaquent à droite et à gauche.

Si vous ne vous couvrez donc de tous côtés du bouclier de la patience, vous ne serez pas longtemps sans blessure.

Si, de plus, votre cœur ne se fixe pas irrévocablement en moi, avec la ferme volonté de tout souffrir pour mon amour, vous ne soutiendrez jamais la violence de ce combat et vous n'obtiendrez point la palme des bienheureux.

Il faut donc passer courageusement à travers tous les obstacles, et lever un bras puissant contre tout ce qui s'oppose à vous.

Car *la manne est donnée aux victorieux*[1], et une grande misère est le partage du lâche.

1. Apoc. II, 17.

2. Si vous cherchez le repos en cette vie, comment parviendrez-vous au repos éternel ?

Ne vous préparez pas à beaucoup de repos, mais à beaucoup de patience.

Cherchez la véritable paix, non sur la terre, mais dans le ciel, non dans les hommes ni dans aucune créature, mais en Dieu seul.

Vous devez supporter tout avec joie pour l'amour de Dieu, les travaux, les douleurs, les tentations, les persécutions, les angoisses, les besoins, les infirmités, les injures, les médisances, les reproches, les humiliations, les affronts, les corrections, les mépris.

C'est là ce qui exerce à la vertu, ce qui éprouve le nouveau soldat de Jésus-Christ, ce qui forme la couronne céleste.

Pour un court travail je donnerai une récompense éternelle, et une gloire infinie pour une humiliation passagère.

3. Pensez-vous que vous aurez toujours, selon votre désir, les consolations spirituelles?

Mes saints n'en ont pas joui constamment; mais ils ont eu beaucoup de peines, des tentations diverses, de grandes désolations.

Et se confiant plus en Dieu qu'en eux-mêmes, ils se sont soutenus par la patience au milieu de toutes ces épreuves, sachant que *les souffrances du temps n'ont nulle proportion avec la gloire future qui doit en être le prix*[1].

1. Rom. VIII, 18.

Voulez-vous avoir, dès le premier moment, ce que tant d'autres ont à peine obtenu après beaucoup de larmes et d'immenses travaux!

Attendez le Seigneur, combattez avec courage[1], soyez ferme, ne craignez point, ne reculez point, mais exposez généreusement votre vie pour la gloire de Dieu.

Je vous récompenserai pleinement, et je serai avec vous dans toutes vos tribulations[2].

RÉFLEXION.

Gardez-vous d'attendre ici-bas un repos qui n'y est point; on ne peut gagner le ciel qu'avec beaucoup de travail, et pendant que vous serez sur la terre, vous aurez toujours à combattre. Ne vous lassez donc point; *renouvelez en vous l'esprit intérieur*[3]; recourez à Dieu qui seul vous soutient; humiliez-vous en sa présence; *veillez et priez, afin que vous n'entriez point en tentation*[4], je vous le répète, *veillez et priez continuellement*[5]; demeurez fermes dans la foi, *agissez avec courage et soyez forts*[6]. Il y en a qui, après avoir lutté généreusement, fléchissent tout à coup, tombent dans l'abattement, et abandonnent lâchement la victoire: et c'est qu'ayant compté sur eux-mêmes, Dieu les délaisse en punition de leur orgueil. Il ne suffit pas de résister un jour, deux jours; il faut combattre sans relâche jusqu'au bout. *Qui persévérera jusqu'à la fin, celui-là sera sauvé*[7]. Et ne dites point: Cette guerre est bien longue! Rien n'est long de ce qui finit: vous touchez au terme; car *le temps est court, et la figure de ce monde passe*[8]. *Encore un moment*, dit le Sauveur, *et le monde ne*

1. Ps. XXVI, 14. — 2. Ps. XC, 15. — 3. Ephes. IV, 23. — 4. Matth. XIV, 38. — 5. Luc. XXI, 36. — 6. I. Cor. XVI, 13. — 7. Matth. XXIV, 13. — 8. I. Cor. VII, 29-31.

me verra plus; mais vous me verrez parce que je vis, et que vous vivez en moi[1]. *Et l'esprit et l'époux disent : Venez. Et que celui qui entend dise : Venez. Voilà que je viens.* Ainsi soit-il! *Venez, Seigneur Jésus*[2].

1. Joan. XIV, 19. — 2. Apoc. XXII, 17, 20.

CHAPITRE XXXVI.

CONTRE LES VAINS JUGEMENTS DES HOMMES.

1. J.-C. Mon fils, ne cherchez qu'en Dieu le repos de votre cœur, et ne craignez point les jugements des hommes, quand votre conscience vous rend témoignage de votre innocence et de votre piété.

Il est bon, il est heureux de souffrir ainsi; et ce ne sera point chose pénible pour le cœur humble qui se confie en Dieu plus qu'en lui-même.

On parle tant, qu'on doit ajouter peu de foi à ce qui se dit.

Comment, d'ailleurs, contenter tout le monde? cela ne se peut.

Bien que Paul s'efforçât de plaire à tous dans le Seigneur, et qu'*il se fît tout à tous*[1], *il ne laissait pas d'être fort indifférent aux jugements des hommes*[2].

2. Il a fait tout ce qui était en lui pour l'édification et le salut des autres; mais il n'a pu empêcher qu'ils ne l'aient quelquefois condamné ou méprisé.

1. I. Cor. IX, 22. — 2. *Ibid.*, IV, 3.

C'est pourquoi il a remis tout à Dieu, qui connaît tout; et il n'a opposé que l'humilité et la patience aux reproches injustes, aux faux soupçons et aux mensonges de ceux qui se livraient, dans leurs discours, à tout ce que leur suggérait la passion.

Il s'est cependant justifié quelquefois, de peur que son silence ne causât du scandale aux faibles.

3. *Qu'avez-vous à craindre d'un homme mortel*[1]? Il est aujourd'hui, et demain il aura disparu.

Craignez Dieu, et vous ne redouterez rien des hommes.

Que peut contre vous un homme par des paroles ou des outrages? Il se nuit plus qu'à vous, et, quel qu'il soit, il n'évitera pas le jugement de Dieu.

Ayez Dieu toujours présent, et laissez là les contestations et les plaintes.

Que si vous paraissez succomber maintenant, et souffrir une confusion que vous ne méritez pas, n'en murmurez point, et ne diminuez pas votre couronne par votre impatience.

Levez plutôt vos regards au ciel, vers moi, qui suis assez puissant pour vous délivrer de l'opprobre et de l'injure, et *pour rendre à chacun selon ses œuvres*[2].

RÉFLEXION.

Pourquoi vous inquiéter des jugements des hommes, et que vous font leurs vaines pensées? Ils ne voient tout au plus que les

1. Is, LI, 12. — 2. Rom. II, 6.

dehors : leur œil ne pénètre point au fond de l'âme, là où sont cachés le bien et le mal. Ne vous affligez donc point s'ils vous condamnent, et ne vous élevez point s'ils vous louent. Mais prosternez-vous devant Dieu, et dites-lui : *Si vous scrutez, Seigneur, nos iniquités, qui soutiendra votre regard*[1]*?* Quelques-uns s'exagèrent l'importance de ce qu'ils appellent leur réputation, et dans l'excessive chaleur avec laquelle ils la défendent, il y a souvent plus d'amour-propre que de zèle véritable. Jésus-Christ chargé d'outrages nous a donné un autre exemple : *il s'est tu et n'a point ouvert la bouche*[2]. Tous les Saints ont été comme lui persécutés et calomniés. Quand on a fait ce qui dépendait de soi pour ne pas scandaliser ses frères, la conscience doit être tranquille : il ne reste plus qu'à demeurer en paix dans l'humiliation. Dieu sait tout, et cela suffit. *J'estime,* écrivait saint Paul aux Corinthiens, *j'estime que ce m'est peu de chose d'être jugé par vous, ou par aucun tribunal humain ; je ne me juge pas moi-même ; celui qui me juge, c'est le Seigneur. Ne jugez donc point avant le temps, jusqu'à ce que le Seigneur vienne : il éclairera ce qui est caché dans les ténèbres, il manifestera les conseils des cœurs, et alors chacun recevra de Dieu la louange qu'il mérite*[3].

1. Ps. CXXIX, 3. — 2. Ps. XXXVIII, 10. — 3. I. Cor. IV, 3-5.

CHAPITRE XXXVII.

QU'IL FAUT RENONCER ENTIÈREMENT A SOI-MÊME POUR OBTENIR LA LIBERTÉ DU COEUR.

1. J.-C. Mon fils, quittez-vous, et vous me trouverez.

N'ayez rien à vous, pas même votre volonté, vous y gagnerez constamment.

Car vous recevrez une grâce plus abondante dès que vous aurez renoncé à vous-même sans retour.

2. Le F. Seigneur, en quoi dois-je me renoncer, et combien de fois?

3. J.-C. Toujours et à toute heure, dans les plus petites choses comme dans les plus grandes. Je n'excepte rien, et j'exige de vous un dépouillement sans réserve.

Comment pourrez-vous être à moi, et comment pourrai-je être à vous, si vous n'êtes libre au dedans et au dehors de toute volonté propre?

Plus vous vous hâterez d'accomplir ce renoncement, plus vous aurez de paix; et plus il sera parfait et sincère, plus vous me serez agréable, et plus vous obtiendrez de moi.

4. Il y en a qui renoncent à eux-mêmes, mais avec quelque réserve; et parce qu'ils n'ont pas en Dieu une pleine confiance, ils veulent encore s'occuper de ce qui les touche.

Quelques-uns offrent tout d'abord, mais la tentation survenant, ils reprennent ce qu'ils avaient donné, et c'est pourquoi ils ne font presque aucun progrès dans la vertu.

Ni les uns ni les autres ne parviendront jamais à la vraie liberté d'un cœur pur, jamais ils ne seront admis à ma douce familiarité, qu'après un entier abandon et un continuel sacrifice d'eux-mêmes, sans lequel on ne peut ni jouir de moi ni s'unir à moi.

5. Je vous l'ai dit bien des fois, et je vous le redis encore : Quittez-vous, renoncez à vous, et vous jouirez d'une grande paix intérieure.

Donnez tout pour trouver tout, ne recherchez, ne redemandez rien : demeurez fermement attaché à moi seul, et vous me posséderez.

Votre cœur sera libre, et dégagé des ténèbres qui l'obscurcissent.

Que vos efforts, vos prières, vos désirs n'aient qu'un seul objet : d'être dépouillé de tout intérêt propre, de suivre nu Jésus-Christ, de mourir à vous-même, afin de vivre pour moi éternellement.

Alors s'évanouiront toutes les pensées vaines, les pénibles inquiétudes, les soins superflus.

RÉFLEXION.

Vous l'avez dit, ô mon Jésus : *Si quelqu'un veut venir après moi, qu'il renonce à soi-même, qu'il porte sa croix et qu'il me suive*[1]; et encore : *Celui qui ne renonce pas à tout ce qu'il possède, ne peut être mon disciple*[2]. Il n'y a donc point à hésiter; il faut choisir entre le monde et vous : *on ne saurait servir deux maîtres*[3], et vous ne voulez point de partage. Se rechercher, c'est s'éloigner de vous. Là où il reste encore quelque attache aux choses de la terre, quelque volonté propre, quelque secrète complaisance dans les dons soit de la nature, soit de la grâce, vous ne régnez pas pleinement, Seigneur, et votre amour est en souffrance. Hélas! comment peut-on, après avoir goûté la joie de votre union, refuser de s'unir plus intimement à vous? O faiblesse et folie incompréhensible du cœur humain! Est-il donc, ô mon Dieu, si difficile de reconnaître le néant de tout ce qui n'est pas vous, l'inconstance de notre volonté, l'incertitude de nos projets, la vanité de nos désirs, et de laissser là je ne sais quels biens stériles et misérables, une heure avant que la mort nous en dépouille sans retour? Quelles seront nos pensées à ce moment où toutes les illusions s'évanouissent? Que nous feront les choses du temps, lorsque le temps finira pour nous? C'en est fait, Seigneur, je suis résolu à consommer le sacrifice que vous exigez de ceux qui veulent vous appartenir. Qu'on ne me parle plus du monde ni de moi-même : j'ai rompu mes derniers liens; je suis mort, je ne vis désormais que de la vie de Jésus-Christ en moi : ce corps est comme le suaire qui m'enveloppe; me voilà étendu dans le tombeau, *enseveli avec Jésus-Christ en Dieu*[4]. Amen : qu'il soit ainsi!

1. Matth. XVI, 24. — 2. Luc. XIV, 33. — 3. Matth. VI, 24. — 4. Rom. VI, 4.

CHAPITRE XXXVIII.

COMMENT IL FAUT SE CONDUIRE DANS LES CHOSES EXTÉRIEURES, ET RECOURIR A DIEU DANS LES PÉRILS.

1. J.-C. Mon fils, en tous lieux, dans tout ce que vous faites, en tout ce qui vous occupe au dehors, vous devez vous efforcer de demeurer libre intérieurement, et maître de vous-même, de sorte que tout vous soit assujetti, et que vous ne le soyez à rien.

Ayez sur vos actions un empire absolu; soyez-en le maître, et non pas l'esclave.

Tel qu'un vrai Israélite, affranchi de toute servitude, entrez dans le partage et dans la liberté des enfants de Dieu, qui, élevés au-dessus des choses présentes, contemplent celles de l'éternité; qui donnent à peine un regard à ce qui passe, et ne détachent jamais leurs yeux de ce qui durera toujours; qui, supérieurs aux biens du temps, ne cèdent point à leur attrait, mais plutôt les forcent de servir au bien, selon l'ordre établi par Dieu, le régulateur suprême qui n'a rien laissé de désordonné dans ses œuvres.

2. Si, dans tous les événements, vous ne vous arrêtez point aux apparences, et n'en croyez point les yeux de la chair sur ce que vous voyez et entendez; si vous entrez d'abord, comme Moïse, dans le tabernacle pour consulter le Seigneur, vous recevrez quelquefois sa divine réponse, et vous reviendrez instruit de beaucoup de choses sur le présent et l'avenir.

Car c'était toujours dans le tabernacle que Moïse allait chercher l'éclaircissement de ses difficultés et de ses doutes; et la prière était son unique recours contre la malice et les piéges des hommes.

Ainsi, vous devez vous réfugier dans le secret de votre cœur, pour implorer le secours de Dieu avec plus d'instance.

Nous lisons que Josué et les enfants d'Israël furent trompés par les Gabaonites, *parce qu'ils n'avaient point auparavant consulté le Seigneur*[1], et que, trop crédules à leurs flatteuses paroles, ils se laissèrent séduire par une fausse pitié.

RÉFLEXION.

La plupart des hommes, dominés par les premières impressions, agissent sans consulter Dieu, et passent leur vie à se repentir le soir de ce qu'ils ont fait le matin. On doit travailler continuellement à vaincre une faiblesse si déplorable, en s'efforçant de résister aux mouvements soudains qui s'élèvent en nous. Celui qui n'est pas maître de soi court un grand péril; il est à chaque

1. Josue IX, 14.

instant près de tomber. Il faut s'exercer à vouloir, à dompter l'imagination qui emporte l'âme, à soumettre le cœur et ses désirs à une règle inflexible. Mais que ferons-nous, pauvres infirmes, si nous ne sommes aidés, secourus? De nous-mêmes nous ne pouvons rien. *Le Seigneur est notre seule force*[1] : implorons-le donc avec confiance, implorons-le sans cesse : *la prière de l'humble pénètre le Ciel*[2]. *Levons les yeux sur la montagne d'où nous viendra le secours*[3]. *Seigneur, Dieu de mon salut, j'ai crié devant vous le jour et la nuit*[4]: *ce pauvre a crié, et le Seigneur l'a exaucé, et il l'a sauvé de toutes ses tribulations*[5]. *Béni soit le Seigneur, parce qu'il a entendu la voix de ma prière! Le Seigneur est mon aide et mon protecteur; mon cœur a espéré en lui, et il m'a secouru, et ma chair a refleuri, et du fond de ma volonté je le louerai*[6]. *Tous mes os diront : Seigneur, qui est semblable à vous*[7]?

1. Ps. XVII, 2. — 2. Eccli. XXXV, 21. — 3. Ps. CXX, 1. — 4. Ps. LXXX, 7, 2. — 5. Ps. XXXIII, 7. — 6. Ps. XXVII, 6, 7. — 7. Ps. XXXIV, 10.

CHAPITRE XXXIX.

QU'IL FAUT ÉVITER L'EMPRESSEMENT DANS LES AFFAIRES.

1. J.-C. Mon fils, remettez-moi toujours vos intérêts; j'en disposerai selon ce qui sera le mieux, au temps convenable.

Attendez ce que j'ordonnerai, et vous y trouverez un grand avantage.

2. Le F. Seigneur, je vous remets tout avec beaucoup de joie : car j'avance bien peu quand je n'ai que mes propres lumières.

Oh ! que ne puis-je, oubliant l'avenir, m'abandonner, dès ce moment, sans réserve à votre volonté souveraine !

3. J.-C. Mon fils, souvent l'homme poursuit avec ardeur une chose qu'il désire; l'a-t-il obtenue, il commence à s'en dégoûter, parce qu'il n'y a rien de durable dans ses affections, et qu'elles l'entraînent incessamment d'un objet à un autre.

Ce n'est donc pas peu de se renoncer soi-même dans les plus petites choses.

4. Le vrai progrès de l'homme est l'abnégation de soi-

même; et l'homme qui ne tient plus à soi est libre et en assurance.

Cependant l'ancien ennemi, qui s'oppose à tout bien, ne cesse pas de le tenter; il lui dresse nuit et jour des embûches, et s'efforce de le surprendre pour le faire tomber dans ses piéges.

Veillez et priez, dit le Seigneur, *afin que vous n'entriez point en tentation*[1].

RÉFLEXION.

Il y a dans les affaires un danger terrible pour l'âme, lorsqu'elle ne veille pas sur elle-même attentivement. Nous ne parlons point des tentations de l'intérêt, si vives pourtant, si multipliées, et qui finissent ordinairement par affaiblir au moins la conscience. Alors même qu'elles ne produisent pas ce triste effet, elles dessèchent le cœur, préoccupent l'esprit, le détournent de Dieu et de la grande pensée du salut. Il y a toujours quelque chose qui presse, qu'on ne peut laisser en retard; et sous ce prétexte, sans dessein formé, par le seul entraînement des occupations qu'on s'est faites, on abandonne peu à peu les exercices qui nourrissent la piété, les lectures saintes, la prière, les devoirs indispensables de la religion, et ainsi la vie s'écoule pleine de projets, de soucis, de travaux, dans l'oubli de la *seule chose nécessaire*[2]. Les maladies mêmes ne réveillent pas; aucun avertissement n'est écouté. Enfin la mort vient, saisit cet homme, le présente au juge qui l'interroge : Qu'as-tu fait du temps que je t'ai accordé? L'infortuné voit d'un coup d'œil trente, quarante, soixante années consumées tout entières dans les soins de la terre, et il ne voit

1. Matth. XXVI, 41. — 2. Luc. X, 42.

que cela. Son âme, il n'y a point songé. Il est tard en ce moment pour commencer à s'occuper d'elle, et son sort est fixé irrévocablement. Ah! pensez avant tout à ce qui ne doit jamais finir. *Cherchez premièrement le royaume de Dieu et sa justice, et le reste vous sera donné par surcroît*[1]. Éteindre en soi le désir de ce qui passe, se confier en la Providence, ne vouloir que ce qu'elle veut, comme elle le veut, et quand elle le veut, c'est la voie de la paix et le seul fondement solide d'espérance à la dernière heure.

1. Luc. XII, 31.

CHAPITRE XL.

QUE L'HOMME N'A RIEN DE BON DE LUI-MÊME, ET NE PEUT SE GLORIFIER DE RIEN.

1. Le F. *Seigneur, qu'est-ce que l'homme, pour que vous vous souveniez de lui? Et qu'est-ce que le fils de l'homme, pour que vous le visitiez*[1]?

Par où l'homme a-t-il pu mériter votre grâce?

De quoi, Seigneur, puis-je me plaindre si vous me délaissez? Et qu'ai-je à dire si vous ne faites pas ce que je demande?

Je ne puis, certes, penser et dire avec vérité que ceci: Seigneur, je ne suis rien, je ne peux rien, de moi-même je n'ai rien de bon, je sens ma faiblesse en tout, et tout m'incline vers le néant.

Si vous ne m'aidez et ne me fortifiez intérieurement, aussitôt je tombe dans la tiédeur et le relâchement.

2. *Mais vous, Seigneur, vous êtes toujours le même*[2], et vous demeurez éternellement, bon, juste et saint, fai-

1. Ps. VIII, 5. — 2. Ps. CI, 27.

sant tout avec bonté, avec justice, avec sainteté, et disposant tout avec sagesse.

Pour moi, qui ai plus de penchant à m'éloigner du bien qu'à m'en approcher, je ne demeure pas longtemps dans un même état, et je change sept fois le jour.

Cependant je suis moins faible dès que vous le voulez, dès que vous me tendez une main secourable : car vous pouvez seul, sans l'aide de personne, me secourir et m'affermir de telle sorte, que je ne sois plus sujet à tous ces changements, et que mon cœur se tourne vers vous seul, et s'y repose à jamais.

3. Si donc je savais rejeter toute consolation humaine, soit pour acquérir la ferveur, soit à cause de la nécessité qui me presse de vous chercher, ne trouvant point d'homme qui me console ; alors je pourrais tout espérer de votre grâce, et me réjouir de nouveau dans les consolations que je recevrais de vous.

4. Grâces vous soient rendues, à vous de qui découle tout ce qui m'arrive de bien.

Pour moi, je ne suis devant vous que vanité et néant, qu'un homme inconstant et fragile.

De quoi donc puis-je me glorifier? Comment puis-je désirer qu'on m'estime?

Serait-ce à cause de mon néant? mais quoi de plus insensé !

Certes, la vaine gloire est la plus grande des vanités, et un mal terrible, puisqu'elle nous éloigne de la véritable gloire, et nous dépouille de la grâce céleste.

Car, dès que l'homme se complaît en lui-même, il

commence à vous déplaire; et lorsqu'il aspire aux louanges humaines, il perd la vraie vertu.

5. La vraie gloire et la joie sainte est de se glorifier en vous, et non pas en soi; de se réjouir de votre grandeur, et non de sa propre vertu; de ne trouver de plaisir en nulle créature qu'à cause de vous.

Que votre nom soit loué et non le mien, qu'on exalte vos œuvres et non les miennes; que votre saint nom soit béni, et qu'il ne me revienne rien des louanges des hommes.

Vous êtes ma gloire et la joie de mon cœur.

En vous je me glorifierai, je me réjouirai sans cesse en vous et non pas en moi, *si ce n'est dans mes infirmités*[1].

6. Que les Juifs *recherchent la gloire qu'on reçoit les uns des autres*[2] : pour moi, je ne rechercherai que *celle qui vient de Dieu seul*[3].

Car toute gloire humaine, tout honneur du temps, toute grandeur de ce monde, comparée à votre gloire éternelle, est folie et vanité.

O ma vérité, ma miséricorde, ô mon Dieu! Trinité bienheureuse! à vous seule louange, honneur, gloire, puissance dans les siècles des siècles!

RÉFLEXION.

Si je descends en moi-même, et que je m'interroge sur ce que je suis, que trouvé-je, ô mon Dieu! Une raison incertaine, tou-

1. II. Cor. XII, 5. — 2. Joan. V, 44. — 3. *Ibid.*

jours près de s'égarer, d'inconstantes affections, un mélange inexplicable d'espérances et de craintes vaines, des inclinations viciées, une foule innombrable de désirs qui sans cesse m'agitent et me tourmentent, quelquefois une joie fugitive, habituellement un profond ennui, je ne sais quel instinct du ciel et toutes les passions de la terre, une volonté infirme qui tout ensemble veut et ne veut pas, un grand orgueil dans une grande misère : voilà mon état tel que le péché l'a fait, et je sens de plus en moi l'impuissance de relever une nature si profondément déchue. Il a fallu que Dieu même vînt soulever ce poids immense de dégradation : sans un Rédempteur divin, l'éternité entière aurait passé sur les ruines de l'homme. Il a paru ce Rédempteur, il a dit : *Me voici*[1] ! et son sang a satisfait à la suprême justice, et sa grâce a réparé le désordre de l'intelligence et le désordre du cœur : elle a rétabli l'image de Dieu dans sa créature tombée. Incompréhensible mystère d'amour ! et comment répondre à un tel bienfait? Reconnaissons au moins notre faiblesse et notre indigence; ne nous attribuons aucun des biens qui nous sont donnés gratuitement; rendons la gloire à qui elle appartient, et entrons de toutes les puissances de notre être dans les sentiments du Prophète : *Seigneur mon Dieu, je vous ai invoqué, et vous m'avez guéri. Vous avez retiré mon âme de l'enfer, et vous m'avez séparé de ceux qui descendent dans le lac. Chantez le Seigneur, vous qui êtes ses saints, et célébrez la mémoire de sa sainteté*[2] !

1. Ps. XXXIX, 8. — 2. Ps. XXIX, 3-5.

CHAPITRE XLI.

DU MÉPRIS DE TOUS LES HONNEURS DU TEMPS.

1. J.-C. Mon fils, n'enviez point les autres, si vous les voyez honorés et élevés, tandis qu'on vous méprise et qu'on vous humilie.

Élevez votre cœur au ciel vers moi, et vous ne vous affligerez point d'être méprisé des hommes sur la terre.

2. LE F. Seigneur, nous sommes aveugles, et la vanité nous séduit bien vite.

Si je me considère attentivement, je reconnais qu'aucune créature ne m'a jamais fait d'injustice, et qu'ainsi je n'ai nul sujet de me plaindre de vous.

Après vous avoir tant offensé, et si grièvement, il est juste que toute créature s'arme contre moi.

La honte et le mépris, voilà donc ce qui m'est dû ; et à vous la louange, l'honneur et la gloire.

Et si je me dispose à souffrir avec joie, à désirer même d'être méprisé, abandonné de toutes les créatures et compté pour rien, je ne puis ni posséder au dedans de moi une paix solide, ni recevoir la lumière spirituelle, ni être uni parfaitement à vous.

RÉFLEXION.

Celui qui s'examine devant Dieu, à la lumière de la vérité, se méprise souverainement, parce qu'il ne trouve en soi, sans la grâce, qu'un fonds immense de corruption : et dès lors, loin de rechercher l'estime, les respects, les honneurs, il se réfugie dans son abjection comme dans le seul asile contre l'orgueil, la plus grande de ses misères. Si on l'abaisse, si on le dédaigne, il ne se plaint ni ne s'irrite; il reconnaît qu'on lui fait justice, et l'on ne saurait tant l'humilier, qu'il ne s'humilie encore davantage intérieurement : car, en tout, c'est Dieu qu'il regarde, et non pas les hommes. Il dit comme Job : *Si je veux me justifier, ma bouche me condamnera ; et si elle entreprend de montrer mon innocence, elle ne prouvera que mon crime*[1]. Puis dans l'amertume de son cœur, appelant la miséricorde, il invoque le Père céleste qui a pitié de sa pauvre créature. *J'ai péché: que ferai-je, ô Sauveur des hommes? Pourquoi avez-vous mis la guerre entre vous et moi, et suis-je devenu à charge à moi-même? Pourquoi n'ôtez-vous pas mon péché, et n'effacez-vous pas mon iniquité ? Voilà que je dormirai dans la poussière, et quand vous me chercherez le matin je ne serai plus*[2]. Heureux celui qui s'accuse, car il obtiendra le pardon! heureux celui qui choisit la dernière place, car on lui dira : *Montez plus haut*[3]!

1. Job XI, 20. — 2. *Ibid.*, VII, 20, 21. — 3. Luc. XIV, 10.

CHAPITRE XLII.

QU'IL NE FAUT PAS QUE NOTRE PAIX DÉPENDE DES HOMMES.

1. J.-C. Si vous faites dépendre votre paix de quelque personne, à cause de l'habitude de vivre avec elle et de la conformité de vos sentiments, vous serez dans l'inquiétude et le trouble.

Mais si vous cherchez votre appui dans la vérité immuable et toujours vivante, vous ne serez point accablé de tristesse quand un ami s'éloigne ou meurt.

Toute amitié doit être fondée sur moi ; et c'est pour moi que vous devez aimer tous ceux qui vous paraissent aimables et qui vous sont les plus chers en cette vie.

Sans moi l'amitié est stérile et dure peu ; et toute affection, dont je ne suis pas le lien, n'est ni véritable ni pure.

Vous devez être mort à ces affections humaines, jusqu'à souhaiter de n'avoir, s'il se pouvait, aucun commerce avec les hommes.

Plus l'homme s'éloigne des consolations de la terre, plus il s'approche de Dieu.

Et il s'élève d'autant plus vers Dieu qu'il descend plus profondément en lui-même, et qu'il est plus vil à ses propres yeux.

2. Celui qui s'attribue quelque bien, empêche que la grâce de Dieu descende en lui, parce que la grâce de l'Esprit-Saint cherche toujours les cœurs humbles.

Si vous savez vous anéantir parfaitement, et bannir de votre cœur tout amour de la créature, alors venant à vous, je vous inonderai de ma grâce.

Quand vous regardez la créature, vous perdez de vue le Créateur.

Apprenez à vous vaincre en tout à cause de lui, et vous pourrez alors parvenir à le connaître.

Le plus petit objet désiré, aimé avec excès, souille l'âme et la sépare du souverain bien.

RÉFLEXION.

La religion sanctifie tout et ne détruit rien, hors le péché; elle n'interdit pas les affections naturelles; au contraire, il y en a qu'elle commande expressément, et le précepte de l'amour mutuel est un de ceux que l'Évangile inculque avec le plus de soin. *Aimons-nous les uns les autres*[1], répète sans cesse l'apôtre saint Jean. *Celui qui n'aime point demeure dans la mort*[2]*; il ne connaît pas Dieu, car Dieu est amour*[3]. Et, dans la nuit de la Cène, ne voyons-nous pas reposer sur le cœur de Jésus *le disciple qu'il aimait*[4]? Mais nos affections, pour être pures, doivent avoir leur principe en Dieu, et leur règle dans sa volonté. Alors ce ne

1. Joan. IV, 7. — 2. *Ibid.*, III, 14. — 3. *Ibid.*, IV, 8. — 4. *Ibid.*, XIII, 23.

sont plus des sentiments de la terre, qui, en passant, agitent et troublent l'âme, c'est quelque chose de l'éternité, comme elle invariable et calme comme elle. Défiez-vous des attachements qui altèrent la paix du cœur. Nulle créature ne doit être aimée qu'avec une soumission parfaite aux ordres de la Providence. Toujours nous devons être prêts à supporter sans plainte ce qui afflige le plus la nature, l'absence, la séparation, la mort même, nous souvenant de ce que dit l'Apôtre : *Nous ne voulons pas, mes frères, que vous soyez dans l'ignorance touchant ceux qui dorment, afin que vous ne vous attristiez pas comme les autres hommes, qui n'ont point d'espérance. Car si nous croyons que Jésus-Christ est mort et ressuscité, ainsi Dieu amènera avec Jésus ceux qui se seront endormis en lui. Nous vous disons ceci d'après la parole du Seigneur : nous qui vivons, qui sommes réservés pour son avénement, nous ne préviendrons point ceux qui sont déjà dans le sommeil. Car, au commandement de l'Archange, à sa voix, au son de la trompette de Dieu, le Seigneur lui-même descendra du ciel, et les morts qui reposent dans le Christ se lèveront les premiers. Ensuite, nous qui vivons et qui serons demeurés jusqu'alors, nous serons enlevés avec eux dans les nuées, au-devant du Christ, au milieu des airs ; et ainsi nous serons à jamais avec le Seigneur. Consolez-vous les uns les autres dans ces paroles*[1].

1. Thessal. IV, 12-17.

CHAPITRE XLIII.

CONTRE LA VAINE SCIENCE DU SIÈCLE.

1. J.-C. Mon fils, ne vous laissez pas émouvoir au charme et à la beauté des discours des hommes; *car le royaume de Dieu ne consiste pas dans des discours, mais dans des œuvres*[1].

Soyez attentif à mes paroles, qui enflamment le cœur, éclairent, attendrissent l'âme, et la remplissent de consolation.

Ne lisez jamais pour paraître plus savant ou plus sage.

Étudiez-vous à mortifier vos vices; cela vous servira plus que la connaissance des questions les plus difficiles.

2. Après avoir beaucoup lu et beaucoup appris, il en faut toujours revenir à l'unique principe de toutes choses.

C'est moi qui donne à l'homme la science, et qui éclaire l'intelligence des petits enfants, plus que l'homme ne le pourrait par aucun enseignement.

Celui à qui je parle est bientôt instruit, et fait de grands progrès dans la vie de l'esprit.

1. I. Cor. IV, 20.

Malheur à ceux qui interrogent les hommes sur toutes sortes de questions curieuses, et qui s'inquiètent peu d'apprendre à me servir !

Viendra le jour où Jésus-Christ, le maître des maîtres, le Seigneur des anges, apparaîtra, pour demander compte à chacun de ce qu'il sait, c'est-à-dire pour examiner les consciences.

Et alors, *la lampe à la main, il scrutera Jérusalem*[1] *:* *les secrets des ténèbres seront dévoilés*[2], et toute langue se taira.

3. C'est moi qui, en un moment, élève l'âme humble, et la fais pénétrer plus avant dans la vérité éternelle, que ne le pourrait celui qui aurait étudié dix années dans les écoles.

J'enseigne sans bruit de paroles, sans embarras d'opinions, sans faste, sans arguments, sans disputes.

J'apprends à mépriser les biens de la terre, à dédaigner ce qui passe, à rechercher et à goûter ce qui est éternel, à fuir les honneurs, à souffrir les scandales, à mettre en moi toute son espérance, à ne désirer rien hors de moi, et à m'aimer ardemment et par-dessus tout.

4. Quelques-uns, en m'aimant ainsi, ont appris des choses toutes divines, dont ils parlaient d'une manière admirable.

Ils ont fait plus de progrès en quittant tout, que par une profonde étude.

Mais je dis aux uns des choses plus générales; aux

1. Soph. I, 12. — 2. I. Cor. IV, 5.

autres, de plus particulières. J'apparais à quelques-uns doucement voilé sous des ombres et des figures; je révèle à d'autres mes mystères au milieu d'une vive splendeur.

Les livres parlent à tous le même langage; mais il ne produit pas sur tous les mêmes impressions, parce que moi seul j'enseigne la vérité au dedans, je scrute les cœurs, je pénètre les pensées, j'excite à agir, et je distribue mes dons à chacun, selon qu'il me plaît.

RÉFLEXION.

Plusieurs se fatiguent et se tourmentent pour acquérir la science, *et j'ai vu*, dit le Sage, *que cela aussi était vanité, travail et affliction d'esprit*[1]. A quoi vous servira de connaître les choses de ce monde, quand ce monde même aura passé? Au dernier jour, on ne vous demandera pas ce que vous avez su, mais ce que vous avez fait; *et il n'y a plus de science dans les enfers, vers lesquels vous vous hâtez*[2]. Cessez un vain labeur. Qui que vous soyez, vous n'avez que trop cultivé l'arbre dont les fruits donnent la mort. Laissez la science qui nourrit l'orgueil, *la science qui enfle*, pour vous occuper uniquement d'acquérir celle qui fait les humbles et les saints, *la charité qui édifie*[3]. Apprenez à vous humilier, à connaître votre néant et votre corruption. Alors Dieu viendra vers vous; il vous éclairera de sa lumière, il vous enseignera, dans le secret du cœur, cette science merveilleuse dont Jésus a dit : *Je vous bénis, mon Père, Seigneur du ciel et de la terre, parce que vous avez caché ces choses aux sages et aux prudents, et les avez révélées aux petits*[4].

1. Eccli. I, 17. — 2. *Ibid.*, IX, 10. — 3. I. Cor. VIII, 1. — 4. Luc. X, 21.

CHAPITRE XLIV.

QU IL NE FAUT POINT S'EMBARRASSER DANS LES CHOSES EXTÉRIEURES.

1. J.-C. Mon fils, il faut que vous vous teniez dans l'ignorance de beaucoup de choses ; *que vous soyez comme mort au monde, et que le monde soit mort pour vous*[1].

Il faut aussi fermer l'oreille à bien des discours, et penser plutôt à vous conserver en paix.

Il vaut mieux détourner les yeux de ce qui déplaît, et laisser chacun dans son sentiment, que de s'arrêter à contester.

Si vous prenez soin d'avoir Dieu pour vous, et que son jugement vous soit toujours présent, vous supporterez sans peine d'être vaincu.

2. Le F. Hélas, Seigneur, où en sommes-nous venus? On pleure une perte temporelle, on court, on se fatigue pour le moindre gain ; et l'on oublie les pertes de l'âme, ou l'on ne s'en souvient qu'à peine et bien tard.

On est attentif à ce qui ne sert peu ou point du tout,

1. Col. III, 3 ; Gal. VI, 14.

et l'on passe avec négligence sur ce qui est souverainement nécessaire; parce que l'homme se répand tout entier au dehors, et que, s'il ne rentre promptement en lui-même, il demeure avec joie enseveli dans les choses extérieures.

RÉFLEXION.

Si vous saviez mourir demain, que vous importeraient les choses de la terre, ce qui se fait, ce qui se dit autour de vous? Eh bien! vous mourrez demain; car la vie est à peine d'un jour. Soyez donc dès ce moment tel que vous voudrez avoir été, quand l'éternité s'ouvrira devant vous. Ni la science, ni la richesse, ni rien de ce qui est du monde ne vous servira au jugement de Dieu : vous n'y porterez que vos œuvres. *Il y avait un homme riche dont les terres avaient produit une moisson extraordinaire; et il pensait en lui-même, disant : Que ferai-je? car je n'ai point de lieu où recueillir tous ces fruits. Et il dit : Voici ce que je ferai : j'abattrai mes greniers, et j'en bâtirai de plus grands, et j'y amasserai toute ma récolte et tous mes biens; et je dirai à mon âme : Mon âme, tu as beaucoup de biens en réserve pour plusieurs années : repose-toi, mange, bois, fais bonne chère. Mais Dieu lui dit : Insensé, cette nuit même on te redemandera ton âme; et pour qui sera ce que tu as amassé? Ainsi en est-il de celui qui thésaurise pour lui-même, et qui n'est pas riche devant Dieu*[1].

1. Luc. XII. 16-21.

CHAPITRE XLV.

QU'IL NE FAUT PAS CROIRE TOUT LE MONDE, ET QU'IL EST DIFFICILE DE GARDER UNE SAGE MESURE DANS SES PAROLES.

1. Le F. *Secourez-moi, Seigneur, dans la tribulation : car le salut ne vient pas de l'homme*[1].

Combien de fois ai-je en vain cherché la fidélité où je croyais la trouver! combien de fois l'ai-je trouvée où je l'attendais le moins!

Vanité donc d'espérer dans les hommes ; mais vous êtes, mon Dieu, le salut des justes.

Soyez béni, Seigneur, en tout ce qui nous arrive.

2. Nous sommes faibles et changeants ; un rien nous séduit et nous ébranle.

Quel est l'homme si vigilant et si réservé qu'il ne tombe jamais dans aucune surprise, ni dans aucune perplexité?

Mais celui, mon Dieu, qui se confie en vous, et qui vous cherche dans la simplicité de son cœur, ne chancelle pas si aisément.

1. Ps. LIX, 11.

Et s'il éprouve quelque affliction, s'il est engagé en quelque embarras, vous l'en tirez bientôt, ou vous le consolez : car vous n'abandonnez pas pour toujours celui qui espère en vous.

Quoi de plus rare qu'un ami fidèle, qui ne s'éloigne point quand l'infortune accable son ami?

Seigneur, vous êtes seul constamment fidèle, et nul ami n'est comparable à vous.

3. Oh! que de sagesse dans ce que disait cette sainte âme : *Mon cœur est affermi et fondé en Jésus-Christ*[1] *!*

S'il en était ainsi de moi, je serais moins troublé par la crainte des hommes, et moins ému de leurs paroles malignes.

Qui peut prévoir, qui peut détourner tous les maux à venir? Si ceux qu'on a prévus, souvent blessent encore, que sera-ce donc de ceux qui nous frappent inopinément?

Pourquoi, malheureux que je suis, n'ai-je pas pris de plus sûres précautions pour moi-même? Pourquoi aussi ai-je eu tant de crédulité pour les autres!

Mais nous sommes des hommes, et rien autre chose que des hommes fragiles, quoique plusieurs nous croient et nous appellent des anges.

A qui croirai-je, Seigneur! à qui, si ce n'est à vous? Vous êtes la vérité qui ne trompe point, et qu'on ne peut tromper.

Au contraire, *tout homme est menteur*[2], faible, inconstant, fragile, surtout dans ses paroles; de sorte qu'on doit

1. Sainte Agathe. — 2. Ps. LXI, 9.

à peine croire d'abord ce qui paraît le plus vrai dans ce qu'il dit.

4. Que vous nous avez sagement avertis de nous défier des hommes; que *l'homme a pour ennemis ceux de sa propre maison*[1]; et que si quelqu'un dit : *Le Christ est ici, ou il est là*[2], il ne faut pas le croire!

Une dure expérience m'a éclairé : heureux si elle sert à me rendre moins insensé et plus vigilant!

Soyez discret, me dit quelqu'un, soyez discret; ce que je vous dis n'est que pour vous. Et pendant que je me tais et que je crois la chose secrète, il ne peut lui-même garder le silence qu'il m'a demandé; mais, dans l'instant il me trahit, se trahit lui-même et s'en va.

Éloignez de moi, Seigneur, ces confidences trompeuses; ne permettez pas que je tombe entre les mains de ces hommes indiscrets, ou que je leur ressemble.

Mettez dans ma bouche des paroles invariables et vraies; et que ma langue soit étrangère à tout artifice.

Ce que je ne peux souffrir en autrui, je dois m'en préserver avec soin.

5. Oh! qu'il est bon, qu'il est nécessaire pour la paix, de se taire sur les autres, de ne pas tout croire indifféremment, ni tout redire sans réflexion, de se découvrir à peu de personnes, de vous chercher toujours pour témoin de son cœur, de ne pas se laisser emporter à tout vent de paroles; mais de désirer que tout en nous et hors de nous s'accomplisse selon qu'il plaît à votre volonté!

1. Mich. VII, 2. — 2. Matth. XXIV, 23.

Que c'est encore un sûr moyen pour conserver la grâce céleste, de fuir ce qui a de l'éclat aux yeux des hommes, de ne point rechercher ce qui semble attirer leur admiration; mais de travailler ardemment à acquérir ce qui produit la ferveur et corrige la vie !

A combien d'hommes a été funeste une vertu connue et louée trop tôt !

Que de fruits, au contraire, d'autres ont tirés d'une grâce conservée en silence durant cette vie fragile, qui n'est qu'une tentation et une guerre continuelle !

RÉFLEXION.

Ne vous appuyez pas sur les hommes, car ils vous manqueront tôt ou tard. L'homme est faible, indiscret, inconstant, léger, enclin à tout rapporter à soi. Le moindre caprice l'éloigne, le moindre intérêt suffit pour le transformer en ennemi. Alors il se montre tel qu'il est. Il vous aimait, mais pour lui-même, pour tirer parti de vous au besoin. Fuyez, fuyez ces faux amis du monde. Celui-ci vous trahit, cet autre vous délaisse. Arrive-t-il des circonstances qui vous forcent de recourir à eux, *tous commencent à s'excuser. Le premier dit : J'ai acheté une terre; il faut nécessairement que je l'aille voir : je vous supplie de m'excuser. Un autre dit : J'ai acheté cinq paires de bœufs, et je vais les éprouver : je vous supplie de m'excuser. Un autre dit : J'ai épousé une femme, et c'est pourquoi je ne puis aller*[1]. Voilà les amitiés humaines. Vous seul, mon Dieu, vous seul n'abandonnez point ceux qui vous aiment, ceux qui espèrent en vous : toujours vous êtes près d'eux pour les soutenir et les consoler. Jamais vous ne

1. Luc. XIV, 18, 20.

vous lassez d'entendre leurs gémissements, d'écouter leurs plaintes, de recueillir leurs larmes. Rien n'est au-dessous de votre tendresse; cet homme abject aux yeux des hommes, ce pauvre rebuté de toutes parts, *vous l'assistez, mon Dieu, sur le lit de sa douleur, et votre main retourne son lit pour y reposer ses infirmités*[1]: puis, quand sa tâche est accomplie, à la fin du jour, vous le recevez dans l'éternelle paix.

1. Ps. XL, 4.

CHAPITRE XLVI.

QU'IL FAUT METTRE SA CONFIANCE EN DIEU, LORSQU'ON EST ASSAILLI DE PAROLES INJURIEUSES.

1. J.-C. Mon fils, demeurez ferme, et espérez en moi. Qu'est-ce, après tout, que des paroles? un vain bruit. Elles frappent l'air, mais ne brisent point la pierre.

Si vous êtes coupable, songez que votre désir doit être de vous corriger. Si votre conscience ne vous reproche rien, pensez que vous devez souffrir avec joie cette légère peine pour Dieu.

C'est bien ce qu'il y a de moindre, que, de temps en temps, vous supportiez quelques paroles, vous qui ne pouvez encore soutenir de plus rudes épreuves.

Et pourquoi de si petites choses vont-elles jusqu'à votre cœur, si ce n'est que vous êtes encore charnel, et trop occupé des jugements des hommes?

Vous craignez le mépris, et à cause de cela vous ne voulez pas être repris de vos fautes, et vous cherchez des excuses pour les couvrir.

2. Scrutez mieux votre cœur, et vous reconnaîtrez que le monde vit encore en vous, et le vain désir de plaire aux hommes.

Car votre répugnance à être abaissé, confondu par vos faiblesses, prouve que vous n'avez pas une humilité sincère, que vous n'êtes pas *véritablement mort au monde, et que le monde n'est pas crucifié pour vous*[1].

Écoutez ma parole, et vous vous inquiéterez peu de toutes les paroles des hommes.

Quand on dirait contre vous tout ce que peut inventer la plus noire malice, en quoi cela vous nuirait-il, si vous le laissez passer comme la paille que le vent emporte? En perdriez-vous un seul cheveu?

3. Celui dont le cœur n'est pas renfermé en lui-même, et qui n'a pas Dieu toujours présent, s'émeut aisément d'une parole de blâme.

Mais celui qui se confie en moi et qui ne s'appuie pas sur son propre jugement, ne craindra rien des hommes.

Car c'est moi qui connais et qui juge ce qui est secret; je sais la vérité de toute chose, qui a fait l'injure et qui la souffre.

Cette parole, elle est venue de moi; cet événement, je l'ai permis, *afin que ce qu'il y a de caché dans beaucoup de cœurs fût révélé*[2].

Je jugerai l'innocent et le coupable; mais, par un secret jugement, j'ai voulu auparavant éprouver l'un et l'autre.

1. Galat. VI, 14. — 2. Luc. II, 35.

4. Le témoignage des hommes trompe souvent, mais mon jugement est vrai : il subsistera et ne sera point ébranlé.

Le plus souvent il est caché, et peu de personnes le découvrent en chaque chose : cependant il n'erre jamais, et ne peut errer, quoiqu'il ne paraisse pas toujours juste aux yeux des insensés.

C'est donc à moi qu'il faut remettre le jugement de tout, sans jamais s'en rapporter à son propre sens.

Le juste ne sera point troublé, quoi qu'il lui arrive par l'ordre de Dieu[1]. Il lui importera peu qu'on l'accuse injustement.

Et si d'autres le défendent et réussissent à le justifier, il n'en concevra pas non plus une vaine joie.

Car il se souvient que c'est moi *qui sonde les cœurs et les reins*[2], et que je ne juge point sur les dehors et les apparences humaines.

Ce qui paraît louable au jugement des hommes, souvent est criminel à mes yeux.

5. Le F. Seigneur mon Dieu, juge infiniment juste, fort et patient, qui connaissez la fragilité de l'homme et son penchant au mal, soyez ma force et toute ma confiance : car ma conscience ne me suffit pas.

Vous connaissez ce que je ne connais point; ainsi j'ai dû m'abaisser sous tous les reproches et les supporter avec douceur.

Pardonnez-moi dans votre bonté, toutes les fois que je

1. Prov. x, 21. — 2. Ps. vii, 10.

n'ai pas agi de la sorte, et donnez-moi plus abondamment la grâce qui apprend à souffrir.

Car je dois compter bien plus sur votre grande miséricorde pour obtenir le pardon, que sur ma vertu apparente pour justifier ce que ma conscience recèle.

Quoique je ne me reproche rien, je ne suis cependant pas justifié pour cela[1]; parce que, sans votre miséricorde, *nul homme vivant ne sera juste devant vous*[2].

RÉFLEXION.

Vous serez heureux quand on vous maudira, et qu'on vous persécutera, et qu'on dira faussement toute sorte de mal contre vous : réjouissez-vous alors, et soyez ravis de joie, parce que votre récompense est grande dans les cieux[3]. Combien cependant, malgré cette parole, ne nous troublons-nous pas des discours des hommes et de leurs jugements? Nous ne pouvons supporter qu'on nous abaisse; nous voulons à tout prix être loués, estimés. Séduits par un vain fantôme de réputation, nous oublions Dieu et ses enseignements, et les biens qu'il promet aux humbles. Étrange effet de l'orgueil toujours vivant au fond de notre misérable cœur! Que vous importe l'outrage, l'injure, la calomnie? D'où vient qu'elle excite en vous une peine si amère, un si vif ressentiment? Craignez-vous donc d'avoir trop de moyens d'expiation, trop d'espérances de miséricorde? Mais on vous accuse à tort. Aimeriez-vous mieux que ce fût avec justice? Si vous n'avez pas commis la faute qu'on vous reproche, que d'autres vous avez commises qu'on ne vous reproche point! Descendez

1. I. Cor. IV, 4.— 2. Ps. CXLII, 2. — 3. Matth. V, 11, 12.

dans votre conscience, vous y entendrez une voix plus sévère que celles qui s'élèvent contre vous. Celles-ci se tairont, mais l'autre parlera devant le Juge en présence duquel tout à l'heure vous comparaîtrez, loin des bruits de la terre, dans le silence de l'éternité. Pensez à ce moment formidable, et vous vous inquiéterez peu de ce que les hommes disent de vous.

CHAPITRE XLVII.

QU'IL FAUT ÊTRE PRÊT A SOUFFRIR POUR LA VIE ÉTERNELLE TOUT CE QU'IL Y A DE PLUS PÉNIBLE.

1. J.-C. Mon fils, que les travaux que vous avez entrepris pour moi ne brisent pas votre courage, et que les afflictions ne vous abattent pas entièrement; mais qu'en tout ce qui arrive, ma promesse vous console et vous fortifie.

Je suis assez puissant pour vous récompenser au delà de toutes bornes et de toute mesure.

Vous ne serez pas longtemps ici dans le travail, ni toujours chargé de douleurs.

Attendez un peu, et vous verrez promptement la fin de vos maux.

Une heure viendra où le travail et le trouble cesseront.

Tout ce qui passe avec le temps est peu de chose et ne dure guère.

2. Faites ce que vous avez à faire; travaillez fidèlement à ma vigne, et je serai moi-même votre récompense.

Écrivez, lisez, chantez mes louanges, gémissez, gardez

le silence, priez, souffrez courageusement l'adversité : la vie éternelle est digne de tous ces combats, et de plus grands encore.

Il y a un jour connu du Seigneur, où la paix viendra; et *il n'y aura plus de jour ni de nuit* [1] comme sur cette terre, mais une lumière perpétuelle, une splendeur infinie, une paix inaltérable, un repos assuré.

Vous ne direz plus alors : *Qui me délivrera de ce corps de mort* [2]*?* Vous ne vous écrierez plus : *Malheur à moi, parce que mon exil a été prolongé* [3]*!* car *la mort sera détruite* [4], et le salut sera éternel; plus d'angoisses, une joie ravissante, une société de gloire et de bonheur.

3. Oh! si vous aviez vu, dans le ciel, les couronnes immortelles des Saints, de quel glorieux éclat resplendissent ces hommes que le monde méprisait et regardait comme indignes de vivre : aussitôt, certes, vous vous prosterneriez jusque dans la poussière, et vous aimeriez mieux être au-dessous de tous qu'au-dessus d'un seul.

Vous ne désireriez point les jours heureux de cette vie; mais plutôt vous vous réjouiriez de souffrir pour Dieu, et vous regarderiez comme le plus grand gain d'être compté pour rien parmi les hommes.

Oh! si vous goûtiez ces vérités, si elles pénétraient jusqu'au fond de votre cœur, comment oseriez-vous vous plaindre, même une seule fois?

Est-il rien de pénible qu'on ne doive supporter pour la vie éternelle?

1. Zachar. XIV, 7. — 2. Rom. VII, 24. — 3. Ps. CXIX, 4. — 4. Is. XXV, 8.

Ce n'est pas peu que de gagner ou de perdre le royaume de Dieu.

Levez donc les yeux au ciel. Me voilà, et avec moi tous les Saints : ils ont soutenu dans ce monde un grand combat : et maintenant ils se réjouissent, maintenant ils sont consolés et à l'abri de toute crainte, maintenant ils se reposent, et ils demeureront à jamais avec moi dans le royaume de mon Père.

RÉFLEXION.

Quand la vie nous paraît pesante, quand nous sommes près de succomber à la tristesse de l'exil, levons les yeux et contemplons l'aurore de notre délivrance; car *cette enveloppe mortelle s'en va se détruisant, mais l'homme intérieur se renouvelle de jour en jour*[1]. Attendons, souffrons en paix; l'heure du repos approche. *Les légères tribulations de cette vie d'un moment, nous élevant sans mesure, produisent en nous un poids éternel de gloire*[2]. Qu'importe un peu de fatigue, un peu de travail sur la terre? Nous passons, et *n'avons point ici de cité permanente*[3]. Jésus *est allé devant pour nous préparer une demeure en la maison de son Père, et puis il viendra, et il nous prendra avec lui, afin que là où il est, nous y soyons aussi*[4]. *O Jésus, ô mon Sauveur! mon âme languit après vous, elle vous désire comme le cerf altéré désire l'eau des fontaines*[5]. Venez, ne tardez pas : loin de vous, *nous sommes assis dans l'ombre de la mort*[6]. Hâtez-vous, Seigneur; faites luire sur nous la lumière de votre face, et qu'elle nous guide à la céleste Jérusalem, au pied du trône de l'Agneau. Là, dans le ravissement de l'amour, dans l'immortelle extase de

1. II. Cor. IV, 16. — 2. *Ibid.*, 17. — 3. Hebr. XIII, 14. — 4. Joan. XIV, 2, 3. — 5. Ps. XLI, 2. — 6. Luc. I, 79.

la joie, les chœurs des Bienheureux, mêlés aux chœurs des Anges, célèbrent le Dieu trois fois saint. Et moi, Seigneur, *sur le bord des fleuves de Babylone, j'ai pleuré en me ressouvenant de Sion*[1]. Console-toi, mon âme, prête l'oreille; n'entends-tu pas dans le lointain comme le premier murmure qui annonce l'arrivée de l'Époux? *Encore un moment, et tu le verras*[2]; encore un moment, et rien ne pourra te séparer de lui!

1. Ps. CXXXVI, 1. — 2. Joan. XVI, 19.

CHAPITRE XLVIII.

DE L'ÉTERNITÉ BIENHEUREUSE, ET DES MISÈRES DE CETTE VIE.

1. Le F. O bienheureuse demeure de la Cité céleste! jour éclatant de l'éternité, que la nuit n'obscurcit jamais, et que la vérité souveraine éclaire perpétuellement de ses rayons; jour immuable de joie et de repos, que nulle vicissitude ne trouble!

Oh! que ce jour n'a-t-il lui déjà sur les ruines du temps, et de tout ce qui passe avec le temps!

Il luit pour les Saints dans son éternelle splendeur : mais nous, voyageurs sur la terre, nous ne le voyons que de loin, comme à travers un voile.

2. Les citoyens du ciel en connaissent les délices : mais les fils d'Ève, encore exilés, gémissent sur l'amertume et l'ennui de la vie présente.

Les jours d'ici-bas sont courts et mauvais[1], pleins de douleur et d'angoisses.

L'homme y est souillé de beaucoup de péchés, engagé

1. Genes. XLVII, 9.

dans beaucoup de passions, agité par mille craintes, embarrassé de mille soins, emporté çà et là par la curiosité, séduit par une foule de chimères, environné d'erreurs, brisé de travaux, accablé de tentations, énervé de délices, tourmenté par la pauvreté.

3. Oh! quand viendra la fin de ces maux? quand serai-je délivré de la misérable servitude des vices? quand me souviendrai-je, Seigneur, de vous seul? quand goûterai-je en vous une pleine joie?

Quand, dégagé de toute entrave, jouirai-je d'une vraie liberté, désormais exempt de toute peine et du corps et de l'esprit?

Quand posséderai-je une paix solide, assurée, inaltérable, paix au dedans et au dehors, paix affermie de toutes parts?

O bon Jésus! quand me sera-t-il donné de vous voir, de contempler la gloire de votre règne? quand me serez-vous tout en toute chose?

Quand serai-je avec vous dans le *royaume que vous avez préparé de toute éternité à vos élus*[1]?

J'ai été délaissé, pauvre, exilé, en une terre ennemie, où il y a guerre continuelle et de grandes infortunes.

4. Consolez mon exil, adoucissez l'angoisse de mon cœur; car il soupire après vous de toute l'ardeur de ses désirs.

Tout ce que le monde m'offre ici-bas pour me consoler, me pèse.

1. Matth. xxv, 34.

Je voudrais m'unir intimement à vous, et je ne puis atteindre à cette ineffable union.

Je voudrais m'attacher aux choses du ciel, et mes passions immortifiées me replongent dans celles de la terre.

Mon âme aspire à s'élever au-dessus de tout, et la chair me rabaisse au-dessous, malgré mes efforts.

Ainsi, homme misérable, j'ai sans cesse la guerre au dedans de moi, et *je me suis à charge à moi-même*[1], l'esprit voulant s'élever toujours, et la chair toujours descendre.

5. Oh! combien je souffre en moi lorsque, méditant les choses du ciel, celles de la terre viennent en foule se présenter à ma pensée durant la prière! Mon Dieu, *ne vous éloignez pas de moi, et n'abandonnez point votre serviteur dans votre colère*[2].

Faites briller votre foudre, et dissipez ces visions de la chair : *lancez vos flèches*[3], et mettez en fuite ces fantômes de l'ennemi.

Rappelez à vous tous mes sens; faites que j'oublie toutes les choses du monde, et que je rejette promptement, avec mépris, ces criminelles images.

Éternelle vérité, prêtez-moi votre secours, afin que nulle chose vaine ne me touche.

Venez en moi, céleste douceur, et que tout ce qui n'est pas pur s'évanouisse devant vous.

Pardonnez-moi aussi, et usez de miséricorde, toutes

1. Job VII, 20. — 2. Ps. LXX, 13; XXVI, 14. — 3. Ps. CXLIII, 6.

les fois que, dans la prière, je m'occupe d'autre chose que de vous.

Car je confesse sincèrement que la distraction m'est habituelle.

Dans le mouvement ou dans le repos, bien souvent je ne suis point où est mon corps, mais plutôt où mon esprit m'emporte.

Je suis là où est ma pensée, et ma pensée est d'ordinaire où est ce que j'aime.

Ce qui me plaît naturellement ou par habitude, voilà ce qui d'abord se présente à elle.

6. Et c'est pour cela, ô Vérité, que vous avez dit expressément : *Où est votre trésor, là est aussi votre cœur*[1].

Si j'aime le ciel, je pense volontiers aux choses du ciel.

Si j'aime le monde, je me réjouis des prospérités du monde, et je m'attriste de ses adversités.

Si j'aime la chair, je me représente souvent ce qui est de la chair.

Si j'aime l'esprit, ma joie est de penser aux choses spirituelles.

Car il m'est doux de parler et d'entendre parler de tout ce que j'aime, et j'en emporte avec moi le souvenir dans ma retraite.

Mais heureux l'homme, ô mon Dieu, qui, à cause de vous, bannit de son cœur toutes les créatures; qui fait

1. Matth. vi, 21.

violence à la nature, et crucifie, par la ferveur de l'esprit, les convoitises de la chair, afin de vous offrir, du fond d'une conscience où règne la paix, une prière pure; et que, dégagé au dedans et au dehors de tout ce qui est terrestre, il puisse se mêler aux chœurs des Anges!

RÉFLEXION.

Les maladies, les peines, les souffrances, les tentations, l'invincible désir d'une félicité que rien ne nous offre ici-bas, tout nous rappelle sans cesse à cette grande éternité où la foi nous promet, dans la possession de Dieu même, le repos, la paix, le bien parfait, infini, auquel nous aspirons de toutes les puissances de notre âme. Et voilà pourquoi les Saints gémissent si amèrement sous le poids des liens qui les retiennent encore sur la terre; voilà pourquoi l'Apôtre s'écriait : *Je désire que mon corps se dissolve, afin d'être avec Jésus-Christ*[1]. Alors plus de crainte, plus de larmes, plus de combat, mais un éternel triomphe et une joie éternelle. Si un faible reflet[2] de la vérité souveraine ravit déjà notre intelligence, que sera-ce quand nous la contemplerons dans son plein éclat, et si, dès à présent, il est si doux d'aimer, que sera-ce quand nous nous abreuverons à la source même de l'amour! Oh! oui, Seigneur, je désire la dissolution de mon corps, afin d'être avec vous! Cette espérance seule me console; elle est toute ma vie. Qu'est-ce pour moi que le monde, et que peut-il me donner? *J'ai séjourné parmi les habitants de Cédar, et mon âme a été étrangère au milieu d'eux*[3]. Votre royaume, mon Dieu, votre royaume, je n'ai point d'autre patrie. Daignez y rappeler ce pauvre exilé, *et il célébrera éternellement vos miséricordes*[4].

1. Philipp. I, 23. — 2. I. Cor. XIII, 12. — 3. Ps. CXIX, 5. — 4. Ps. LXXXVIII, 2.

CHAPITRE XLIX.

DU DÉSIR DE LA VIE ÉTERNELLE, ET DES GRANDS BIENS PROMIS A CEUX QUI COMBATTENT COURAGEUSEMENT.

1. J.-C. Mon fils, lorsque le désir de l'éternelle béatitude vous est donné d'en haut, et que vous aspirez à sortir de la prison du corps pour contempler ma lumière sans ombre et sans vicissitude, dilatez votre cœur, et recevez avec amour cette sainte inspiration.

Rendez grâces de toute votre âme à la bonté céleste, qui vous prodigue ainsi ses faveurs, qui vous visite avec tendresse, vous excite, vous presse et vous soulève puissamment, de peur que votre poids ne vous incline vers la terre.

Car rien de cela n'est le fruit de vos pensées ou de vos efforts, mais une grâce de Dieu qui a daigné jeter sur vous un regard, afin que, croissant dans la vertu et dans l'humilité, vous vous prépariez à de nouveaux combats, et que tout votre cœur s'attache à moi avec la volonté ferme de me servir.

2. Quelque ardent que soit le feu, la flamme cependant ne monte point sans fumée.

Ainsi quelques-uns, quoique embrasés du désir des choses célestes, ne sont point néanmoins entièrement dégagés des affections et des tentations de la chair.

Et c'est pourquoi ils n'ont pas en vue la seule gloire de Dieu, dans ce qu'ils demandent avec tant d'instance.

Tel est souvent votre désir, que vous croyez si vif et si pur.

Car rien n'est pur ni parfait, de ce qui est mêlé d'intérêt propre.

3. Demandez, non ce qui vous est doux, non ce qui offre quelque avantage, mais ce qui m'honore et me plaît : car, si vous jugez selon la justice, vous devez, docile à mes ordres, les préférer à vos désirs et à tout ce qu'on peut désirer.

Je connais votre désir ; j'ai entendu vos gémissements.

Vous voudriez jouir déjà de la liberté glorieuse des enfants de Dieu; déjà la demeure éternelle, la céleste patrie où la joie ne tarit jamais, ravit votre pensée. Mais l'heure n'est pas encore venue, vous êtes encore dans un autre temps, temps de guerre, temps de travail et d'épreuves.

Vous désirez être rassasié du souverain bien; mais cela ne se peut maintenant.

C'est moi qui suis le bien suprême : attendez-moi, dit le Seigneur, *jusqu'à ce que vienne le royaume de Dieu*[1].

1. Luc. XXII, 18.

4. Il faut que vous soyez encore éprouvé sur la terre, et exercé de bien des manières.

De temps en temps, vous recevrez des consolations, mais jamais assez abondantes pour rassasier vos désirs.

Ranimez donc votre force et votre courage[1], pour accomplir et pour souffrir ce qui répugne à la nature.

Il faut que vous vous revêtiez de l'homme nouveau[2], que vous vous changiez en un autre homme.

Il faut que souvent vous fassiez ce que vous ne voulez pas; et que vous renonciez à ce que vous voulez.

Ce que les autres souhaitent, réussira : mille obstacles s'opposeront à ce que vous souhaitez.

On écoutera ce que disent les autres : ce que vous direz sera compté pour rien.

Ils demanderont, et ils obtiendront : vous demanderez, et on vous refusera.

5. On parlera d'eux, on les exaltera; et personne ne parlera de vous.

On leur confiera tel ou tel emploi; et l'on ne vous jugera propre à rien.

Quelquefois la nature s'en affligera; et ce sera beaucoup si vous le supportez en silence.

C'est dans ces épreuves et une infinité d'autres semblables que, d'ordinaire, on reconnaît combien un vrai serviteur de Dieu sait se renoncer et se briser à tout.

Il n'est presque rien qui vous fasse sentir autant le besoin de mourir à vous-même, que de voir et de souffrir

1. Josue I, 6. — 2. Eph. IV, 24; I. Reg. X, 6, 9.

ce qui répugne à votre volonté; surtout lorsqu'on vous commande des choses inutiles ou déraisonnables.

Et, parce qu'assujetti à un supérieur vous n'osez résister à son autorité, il vous semble dur d'être en tout conduit par un autre, et de n'agir jamais selon votre propre sens.

6. Mais pensez, mon fils, au fruit de ces travaux, à leur prompte fin, à leur *récompense trop grande*[1]; et loin de les porter avec douleur, vous y trouverez une puissante consolation.

Car, pour avoir renoncé maintenant à quelques vaines convoitises, vous ferez éternellement votre volonté dans le ciel.

Là, tous vos vœux seront accomplis, tous vos désirs satisfaits.

Là, tous les biens s'offriront à vous, sans que vous ayez à craindre de les perdre.

Là, votre volonté ne cessant jamais d'être unie à la mienne, vous ne souhaiterez rien hors de moi, rien qui vous soit propre.

Là, personne ne vous résistera, personne ne se plaindra de vous, personne ne vous suscitera de contrariétés ni d'obstacles; mais tout ce qui peut être désiré étant présent à la fois, votre âme, rassasiée pleinement, n'embrassera qu'à peine cette immense félicité.

Là, je donnerai la gloire pour les opprobres soufferts, la joie pour les larmes, pour la dernière place un trône dans mon royaume éternel.

1. Genes. XV, 1.

Là, éclateront les fruits de l'obéissance : la pénitence se réjouira de ses travaux, et l'humble dépendance sera glorieusement couronnée.

7. Maintenant donc, inclinez-vous humblement sous la main de tous, et ne regardez point qui a dit ou ordonné cela.

Mais si quelqu'un demande ou souhaite quelque chose de vous, qui que ce soit, ou votre supérieur, ou votre inférieur, ou votre égal, loin d'en être blessé, ayez soin de l'accomplir avec une affection sincère.

Que l'un recherche ceci, un autre cela; que celui-là se glorifie d'une chose, celui-ci d'une autre, et qu'il en reçoive mille louanges; pour vous, ne mettez votre joie que dans le mépris de vous-même, dans ma volonté et ma gloire.

Vous ne devez rien désirer, sinon que, *soit par la vie, soit par la mort, Dieu soit toujours glorifié en vous*[1].

RÉFLEXION.

On ne saurait trop le redire, le premier et le dernier précepte, celui qui les comprend tous, est l'entier renoncement de soi-même et la conformité parfaite de notre volonté à celle de Dieu. Ainsi, bien qu'il nous soit permis et même commandé d'aspirer à la béatitude céleste, et de gémir sur la *longueur de notre exil*[2], néanmoins nous devons le supporter avec une grande patience, et nous complaire dans les épreuves que la Providence nous envoie, parce qu'elles sont tout ensemble utiles à notre

1. Philipp. I, 20. — 2. Ps. CXIX, 5.

salut, et l'un des moyens que Dieu a choisis pour satisfaire sa justice, et pour manifester en nous sa miséricorde et sa gloire. Pécheurs, nous devons participer aux souffrances de celui qui nous a rachetés; disciples de Jésus, nous devons marcher à la suite de notre maître et de notre modèle en portant la Croix, et, comme lui, épuiser le calice d'amertume. Nul n'est couronné, s'il n'a combattu[1]. *Heureux donc l'homme qui endure la tentation, parce qu'après avoir été éprouvé, il recevra la couronne de vie que Dieu a promise à ceux qui l'aiment*[2]. Attendons le moment qu'il a marqué, et poursuivons en paix notre pèlerinage. Tout ce qui finit est court, et rien n'est pénible à celui qui espère. Que cette pensée ranime notre langueur, quand nous nous sentons abattus. « Au milieu de ce grand naufrage du monde, dit saint « Chrysostome, une main propice nous jette d'en haut le câble de « l'espérance, qui peu à peu retire des flots des misères « humaines et soulève jusqu'au ciel ceux qui s'y attachent « fortement[3]. »

1. I. Cor. IX, 25. — 2. Jacob. I, 12. — 3. Ad. Theod. Laps. oper., t. I, page 3.

CHAPITRE L.

COMMENT UN HOMME DANS L'AFFLICTION DOIT S'ABANDONNER ENTRE LES MAINS DE DIEU.

1. Le F. Seigneur mon Dieu, Père saint, soyez béni maintenant et dans toute l'éternité; parce qu'il a été fait comme vous l'avez voulu, et ce que vous faites est bon.

Que votre serviteur se réjouisse, non en lui-même ni en nul autre, mais en vous seul, parce que vous seul êtes la véritable joie ; vous êtes, Seigneur, mon espérance, ma couronne, ma joie, ma gloire.

Qu'y a-t-il en votre serviteur qu'il n'ait reçu de vous[1], et sans l'avoir mérité?

Tout est à vous ; vous avez tout fait, tout donné.

Je suis pauvre et dans les travaux dès mon enfance[2]. Quelquefois mon âme est triste jusqu'aux larmes ; et quelquefois elle se trouble en elle-même, à cause des passions qui la pressent.

2. Je désire la joie de la paix, j'aspire à la paix de

1. I. Cor. IV, 7. — 2. Ps. LXXXVII, 16.

vos enfants, que vous nourrissez dans votre lumière et vos consolations.

Si vous me donnez la paix, si vous versez en moi votre joie sainte, l'âme de votre serviteur sera comme remplie d'une douce mélodie; et, ravi d'amour, il chantera vos louanges.

Mais si vous vous retirez, comme vous le faites souvent, il ne pourra *courir dans la voie de vos commandements*[1]; alors il ne lui reste qu'à tomber à genoux et se frapper la poitrine, parce qu'il n'en est plus pour lui comme auparavant, lorsque *votre lumière resplendissait sur sa tête*[2], et qu'*à l'ombre de vos ailes, il trouvait un abri contre les tentations*[3].

3. Père juste et toujours digne de louange, l'heure est venue où votre serviteur doit être éprouvé.

Père aimable, il est juste que votre serviteur souffre maintenant quelque chose pour vous.

Père à jamais adorable, l'heure que vous avez prévue de toute éternité est venue, où il faut que votre serviteur succombe pour un peu de temps au dehors, sans cesser de vivre toujours intérieurement en vous.

Il faut que, pour un peu de temps, il soit abaissé, humilié, anéanti devant les hommes, brisé de souffrances, accablé de langueurs, afin de se relever avec vous à l'aurore d'un jour nouveau, et d'être environné de splendeur dans le ciel.

Père saint, vous l'avez ainsi ordonné, ainsi voulu; et ce que vous avez commandé s'est accompli.

1. Ps. CXVIII, 32. — 2. Job XXIX, 3. — 3. Ps. XVI, 10.

4. Car c'est la grâce que vous faites à ceux que vous aimez, de souffrir en ce monde pour votre amour, et d'être affligés autant de fois et par qui que ce soit que vous le permettiez.

Rien ne se fait sur la terre sans raison, sans dessein, et sans l'ordre de votre Providence.

Ce m'est un bien, Seigneur, que vous m'ayez humilié, afin que je m'instruise de votre justice[1], et que je bannisse de mon cœur tout orgueil et toute présomption.

Il m'est utile *d'avoir été couvert de confusion*[2], afin que je cherche à me consoler plutôt en vous que dans les hommes.

Par là, j'ai appris encore à redouter vos jugements impénétrables, selon lesquels vous affligez et le juste et l'impie, mais toujours avec équité et avec justice.

5. Je vous rends grâces de ce que vous ne m'avez point épargné les maux, de ce qu'au contraire vous m'avez sévèrement frappé, me chargeant de douleurs, et m'accablant d'angoisses au dedans et au dehors.

De tout ce qui est sous le ciel, il n'est rien qui me console; je n'espère qu'en vous, ô mon Dieu, céleste médecin des âmes, *qui blessez et qui guérissez, qui conduisez jusqu'aux enfers, et qui en ramenez*[3].

Vous me guidez par vos enseignements, et votre verge même m'instruira[4].

6. Père uniquement aimé, voilà que je suis entre vos mains, je m'incline sous la verge qui me corrige.

1. Ps. CXVIII, 71. — 2. Ps. LXVIII, 11. — 3. I. Reg. II, 6; Tob. XIII, 2. — 4. Ps. XVII, 36.

Frappez, frappez encore, afin que je réforme, selon votre gré, tout ce qu'il y a d'imparfait en moi.

Faites de moi, comme vous le savez si bien faire, un disciple humble et pieux, toujours prêt à vous obéir au moindre signe.

Je m'abandonne, moi et tout ce qui est à moi, à votre correction. Il vaut mieux être châtié en ce monde qu'en l'autre.

Vous savez tout, vous pénétrez tout, et rien ne vous est caché dans la conscience de l'homme.

Vous connaissez les choses futures avant qu'elles arrivent, et il n'est pas besoin que personne vous instruise et vous avertisse de ce qui se passe sur la terre.

Vous savez ce qui est utile à mon avancement, et combien la tribulation sert à consumer la rouille des vices.

Disposez de moi selon votre bon plaisir, et ne me délaissez point à cause de ma vie toute de péché, que personne ne connaît mieux que vous.

7. Faites, Seigneur, que je sache ce que je dois savoir, que j'aime ce que je dois aimer, que je loue ce qui vous est agréable, que j'estime ce qui est précieux devant vous, et que je méprise ce qui est vil à vos regards.

Ne permettez pas que *je juge d'après ce que l'œil aperçoit du dehors*, ni que *je forme mes sentiments sur les discours insensés des hommes*[1]; mais faites que je porte un jugement vrai des choses sensibles et des spirituelles, et surtout que je cherche à connaître votre volonté.

1. Is. XI, 3.

8. Souvent les hommes se trompent en ne jugeant que sur le témoignage des sens. Les amateurs du siècle se trompent aussi en n'aimant que les choses visibles.

Un homme en vaut-il mieux parce qu'un autre homme l'estime grand?

Quand un homme en exalte un autre, c'est un menteur qui trompe un menteur, un superbe qui trompe un superbe, un aveugle qui trompe un aveugle, un malade qui trompe un malade ; et les vaines louanges sont une véritable confusion pour qui les reçoit.

Car, *ce qu'un homme est à vos yeux, Seigneur, voilà ce qu'il est réellement, et rien de plus*, dit l'humble saint François.

RÉFLEXION.

Dieu permet que notre âme soit quelquefois comme abandonnée. Nulle consolation, nulle lumière, mais de toutes parts des épreuves, des tentations, des angoisses : elle se croit près d'y succomber, parce qu'elle n'aperçoit plus le bras qui la soutient. Que faire alors? dire comme Jésus : *Mon Dieu, mon Dieu, pourquoi m'avez-vous délaissé*[1]? et cependant demeurer en paix dans la souffrance et dans les ténèbres, *jusqu'à ce que les ombres déclinent, et que nous découvrions l'aurore d'un jour nouveau*[2]. Cet état est le plus grand exercice de la foi; c'est pour l'âme une image de la mort : froide, sans mouvement, insensible en apparence, elle est comme enfermée dans le tombeau, et ne tient plus, ce semble, à Dieu, que par une volonté languissante, dont

1. Matth. XXVII, 46. — 2. Cant. II, 17.

elle n'est pas même assurée. Oh ! que de grâces sont le fruit de cette agonie supportée avec une humble patience! Oh! que de péchés rachètent cette passion! C'est alors que s'achève en nous le mystère du salut, et que nous devenons véritablement conformes à Jésus, pourvu qu'avec une foi sincère, inébranlable, nous ne cessions de répéter cette parole de résignation : *Oui, mon Père,* j'accepte ce calice : je veux l'épuiser jusqu'à la lie; *oui, mon Père, parce qu'il vous a plu ainsi*[1].

1. Matth. xi, 26.

CHAPITRE LI.

QU'IL FAUT S'OCCUPER D'ŒUVRES EXTÉRIEURES, QUAND L'AME EST FATIGUÉE DES EXERCICES SPIRITUELS.

1. J.-C. Mon fils, vous ne sauriez sentir toujours une égale ardeur pour la vertu, ni vous maintenir sans relâche dans un haut degré de contemplation; mais il est nécessaire, à cause du vice de votre origine, que vous descendiez quelquefois à des choses plus basses, et que vous portiez, malgré vous, et avec ennui, le poids de cette vie corruptible.

Tant que vous traînerez ce corps mortel, vous éprouverez un grand dégoût et l'angoisse du cœur.

Il vous faut donc, pendant que vous vivez dans la chair, gémir souvent du poids de la chair, et de ne pouvoir continuellement vous appliquer aux exercices spirituels et à la contemplation divine.

2. Cherchez alors un refuge dans d'humbles occupations extérieures, et dans les bonnes œuvres une distraction qui vous ranime : attendez avec une ferme confiance mon retour et la grâce d'en haut : souffrez patiemment votre

exil et la sécheresse du cœur, jusqu'à ce que je vous visite de nouveau, et que je vous délivre de toutes vos peines.

Car je reviendrai, et je vous ferai oublier vos travaux et jouir du repos intérieur.

J'ouvrirai devant vous le champ des Écritures, afin que votre cœur, dilaté d'amour, vous presse de *courir dans la voie de mes commandements* [1].

Et vous direz : *Les souffrances du temps n'ont point de proportion avec la gloire future qui sera manifestée en nous* [2].

RÉFLEXION.

Contempler Dieu et l'aimer, le contempler et l'aimer encore, voilà le ciel. L'âme, ici-bas, en reçoit quelquefois un avant-goût. Alors, élevée au-dessus d'elle-même, elle se sent pleine d'ardeur, et, enivrée de joie, elle dit : *Il nous est bon d'être ici* [3]. Mais bientôt arrive le temps de l'épreuve : il faut descendre du Thabor, et marcher dans le chemin de la Croix. Heureuse l'âme qui, dans le dénûment, l'aridité, les souffrances, demeure en paix, sans se laisser abattre et sans murmurer ; qui, fidèle à Jésus mourant, le suit avec courage sur le Calvaire ; et après avoir partagé le banquet de l'Époux, prête à partager son sacrifice, s'écrie comme un des Apôtres : *Et nous aussi, allons et mourons avec lui* [4] *!*

1. Ps. CXVIII, 32. — 2. Rom. VIII, 18. — 3. Matth. XVII, 4. — 4. Joan. XI, 16.

CHAPITRE LII.

QUE L'HOMME NE DOIT PAS SE JUGER DIGNE DES CONSOLATIONS DE DIEU, MAIS PLUTÔT DE CHATIMENT.

1. Le F. Seigneur, je ne mérite point que vous me consoliez et que vous me visitiez : ainsi vous en usez avec moi justement, lorsque vous me laissez pauvre et désolé.

Quand je répandrais des larmes aussi abondantes que les eaux de la mer, je ne serais pas encore digne de vos consolations.

Rien ne m'est dû, que la verge et le châtiment : car je vous ai souvent et grièvement offensé, et mes péchés sont sans nombre.

Après donc un strict examen, je me reconnais indigne de la moindre consolation.

Mais vous, ô Dieu tendre et clément, qui ne voulez pas que vos ouvrages périssent, *pour faire éclater les richesses de votre bonté en des vases de miséricorde*[1], vous daignez consoler votre serviteur au delà de ce qu'il mérite, et d'une manière toute divine.

1. Rom. IX, 23.

Car vos consolations ne sont point comme les vaines paroles des hommes.

2. Qu'ai-je fait, Seigneur, pour que vous me donniez quelque part aux consolations du ciel?

Je n'ai point de souvenir d'avoir fait aucun bien; toujours, au contraire, je fus enclin au vice, et lent à me corriger.

Il est vrai, et je ne puis le nier. Si je parlais autrement, vous vous élèveriez contre moi, et personne ne me défendrait.

Qu'ai-je mérité pour mes péchés, sinon l'enfer et le feu éternel?

Je le confesse avec sincérité : je ne suis digne que d'opprobre et de mépris; je ne mérite point d'être compté parmi ceux qui sont à vous. Et bien qu'il me soit douloureux de l'entendre, je rendrai cependant contre moi témoignage à la vérité, je m'accuserai de mes péchés, afin d'obtenir de vous plus aisément miséricorde.

3. Que dirai-je, couvert, comme je le suis, de crimes et de confusion?

Je n'ai à dire que ce seul mot : J'ai péché, Seigneur, j'ai péché; ayez pitié de moi, pardonnez-moi.

Laissez-moi un peu de temps pour exhaler ma douleur, avant que je m'en aille dans la terre des ténèbres, que recouvre l'ombre de la mort[1].

Que demandez-vous d'un coupable, d'un misérable pécheur, sinon que, brisé de regrets, il s'humilie de ses péchés?

1. Job x, 20, 22.

La véritable contrition et l'humiliation du cœur produisent l'espérance du pardon, calment la conscience troublée, réparent la grâce perdue, protégent l'homme contre la colère à venir; et c'est alors que se rapprochent et se réconcilient dans un saint baiser Dieu et l'âme pénitente.

4. Cette humble douleur des péchés vous est, Seigneur, un sacrifice agréable, et d'une odeur plus douce que celle de l'encens.

C'est le délicieux parfum que vous permîtes de répandre sur vos pieds sacrés : car *vous ne méprisez jamais un cœur contrit et humilié*[1].

Là est le refuge contre la fureur de l'ennemi; là, le pécheur se réforme, et se purifie de toutes les souillures qu'il a contractées au dehors.

RÉFLEXION.

Quelques-uns recherchent avec un désir trop vif les consolations célestes, et tombent dans l'abattement dès qu'elles leur sont retirées. Mais ces grâces que Dieu accorde ou comme récompense aux âmes embrasées d'une ferveur extraordinaire, ou comme encouragement aux âmes faibles encore, pour les aider à supporter le travail de la pénitence, ne nous sont dues en nulle manière; et toujours faut-il *porter en nous la mortification de Jésus, afin que la vie de Jésus soit manifestée en nous*[2]. Où serait l'expiation, où serait le mérite, si nous n'avions rien à souffrir, ou si nos souffrances étaient constamment accompagnées de l'onction divine qui les tempère, et quelquefois les rend plus

1. Ps. L, 18. — 2. II. Cor. IV, 11.

douces qu'aucune joie du monde? De nous-mêmes, pécheurs misérables, nous n'avons droit qu'au supplice, et nous voudrions jouir ici-bas de la félicité du ciel! Bénissons plutôt la miséricorde qui, aux peines de l'éternité, substitue les épreuves du temps : bénissons le Dieu qui ne se souvient, durant notre passage sur la terre, de ce que nous devons à sa justice que pour l'oublier ensuite à jamais; et disons-lui du fond de notre *cœur brisé* [1], mais plein de reconnaissance et d'amour : *Lavez-moi de plus en plus de mon iniquité, Seigneur, et purifiez-moi de mon péché ; car je connais mon iniquité, et mon péché est devant moi toujours* [2].

1. Ps. L, 29. — 2. *Ibid.*, 4, 5.

CHAPITRE LIII.

QUE LA GRACE NE FRUCTIFIE POINT EN CEUX QUI ONT LE GOUT DES CHOSES DE LA TERRE.

1. J.-C. Mon fils, ma grâce est d'un grand prix, et ne souffre point le mélange des choses étrangères ni des consolations terrestres.

Il faut donc écarter tout ce qui l'arrête, si vous désirez qu'elle se répande en vous.

Retirez-vous dans un lieu secret, aimez à demeurer seul avec vous-même, ne cherchez l'entretien de personne; mais que votre âme s'épanche devant Dieu en de ferventes prières, afin de conserver la componction et une conscience pure.

Comptez pour rien le monde entier, et occupez-vous de Dieu plutôt que des œuvres extérieures.

Car votre cœur ne peut être à moi et se plaire en même temps à ce qui passe.

Il vous faut séparer de vos connaissances et de vos amis, et sevrer votre âme de toute consolation terrestre.

C'est ainsi que le bienheureux apôtre Pierre conjure les

fidèles serviteurs de Jésus-Christ *de se regarder ici-bas comme des étrangers et des voyageurs*[1].

2. Oh! qu'il aura de confiance à l'heure de la mort, celui que nul attachement ne retient en ce monde!

Mais un esprit encore malade ne comprend pas que le cœur soit ainsi détaché de tout; et l'homme charnel ne connaît point la liberté de l'homme intérieur.

Cependant, pour devenir vraiment spirituel, il faut renoncer à ses proches comme aux étrangers, et ne se garder de personne plus que de soi-même.

Si vous parvenez à vous vaincre parfaitement, vous vaincrez aisément tout le reste.

La parfaite victoire est de triompher de soi-même.

Celui qui se tient tellement assujetti, que les sens obéissent à la raison, et que la raison m'obéisse en tout, est véritablement vainqueur de lui-même et maître du monde.

3. Si vous aspirez à cette haute perfection, il faut commencer avec courage et mettre la cognée à la racine de l'arbre, pour arracher et détruire jusqu'aux restes les plus cachés de l'amour déréglé de vous-même, et des biens sensibles et particuliers.

De cet amour désordonné que l'homme a pour lui-même, naissent presque tous les vices qu'il doit vaincre et déraciner; et dès qu'il l'aura subjugué pleinement, il jouira d'un calme et d'une paix profonde.

Mais parce qu'il en est peu qui travaillent à mourir par-

1. I. Pet. II, 11.

faitement à eux-mêmes, et à sortir d'eux-mêmes entièrement, ils demeurent comme ensevelis dans la chair, et ne peuvent s'élever au-dessus des sens.

Celui qui veut me suivre librement, il faut qu'il mortifie toutes ses inclinations déréglées, et qu'il ne s'attache à nulle créature par un amour de convoitise ou particulier.

RÉFLEXION.

Personne ne peut servir deux maîtres; car, ou il aimera l'un et haïra l'autre, ou il s'attachera à l'un et méprisera l'autre [1]. Nous ne pouvons servir à la fois Dieu et le monde; et la vie chrétienne consiste à s'affranchir de l'esclavage du monde, pour acquérir la *liberté des enfants de Dieu*[2]. Or la grâce combat en nous pour Dieu, contre la nature corrompue qui nous entraîne vers le monde : combat terrible dont on ne sort vainqueur qu'en mourant à soi-même, à ses pensées, à ses goûts, à ses inclinations; et la mort corporelle, qui termine à jamais la lutte entre la nature et la grâce, est la dernière victoire du chrétien; ce qui faisait dire à l'apôtre saint Paul : *Qui me délivrera de ce corps de mort*[3]? Exerçons-nous donc à mourir : détachons-nous entièrement de la terre et de toutes les choses de la terre; détachons-nous de nous-mêmes, et ne vivons plus qu'en Dieu, de Dieu et pour Dieu. Que cherchons-nous hors de lui? Ne renferme-t-il pas tous les biens? Oh! quand nous sera-t-il donné de le voir *tel qu'il est, face à face*[4]; *de nous rassasier de son être, de sa gloire*[5] infinie! Hâtons de nos vœux ce moment qui fixera notre

1. Matth. VI, 24. — 2. Rom. VIII, 21. — 3. *Ibid.*, VII, 24. — 4. I. Joan. III, 2. — 5. Ps. XVI, 15.

éternité; et dans l'ardeur de nos désirs, écrions-nous avec le Prophète : *Malheur à moi, parce que mon exil a été prolongé! J'ai habité avec les peuples de Cédar, et mon âme a été étrangère au milieu d'eux*[1].

1. Ps. cxix, 5, 6.

CHAPITRE LIV.

DES DIVERS MOUVEMENTS DE LA NATURE ET DE LA GRACE.

1. J.-C. Mon fils, observez avec soin les mouvements de la nature et de la grâce : car, quoique très-opposés, la différence en est quelquefois si imperceptible, qu'à peine un homme éclairé dans la vie spirituelle en peut faire le discernement.

Tous les hommes ont le désir du bien et tendent à quelque bien dans leurs paroles et dans leurs actions ; c'est pourquoi plusieurs sont trompés dans cette apparence de bien.

2. La nature est pleine d'artifice; elle attire, elle surprend, elle séduit, elle n'a jamais d'autre fin qu'elle-même.

La grâce, au contraire, agit avec simplicité, et fuit jusqu'à la moindre apparence du mal : elle ne tend point de piéges, et fait tout pour Dieu seul, en qui elle se repose comme en sa fin.

3. La nature répugne à mourir; elle ne veut point être

contrainte, ni vaincue, ni assujettie, ni se soumettre volontairement.

Mais la grâce porte à se mortifier soi-même, résiste à la sensualité, recherche l'assujettissement, aspire à être vaincue, et ne veut pas jouir de sa liberté; elle aime la dépendance, ne désire dominer personne, mais vivre, demeurer, être toujours sous la main de Dieu; et *à cause de Dieu, elle est prête à s'abaisser humblement au-dessous de toute créature*[1].

4. La nature travaille pour son intérêt propre, et calcule le gain qu'elle peut retirer des autres.

La grâce ne considère point ce qui lui est avantageux, mais ce qui peut être utile à plusieurs.

5. La nature aime à recevoir les respects et les honneurs.

La grâce renvoie fidèlement à Dieu tout honneur et toute gloire.

6. La nature craint la confusion et le mépris.

La grâce *se réjouit de souffrir des outrages pour le nom de Jésus*[2].

7. La nature aime l'oisiveté et le repos du corps.

La grâce ne peut être oisive, et se fait une joie du travail.

8. La nature recherche les choses curieuses et belles, et repousse avec horreur ce qui est vil et grossier.

La grâce se complaît dans les choses simples et humbles; elle ne dédaigne point ce qu'il y a de plus rude, et ne refuse point de se vêtir de haillons.

1. I. Pet. II, 13. — 2. Act. V, 41.

9. La nature convoite les biens du temps, elle se réjouit d'un gain terrestre, s'afflige d'une perte, et s'irrite d'une légère injure.

La grâce n'aspire qu'aux biens éternels, et ne s'attache point à ceux du temps ; elle ne se trouble d'aucune perte, et ne s'offense point des paroles les plus dures, parce qu'elle a mis son trésor et sa joie dans le ciel, où rien ne périt.

10. La nature est avide, et reçoit plus volontiers qu'elle ne donne : elle aime ce qui lui est propre et particulier.

La grâce est généreuse et ne se réserve rien ; elle évite la singularité, se contente de peu, et croit qu'*il est plus heureux de donner que de recevoir*[1].

11. La nature se porte vers les créatures, la chair, les vanités; elle est bien aise de se produire.

La grâce élève à Dieu, excite à la vertu, renonce aux créatures, fuit le monde, hait les désirs de la chair, ne se répand point au dehors, et rougit de paraître devant les hommes.

12. La nature se réjouit d'avoir quelque consolation extérieure qui flatte le penchant des sens.

La grâce ne cherche de consolations qu'en Dieu seul, et, s'élevant au-dessus des choses visibles, elle met toutes ses délices dans le souverain bien.

13. La nature agit en tout pour le gain et pour son avantage propre ; elle ne sait rien faire gratuitement; mais, en obligeant, elle espère obtenir quelque chose

1. Act. xx, 35.

d'égal ou de meilleur, des faveurs ou des louanges; et elle veut qu'on tienne pour beaucoup tout ce qu'elle fait et tout ce qu'elle donne.

La grâce ne veut rien de temporel; elle ne demande d'autre récompense que Dieu seul, et ne désire des choses du temps, même les plus nécessaires, que ce qui peut lui servir pour acquérir les biens éternels.

14. La nature se complaît dans le grand nombre des amis et des parents; elle se glorifie d'un rang élevé, d'une naissance illustre; elle sourit aux puissants, flatte les riches et applaudit à ceux qui lui ressemblent.

La grâce aime ses ennemis mêmes, et ne s'enorgueillit point du nombre de ses amis; elle ne compte pour rien la noblesse et les ancêtres, à moins qu'ils ne se soient distingués par la vertu; elle favorise plutôt le pauvre que le riche, compatit plus à l'innocent qu'au puissant, recherche l'homme vrai, fuit le menteur, et ne cesse d'exhorter les bons *à s'efforcer de devenir meilleurs*[1], afin de se rendre semblables au Fils de Dieu par leurs vertus.

15. La nature est prompte à se plaindre de ce qui lui manque et de ce qui la blesse.

La grâce supporte avec constance la pauvreté.

16. La nature rapporte tout à elle-même, combat, discute pour ses intérêts.

La grâce ramène tout à Dieu, de qui tout émane originairement; elle ne s'attribue aucun bien, ne présume point d'elle-même avec arrogance, ne conteste point, ne préfère

1. I. Cor. XII 31.

point son opinion à celle des autres; mais elle soumet toutes ses pensées et tous ses sentiments à l'éternelle sagesse et au jugement de Dieu.

17. La nature est curieuse de secrets et de nouvelles; elle veut se montrer et voir, et examiner par elle-même; elle désire d'être connue, et de s'attirer la louange et l'admiration.

La grâce ne s'occupe point de nouvelles, ni de ce qui nourrit la curiosité; car tout cela n'est que la renaissance d'une vieille corruption, puisqu'il n'y a rien de nouveau ni de stable sur la terre.

Elle enseigne à réprimer les sens, à fuir la vaine complaisance et l'ostentation, à cacher humblement ce qui mérite l'éloge et l'estime, et à ne chercher en ce qu'on sait, et en toute chose, que ce qui peut être utile, en l'honneur et la gloire de Dieu.

Elle ne veut point qu'on loue ni elle, ni ses œuvres; mais elle désire que Dieu soit béni dans les dons qu'il répand par pur amour.

18. Cette grâce est une lumière surnaturelle, un don spécial de Dieu; c'est proprement le sceau des élus, et le gage du salut éternel. De la terre où son cœur gisait, elle élève l'homme jusqu'à l'amour des biens célestes, et le rend spirituel, de charnel qu'il était.

Plus donc la nature est affaiblie et vaincue, plus la grâce se répand avec abondance; et chaque jour, par de nouvelles effusions, elle rétablit, au dedans de l'homme, l'image de Dieu.

RÉFLEXION.

Selon la doctrine du grand Apôtre, nous avons en nous deux lois opposées : la loi de la chair, qui nous asservit au péché, et la loi de l'esprit, qui nous retient dans l'ordre par le secours de la grâce que Jésus-Christ nous a mérité[1]. Partagés entre ces deux lois, *entre la chair et l'esprit qui se combattent sans cesse*[2], nous sommes ici-bas comme flottant entre le bien et le mal, entre Dieu et le monde, poussés vers l'un par la nature, attirés vers l'autre par la grâce, qui n'abandonne jamais entièrement les plus grands pécheurs, de même que la concupiscence ne cesse jamais de solliciter les plus justes. Que deviendra notre pauvre âme en proie à cette guère terrible? Combien doit-elle trembler sur les suites d'un tel combat? *Et c'est pourquoi*, dit saint Paul, *toute créature gémit, et est comme dans le travail de l'enfantement : et nous aussi, qui avons reçu les prémices de l'Esprit, nous gémissons en nous-mêmes, attendant l'adoption des enfants de Dieu, et la délivrance de notre corps*[3]. Heureux jour! et quand viendra-t-il? Quand goûterons-nous la délicieuse paix d'un amour immuable? *J'ai désiré la dissolution de ma chair, afin d'être avec Jésus-Christ*[4]. *Mon âme a soif du Dieu fort, du Dieu vivant. Quand viendrai-je et paraîtrai-je devant la face de mon Dieu*[5].

1. Rom. VII, 23. — 2. Galat. V, 17. — 3. Rom. VIII, 22, 23. — 4. Philipp. I, 23. — 5. Ps. XLI, 3.

CHAPITRE LV.

DE LA CORRUPTION DE LA NATURE, ET DE L'EFFICACE DE LA GRACE DIVINE.

1. Le F. Seigneur, mon Dieu, qui m'avez créé à votre image et à votre ressemblance, accordez-moi cette grâce dont vous m'avez montré l'excellence et la nécessité pour le salut, afin que je puisse vaincre ma nature corrompue, qui m'entraîne au péché et dans la perdition.

Car je sens en ma chair la loi du péché qui contredit la loi de l'esprit[1], et m'asservit aux sens pour que je leur obéisse en esclave; et je ne puis résister aux passions qu'ils soulèvent en moi, si vous ne me secourez, en ranimant mon cœur par l'effusion de votre sainte grâce.

2. Votre grâce, et une grâce très-grande, est nécessaire pour vaincre la nature *inclinée au mal dès l'enfance*[2].

Car, déchue en Adam, notre premier père, et dépravée par le péché, cette tache passe dans tous les hommes, et ils en portent la peine; de sorte que cette nature même, que vous avez créée dans la justice et dans la droiture, ne

1 Rom. VII, 23. — 2. Genes. VIII, 21.

rappelle plus que la faiblesse et le dérèglement d'une nature corrompue, parce que, laissée à elle-même, son propre mouvement ne la porte qu'au mal, et vers les choses de la terre.

Le peu de force qui lui est resté est comme une étincelle cachée sous la cendre.

C'est cette raison naturelle, environnée de profondes ténèbres, sachant encore discerner le bien du mal, le vrai du faux, mais impuissante à accomplir ce qu'elle approuve, parce qu'elle ne possède pas la pleine lumière de la vérité, et que toutes ses affections sont malades.

3. De là vient, mon Dieu, que *je me réjouis en votre loi, selon l'homme intérieur*[1], reconnaissant *que vos commandements sont bons, justes et saints*[2], qui condamnent tout mal, et détournent du péché.

Mais, *dans ma chair je suis asservi à la loi du péché*[3], obéissant plutôt aux sens qu'à la raison, *voulant le bien, et n'ayant pas la force de l'accomplir*[4].

C'est pourquoi souvent je forme de bonnes résolutions; mais la grâce, qui aide ma faiblesse, venant à manquer, au moindre obstacle je cède et je tombe.

Je découvre la voie de la perfection, et je vois clairement ce que je dois faire.

Mais, accablé du poids de ma corruption, je ne m'élève à rien de parfait.

4. Oh! que votre grâce, Seigneur, m'est nécessaire, pour commencer le bien, le continuer et l'achever!

1. Rom. VII, 22. — 2. *Ibid.*, 12. — 3. *Ibid.*, 25. — 4. *Ibid.*, 18.

Car sans elle je ne puis rien faire; mais *je puis tout en vous, quand votre grâce me fortifie*[1].

O grâce vraiment céleste, sans laquelle nos mérites et les dons de la nature ne sont rien!

Les arts, les richesses, la beauté, la force, le génie, l'éloquence, n'ont aucun prix, Seigneur, à vos yeux, sans la grâce.

Car les dons de la nature sont communs aux bons et aux méchants; mais la grâce ou la charité est le don propre des élus; elle est le signe auquel on reconnaît ceux qui sont dignes de la vie éternelle.

Telle est l'excellence de cette grâce, que ni le don de prophétie, ni le pouvoir d'opérer des miracles, ni la plus haute contemplation, ne doivent être comptés pour quelque chose sans elle.

Ni la foi même, ni l'espérance, ni les autres vertus, ne vous sont agréables sans la grâce et la charité.

5. O bienheureuse grâce! qui rendez riche en vertus le pauvre d'esprit, et celui qui possède de grands biens humble de cœur!

Venez, descendez en moi, remplissez-moi dès le matin de votre consolation, de peur que mon âme épuisée, aride, ne vienne à défaillir de lassitude.

J'implore votre grâce, ô mon Dieu! je ne veux qu'elle : *car votre grâce me suffit*[2], quand je n'obtiendrais rien de ce que la nature désire.

Si je suis éprouvé, tourmenté par beaucoup de tribula-

1. Philipp. IV, 13. — 2. II. Cor. XII, 9.

tions, je ne craindrai aucuns maux, tandis que votre grâce sera avec moi.

Elle est ma force, mon conseil, mon appui.

Elle est plus puissante que tous les ennemis, et plus sage que tous les sages.

6. Elle enseigne la vérité, et règle la conduite; elle est la lumière du cœur, et sa consolation dans l'angoisse; elle chasse la tristesse, dissipe la crainte, nourrit la pitié, produit les larmes.

Que suis-je sans elle qu'un bois sec, un rameau stérile qui n'est bon qu'à jeter?

Que votre grâce, Seigneur, me prévienne donc et m'accompagne toujours; qu'elle me rende sans cesse attentif à la pratique des bonnes œuvres : je vous en conjure par Jésus-Christ, votre Fils. Ainsi soit-il[1].

RÉFLEXION.

La religion fait deux choses : elle nous montre notre misère et nous en indique le remède; elle nous enseigne que, de nous-mêmes, nous ne pouvons rien pour le salut, mais que *nous pouvons tout en celui qui nous fortifie*[2]. Et de là ce mot de saint Paul, mot aussi profond de vérité qu'étonnant pour l'orgueil humain : *Je me glorifierai dans mes infirmités, afin que la vertu de Jésus-Christ habite en moi*[3]. *Oui,* continue-t-il, *je me complais dans mes infirmités : car lorsque je me sens infirme, c'est alors que je suis fort*[4]. Entrons dans la pensée de l'Apôtre, et apprenons à

1. Orais. du 16e Dim. apr. la Pent. — 2. Philipp. IV, 13. — 3. II. Cor. XII, 9. — 4. *Ibid.*, 10.

nous humilier, à sentir notre faiblesse, à jouir, pour ainsi parler, de notre néant. Lorsque nous aurons rejeté toute vaine opinion de nous-mêmes, et creusé, en quelque sorte, un lit profond dans notre âme, des flots de grâce s'y précipiteront. La paix nous sera donnée sur la terre : car qui peut troubler la paix de celui qui, s'oubliant et se méprisant soi-même, ne s'appuie que sur Dieu et ne tient plus qu'à Dieu ? *Paix aux hommes de bonne volonté*[1], aux humbles de cœur ; paix ici-bas, et dans le ciel *le rassasiement de la gloire*[2].

1. Luc. II, 14. — 2. Ps. XVI, 15.

CHAPITRE LVI.

QUE NOUS DEVONS NOUS RENONCER NOUS-MÊMES, ET IMITER JÉSUS-CHRIST EN PORTANT LA CROIX.

1. J.-C. Mon fils, vous n'entrerez en moi qu'autant que vous sortirez de vous-même.

Comme on possède en soi la paix, lorsqu'on ne désire rien au dehors, ainsi le renoncement intérieur unit à Dieu.

Je veux que vous appreniez à vous renoncer assez parfaitement pour vous soumettre à ma volonté sans répugnance et sans murmure.

Suivez-moi : *Je suis la voie, la vérité et la vie*[1]. Sans la voie on n'avance pas; sans la vérité on ne connaît pas; on ne vit point sans la vie. Je suis la voie que vous devez suivre, la vérité que vous devez croire, la vie que vous devez espérer.

Je suis la voie qui n'égare point, la vérité qui ne trompe point, la vie qui ne finira jamais.

Je suis la voie droite, la vérité souveraine, la véritable vie, la vie bienheureuse, la vie incréée.

1. Joan. XIV, 6.

Si vous demeurez dans ma voie, *vous connaîtrez la vérité, et la vérité vous délivrera, et vous obtiendrez la vie éternelle*[1].

2. *Si vous voulez parvenir à la vie, gardez mes commandements*[2].

Si vous voulez connaître la vérité, croyez-moi.

Si vous voulez être parfait, vendez tout[3].

Si vous voulez être mon disciple, renoncez-vous vous-même[4].

Si vous voulez posséder la vie bienheureuse, méprisez la vie présente.

Si vous voulez être élevé dans le ciel, humiliez-vous sur la terre.

Si vous voulez régner avec moi, portez la Croix avec moi.

Car les serviteurs de la Croix trouvent seuls la voie de la béatitude et de la vraie lumière.

3. Le F. Seigneur Jésus, puisque votre vie était pauvre et que le monde la méprisait, donnez-moi de vous imiter, et d'être aussi méprisé du monde.

Car le serviteur n'est pas plus grand que celui qu'il sert, ni le disciple au-dessus de son maître[5].

Que votre serviteur travaille à se former sur votre vie, parce que là est mon salut, et la vraie sainteté.

Tout ce que je lis, tout ce que j'entends, hors cette vie céleste, ne me console ni ne me satisfait pleinement.

4. Mon fils, *puisque vous avez lu et que vous savez*

1. Joan. VIII, 32. — 2. Matth. XIX, 17. — 3. *Ibid.*, 21. — 4. Luc. IX, 23. — 5. Matth. X, 24.

toutes ces choses, vous serez heureux si vous les pratiquez[1].

Celui-là m'aime, qui connaît et qui observe mes commandements; et je l'aimerai aussi, et je me manifesterai à lui, et je le ferai asseoir avec moi dans le royaume de mon Père[2].

5. Le F. Seigneur Jésus, qu'il soit fait selon votre parole et votre promesse : rendez-moi digne de ce bonheur immense.

J'ai reçu, j'ai reçu de votre main la Croix : je la porterai, oui, je la porterai, comme vous l'avez voulu, jusqu'à la mort.

Certes, la vie d'un bon religieux est une croix, mais une croix qui conduit à la gloire.

J'ai commencé; il n'est plus permis de retourner en arrière; il n'y a plus à s'arrêter.

6. Allons, mes frères, marchons ensemble : Jésus sera avec nous.

Pour Jésus, nous nous sommes chargés de la Croix; continuons, pour Jésus, de porter la Croix.

Il sera notre soutien, celui qui est notre chef et notre guide.

Voilà que notre roi marche devant nous; il combattra pour nous.

Suivons avec courage; que rien ne nous effraye; soyons prêts *à mourir généreusement dans cette guerre, et ne souillons pas notre gloire*[3] de la honte d'avoir fui la Croix.

1. Joan. XIII, 17. — 2. *Ibid.*, XIV, 21. — 3. I. Mach. IX, 10.

RÉFLEXION.

Il est étrange qu'il faille sans cesse redire à l'homme : Pense à ton âme, le temps fuit, l'éternité s'avance; demain, aujourd'hui peut-être, elle aura commencé pour toi : et cependant il est vrai que si on ne lui rappelait à chaque heure cette vérité formidable, à chaque heure il l'oublierait, tant est puissante la fascination du monde sur cette créature tombée. Réveillez-vous, sortez de votre sommeil, ne différez pas davantage le soin de l'*unique chose nécessaire*[1]; hâtez-vous de mettre la main à l'œuvre, tandis que le jour luit encore; *la nuit vient, pendant laquelle nul ne peut travailler*[2] : nuit terrible, nuit désolante, nuit qui n'aura jamais d'aurore! Quittez, quittez sans perdre un instant, la *voie large de la perdition*, pour entrer dans la *voie étroite de la vie*[3]. Combattez avec courage les penchants de la nature inclinés au mal, renoncez à vous-même, et portez votre croix : dans la Croix est la force, l'espérance, le salut. Heureux donc celui qui *ne sait*, comme l'Apôtre, *que Jésus, et Jésus crucifié*[4]*!* Il entendra, au dernier jour, cette parole d'éternelle joie : *Venez, le béni de mon Père, posséder le royaume qui vous a été préparé dès le commencement du monde*[5]. Mais les contempteurs de la Croix, mais ceux qui se seront recherchés eux-mêmes, un autre sort leur est réservé : *Dieu a dans sa main une coupe pleine d'un vin mélangé ; il la verse ici et là, et la lie ne s'épuise point, et tous les pécheurs de la terre boiront*[6].

1. Luc. x, 42. — 2. Joan. IX, 4. — 3. Matth. VII, 13, 14. — 4. I. Cor. II, 2. — 5. Matth. XXV, 34. — 6. Ps. LXXIV, 9.

CHAPITRE LVII.

QU'ON NE DOIT POINT SE LAISSER TROP ABATTRE QUAND ON TOMBE EN QUELQUE FAUTE.

1. J.-C. Mon fils, la patience et l'humilité dans les traverses me plaisent plus que beaucoup de joie et de ferveur dans la prospérité.

Pourquoi vous attrister d'une faute légère qu'on vous attribue? fût-elle plus grave, vous ne devriez pas en être ému.

Laissez donc tomber cela; ce n'est pas une chose nouvelle, ni la première fois que vous l'éprouvez, et ce ne sera pas la dernière, si vous vivez longtemps.

Vous avez assez de courage quand il ne vous arrive rien de fâcheux.

Vous savez même conseiller bien les autres, et les fortifier par vos discours; mais lorsqu'il vous survient une affliction soudaine, vous manquez de conseil et de force.

Considérez votre extrême fragilité, dont vous avez si

souvent l'expérience dans les plus petites choses : et toutefois Dieu le permet ainsi pour votre salut.

2. Bannissez de votre cœur, autant que vous le pourrez, tout ce qui le trouble. A-t-il été surpris, qu'il ne se laisse point abattre, mais qu'il se dégage sur-le-champ.

Souffrez au moins avec patience, si vous ne pouvez souffrir avec joie.

Lorsque vous êtes peiné d'entendre certaines choses, et que vous en ressentez de l'indignation, modérez-vous, et veillez à ce qu'il ne vous échappe aucune parole trop vive qui scandalise les faibles.

Votre émotion s'apaisera bientôt, et le retour de la grâce adoucira l'amertume intérieure.

Je suis toujours vivant, dit le Seigneur, pour vous secourir et vous consoler plus que jamais, si vous mettez en moi votre confiance, et si vous m'invoquez avec ferveur.

3. Armez-vous de constance, et préparez-vous à souffrir encore davantage.

Tout n'est pas perdu, quoique souvent vous soyez dans le trouble et tenté violemment.

Vous êtes un homme, et non pas un Dieu; vous êtes de chair, et non pas un ange.

Comment pourriez-vous toujours vous maintenir dans un égal degré de vertu, lorsque cette persévérance a manqué à l'Ange dans le ciel, et au premier homme dans le paradis?

C'est moi qui soutiens et qui délivre ceux qui gémissent; et j'élève jusqu'à moi ceux qui reconnaissent leur infirmité.

4. Le F. Seigneur, que votre parole soit bénie; *elle m'est plus douce que le miel à ma bouche*[1].

Que ferais-je au milieu de tant d'afflictions et d'angoisses, si vous ne me ranimiez par vos saintes paroles?

Pourvu que je parvienne enfin au port du salut, que m'importe que je souffre, et combien je souffre?

Accordez-moi une bonne fin; donnez-moi de passer heureusement de ce monde à l'autre.

Souvenez-vous de moi, mon Dieu, et conduisez-moi dans la voie droite vers votre royaume. Ainsi soit-il.

RÉFLEXION.

Ce n'est pas assez d'être patient avec les autres, il faut l'être encore avec soi-même. Ce je ne sais quoi d'aigre et de violent que nous ressentons en nous après avoir commis quelque faute, vient plutôt de l'orgueil humilié, que d'un repentir selon Dieu. L'homme humble qui connaît sa faiblesse ne s'étonne point de tomber; il gémit de sa chute, en implore le pardon, et se relève tranquille, pour combattre avec un courage nouveau. Faillir est un mal sans doute, mais se troubler n'est qu'un mal de plus. Le trouble a sa source ou dans une sorte de dépit superbe de se trouver si infirme, ou dans le défaut de confiance en celui *qui guérit notre infirmité*[2]. *Veillez et priez, afin que vous n'entriez point en tentation*[3]; et si, la tentation survenant, il arrive que vous succombiez, veillez et priez davantage encore : mais ne perdez jamais la paix, car notre Dieu *est le Dieu de la paix*[4], et

1. Ps. XVIII, 10. — 2. Ps. CII, 3. — 3. Matth. XXVI, 41. — 4. I. Cor. XIV, 33.

c'est dans la paix qu'il nous appelle[1]. *Que la grâce, la miséricorde et la paix de Dieu le Père et de notre Seigneur Jésus-Christ*[2] soient donc avec nous toujours, et qu'elles nous conduisent, à travers les épreuves du temps, aux joies de l'éternité.

1. I. Cor. VII, 15. — 2. I. Tim. I, 2.

CHAPITRE LVIII.

QU'IL NE FAUT PAS CHERCHER A PÉNÉTRER CE QUI EST AU-DESSUS DE NOUS, NI SONDER LES SECRETS JUGEMENTS DE DIEU.

1. J.-C. Mon fils, gardez-vous de disputer sur des sujets trop hauts, et sur les jugements cachés de Dieu : pourquoi l'un est abandonné, tandis qu'un autre reçoit des grâces si abondantes; pourquoi celui-ci n'a que des afflictions, et celui-là est comblé d'honneurs.

Tout cela est au-dessus de l'esprit de l'homme, et nulle raison ne peut, quels que soient ses efforts, pénétrer les jugements divins.

Quand donc l'ennemi vous suggère de semblables pensées, ou que les hommes vous pressent de questions curieuses, répondez par ces paroles du Prophète : *Vous êtes juste, Seigneur, et vos jugements sont droits* [1].

2. Et encore : *Les jugements du Seigneur sont vrais et se justifient par eux-mêmes* [2].

Il faut craindre mes jugements, et non les approfon-

1. Ps. CXIII, 137. — 2. Ps. XVIII, 9.

dir, parce qu'ils sont incompréhensibles à l'intelligence humaine.

Ne disputez pas non plus des mérites des Saints, ne recherchez point si celui-ci est plus saint que cet autre, ni quel est le plus grand dans le royaume des cieux.

Ces recherches produisent souvent des différends et des contestations inutiles; elles nourrissent l'orgueil et la vaine gloire, d'où naissent des jalousies et des dissensions; celui-ci préférant tel Saint, celui-là tel autre, et voulant qu'il soit le plus élevé.

L'examen de pareilles questions, loin d'apporter aucun fruit, déplaît aux Saints. *Car je ne suis point un Dieu de dissension, mais de paix*[1]; et cette paix consiste plus à s'humilier sincèrement qu'à s'élever.

3. Quelques-uns ont un zèle plus ardent, une affection plus vive pour quelques Saints que pour d'autres; mais cette affection vient plutôt de l'homme que de Dieu.

C'est moi qui ai fait tous les Saints, moi qui leur ai donné la grâce, moi qui leur ai distribué la gloire.

Je sais les mérites de chacun : *je les ai prévenus de mes plus douces bénédictions*[2].

Je les ai connus et aimés avant tous les siècles : *je les ai choisis du milieu du monde*[3], et ce ne sont pas eux qui m'ont choisi les premiers.

Je les ai appelés par ma grâce, je les ai attirés par ma miséricorde, et conduits à travers des tentations diverses.

J'ai répandu en eux d'ineffables consolations : je leur

1. I. Cor. XIV, 33. — 2. Ps. XX, 3. — 3. Joan. XV, 19.

ai donné de persévérer, et j'ai couronné leur patience.

4. Je connais le premier et le dernier, et je les embrasse tous dans mon amour immense.

C'est moi qu'on doit louer dans tous mes Saints; moi qu'on doit bénir au-dessus de tout et honorer en chacun de ceux que j'ai ainsi élevés dans la gloire et prédestinés, sans aucuns mérites précédents de leur part.

Celui donc qui méprise le plus petit des miens, n'honore pas le plus grand, parce que j'ai fait le petit et le grand.

Et quiconque rabaisse quelqu'un de mes Saints, me rabaisse moi-même, et tous ceux qui sont dans le royaume des cieux.

Tous ne sont qu'un par le lien de la charité : ils n'ont tous qu'un même sentiment, une même volonté, et sont tous unis par le même amour.

5. Et ce qui est plus parfait encore, ils m'aiment plus qu'ils ne s'aiment, plus que tous leurs mérites.

Ravis au-dessus d'eux-mêmes, au-dessus de leur propre amour, ils se plongent et se perdent dans le mien, et s'y reposent délicieusement.

Rien ne saurait partager leur cœur, ni le détourner vers un autre objet, parce que, remplis de la vérité éternelle, ils brûlent d'une charité qui ne peut s'éteindre.

Que les hommes ensevelis dans la chair et ses convoitises, les hommes qui ne savent aimer que les joies exclusives, cessent donc de discourir sur l'état des Saints. Ils retranchent et ils ajoutent, suivant leur inclination, et non pas selon que l'a réglé la vérité éternelle.

6. En plusieurs, c'est ignorance, et surtout en ceux qui, peu éclairés de la lumière divine, aiment rarement quelqu'un d'un amour parfait et purement spirituel.

Une inclination naturelle et une affection tout humaine les attire vers tel ou tel Saint; et ils transportent dans le ciel les sentiments de la terre.

Mais il y a une distance infinie entre les pensées des hommes imparfaits et ce que la lumière d'en haut découvre à ceux qu'elle éclaire.

7. Gardez-vous donc, mon fils, de raisonner curieusement sur ces choses qui passent votre intelligence : travaillez plutôt avec ardeur à obtenir une place, fût-ce la dernière, dans le royaume de Dieu.

Et quand quelqu'un saurait qui des Saints est le plus parfait et le plus grand dans le royaume céleste, que lui servirait cette connaissance, s'il n'en tirait un nouveau motif de s'humilier devant moi et de me louer davantage?

Celui qui pense à la grandeur de ses péchés, à son peu de vertu, qui considère combien il est éloigné de la perfection des Saints, se rend plus agréable à Dieu que celui qui dispute sur le degré plus ou moins élevé de leur gloire.

Il vaut mieux prier les Saints avec larmes et avec ferveur, et implorer humblement leurs glorieux suffrages, que de chercher vainement à pénétrer le secret de leur état dans le ciel.

8. Ils sont heureux, contents : qu'avons-nous besoin d'en savoir plus, et n'est-ce pas assez pour réprimer tous nos vains discours?

Ils ne se glorifient point de leurs mérites, parce qu'ils ne s'attribuent rien de bon, mais qu'ils attribuent tout à moi, qui leur ai tout donné par une charité infinie.

Ils sont remplis d'un si grand amour de la Divinité, d'une joie si surabondante, que comme il ne manque rien à leur gloire, rien ne peut manquer à leur félicité.

Plus ils sont élevés dans la gloire, plus ils sont humbles en eux-mêmes : et leur humilité me les rend plus chers, et les unit plus étroitement à moi.

C'est pourquoi il est écrit : *Qu'ils déposaient leurs couronnes au pied du trône de Dieu, qu'ils se prosternaient devant l'Agneau, et qu'ils adoraient Celui qui vit dans les siècles des siècles*[1].

9. Plusieurs recherchent *qui est le premier dans le royaume de Dieu*[2], lesquels ignorent s'ils seront dignes d'être comptés parmi les derniers.

C'est quelque chose de grand d'être le plus petit dans le ciel, où tous sont grands : parce que tous seront appelés et seront en effet les enfants de Dieu.

Le moindre des élus sera comme le chef d'un peuple nombreux, tandis que *le pécheur, après une longue vie, ne trouvera que la mort*[3].

Ainsi, quand mes disciples demandèrent qui serait le plus grand dans le royaume des cieux, ils entendirent cette réponse :

Si vous ne vous convertissez et ne devenez comme de petits enfants, vous n'entrerez point dans le royaume des

1. Apoc. IV, 10; V, 14. — 2. Matth. XVIII, 1. — 3. Is. LX, 22; LXV, 20.

cieux. Celui donc qui se fera petit comme cet enfant, sera le plus grand dans le royaume des cieux[1].

Malheur à ceux qui dédaignent de s'abaisser avec les petits, parce que la porte du ciel est basse, et qu'ils n'y pourront passer.

Malheur aussi *aux riches qui ont ici leur consolation*[2], parce que, quand les pauvres entreront dans le royaume de Dieu, ils demeureront dehors poussant des hurlements.

Humbles, réjouissez-vous; pauvres, tressaillez d'allégresse, *parce que le royaume de Dieu est à vous*[3], si cependant vous marchez dans la vérité.

RÉFLEXION.

C'est une grande misère que le penchant qu'ont les hommes à s'inquiéter de mille vaines questions, tandis qu'à peine songent-ils aux vérités les plus importantes. Ils veulent tout savoir, excepté la seule chose indispensable. Leur orgueil se complaît dans des spéculations presque toujours dangereuses, ou au moins stériles pour le salut. En s'efforçant de pénétrer des mystères impénétrables, ils s'égarent dans leurs pensées, et ne saisissent que l'erreur, au moment même où ils croient ravir à Dieu son secret. Voilà le fruit des travaux dont ils se consument sous le soleil. Ah! qu'il y a de profondeur et de véritable science de l'homme, dans ce conseil du Sage : *Ne recherchez point ce qui est au-dessus de vous, et ne scrutez point ce qui est plus fort que vous; mais pensez sans cesse à ce que Dieu vous prescrit, et gardez-vous de sonder curieusement toutes ses œuvres : car il ne*

1. Matth. XVIII, 4. — 2. Luc. VI, 24. — 3. *Ibid.*, 20.

vous est pas nécessaire de voir de vos yeux ce qui est caché[1]. Songeons à nous-mêmes, à nos devoirs, au compte rigoureux qu'il nous faudra rendre de nos œuvres et de nos paroles. Il y a bien là de quoi nous occuper et remplir tout notre temps : il ne nous est donné que pour cela.

1. Eccli. III, 22, 23.

CHAPITRE LIX.

QU'ON DOIT METTRE TOUTE SON ESPÉRANCE ET TOUTE SA CONFIANCE EN DIEU SEUL.

1. LE F. Seigneur, quelle est ma confiance en cette vie, et ma plus grande consolation au milieu de tout ce qui s'offre à mes regards sous le ciel?

N'est-ce pas vous, Seigneur mon Dieu, dont la miséricorde est infinie?

Où ai-je été bien sans vous? et avec vous, où ai-je pu être mal?

J'aime mieux être pauvre à cause de vous, que riche sans vous.

J'aime mieux être avec vous voyageur sur la terre, que de posséder le ciel sans vous. Où vous êtes, là est le ciel; et la mort et l'enfer sont où vous n'êtes pas.

Vous êtes tout mon désir : et c'est pourquoi je ne puis, loin de vous, que soupirer, gémir, prier.

Je ne puis me confier pleinement qu'en vous, ni espérer dans mes besoins de secours que de vous seul, ô mon Dieu!

Vous êtes mon espérance, ma confiance, mon consolateur toujours fidèle.

2. *Tous cherchent leur intérêt*[1]; vous seul vous ne cherchez que mon salut et mon avancement, et vous disposez tout pour mon bien.

Même quand vous m'exposez à beaucoup de tentations et de peines, c'est encore pour mon avantage; car vous avez coutume d'éprouver ainsi ceux qui vous sont chers.

Et je ne dois pas moins vous aimer ni vous louer dans ces épreuves, que si vous me remplissiez des plus douces consolations.

3. C'est donc en vous, Seigneur mon Dieu, que je mets toute mon espérance et tout mon appui; c'est dans votre sein que je dépose toutes mes afflictions et toutes mes angoisses; car je ne trouve que faiblesse et inconstance dans tout ce que je vois hors de vous.

Il n'est point d'amis qui puissent me servir, point de protecteurs qui me soient de secours, ni de sages qui me donnent un conseil utile, ni de livre qui me console, ni de trésor assez grand pour me racheter, ni de lieu assez secret pour m'offrir un sûr asile, si vous ne daignez vous-même me secourir, m'aider, me fortifier, me consoler, m'instruire et me prendre sous votre garde.

4. Car tout ce qui semble devoir procurer la paix et le bonheur, n'est rien sans vous, et réellement ne sert de rien pour rendre heureux.

Vous êtes donc le principe et le terme de tous les

1. Philipp. II, 21.

biens, la plénitude de la vie, la source inépuisable de toute lumière et de toute parole ; et la plus grande consolation de vos serviteurs est d'espérer uniquement en vous.

Mes yeux sont élevés vers vous; en vous je mets toute ma confiance, mon Dieu, père des miséricordes.

Sanctifiez mon âme, bénissez-la de votre céleste bénédiction, afin qu'elle devienne votre demeure sainte, le siége de votre éternelle gloire, et que, dans ce temple où vous ne dédaignez pas d'habiter, il n'y ait rien qui offense vos regards.

Regardez-moi, Seigneur, dans votre immense bonté; et, selon l'abondance de vos miséricordes[1], exaucez la prière de votre serviteur misérable, exilé loin de vous dans la région des ténèbres de la mort.

Protégez et conservez l'âme de votre pauvre serviteur au milieu des dangers de cette vie corruptible; que votre grâce l'accompagne et le conduise par le chemin de la paix, dans la patrie de l'éternelle lumière. Ainsi soit-il.

RÉFLEXION.

Quand on a tout parcouru, tout entendu, tout vu, il faut en revenir à cette parole, qui renferme toute sagesse et toute perfection : DIEU SEUL. « Considérez, disait un humble religieux de « saint François, des mille millions de créatures plus parfaites « que celles qui sont à présent, tant dans les voies de la nature « que dans les voies de la grâce. Réitérez à l'infini votre multi- « plication, et comparez ensuite ces créatures si parfaites au

1. Ps. LXVIII, 16, 17.

« grand Dieu des éternités ; dans cette vue, elles deviennent à « rien. Je prenais, ajoutait-il, un grand plaisir dans cette multi- « plication ; et de voir qu'en même temps que l'Être de Dieu « paraissait, ces créatures qui se montraient si excellentes et si « pleines de gloire, se retiraient d'une rapidité incroyable dans « leur centre qui est le néant. Et voyant que le grand Dieu était « en moi, et plus en moi que je n'y étais moi-même, j'en ressen- « tais une joie inexplicable, et je ne pouvais comprendre com- « ment il était possible d'avoir Dieu en soi et partout au dehors « de soi, et de s'occuper des créatures. J'étais ravi qu'il fût seul « éternel, seul immuable, seul infini, et je vous dis en vérité, « qu'en disant : *En mon Dieu tout est Dieu*, ma volonté était « touchée d'un si grand et si ardent amour, qu'il me semblait que « tout l'être créé disparaissait devant moi, et qu'à jamais je ne « serais plus occupé que de Dieu seul. Je ne puis expliquer l'in- « finie jubilation de mon cœur à la vue de ses immenses perfec- « tions : mais voyant ses grandeurs incompréhensibles, et d'autre « part mon néant avec toutes les misères qui l'accompagnent, « j'allais de l'infini à l'infini, et je me trouvais incapable, de l'in- « fini à l'infini, de l'aimer comme je l'aurais voulu, ce qui me « faisait souffrir inénarrablement ; car plus je me trouvais impuis- « sant à l'aimer d'un amour réciproque, plus un secret amour « me dévorait intérieurement. Alors j'allais cherchant des secrets « dans ma bassesse, comme navré et enivré d'amour, ne connais- « sant pas ce que je faisais : et, chose étrange, dans ce travail « de l'âme, ces saillies de l'infini en perfection à l'infini de ma « bassesse, m'étaient autant de feux d'amour qui me consumaient « de leurs ardeurs [1]. »

1. *L'Homme intérieur*, ou la Vie du vénérable père Jean-Chrysostome, religieux pénitent du tiers ordre de Saint-François, pag. 153, 175, 176.

FIN DU TROISIÈME LIVRE.

LIVRE QUATRIÈME.

DU SACREMENT DE L'EUCHARISTIE.

EXHORTATION A LA SAINTE COMMUNION.

VOIX DE JÉSUS-CHRIST.

1. J.-C. *Venez à moi, vous tous qui êtes épuisés de travail et qui êtes chargés, et je vous soulagerai*[1].

Le pain que je donnerai, c'est ma chair, que je donnerai *pour la vie du monde*[2].

Prenez et mangez : ceci est mon corps, qui sera livré pour vous. Faites ceci en mémoire de moi[3].

Celui qui mange ma chair et qui boit mon sang, demeure en moi, et moi en lui[4].

Les paroles que je vous ai dites sont esprit et vie[5].

1. Matth. xi, 28. — 2. Joann. vi, 52. — 3. Luc. xxii, 19; I. Cor. xi, 24. — 4. Joann. vi, 57. — 5. *Ibid.*, 64.

RÉFLEXION.

Nous voyons ici l'accomplissement des promesses divines, des espérances du genre humain, des figures et des prophéties de l'ancienne loi. Le sacrifice réel, celui qui opère à jamais la réconciliation de l'homme avec Dieu, succède aux sacrifices symboliques et sans efficacité. La véritable Pâque est immolée[1], la manne céleste nourrit désormais, non plus seulement le peuple d'Israël, mais tous les peuples de l'alliance nouvelle, tous les vrais enfants du Père des croyants. A l'exemple du *Roi de paix*[2], *le Pontife éternel selon l'ordre de Melchisédech*[3] offre au Très-Haut le pain et le vin, *le pain vivant descendu du ciel*[4] *: et le pain qu'il donne est sa chair*[5], et le vin est son sang; et *en vérité, à moins qu'on ne mange la chair, et qu'on ne boive le sang du Fils de l'homme, on n'aura point la vie en soi*[6], *car ma chair,* il le dit lui-même, *est vraiment une viande et mon sang un breuvage; celui qui mange ma chair et boit mon sang demeure en moi et moi en lui*[7]*; voilà le pain descendu du ciel : qui mange ce pain vivra éternellement*[8]. Il n'y a point à hésiter; ce langage est clair; il faut se soumettre, il faut dire : Je crois; Seigneur, augmentez ma foi[9]. Et qu'avaient annoncé les Prophètes? *Les pauvres mangeront et seront rassasiés, et leur âme vivra éternellement. Tous les riches de la terre ont mangé et ont adoré; tous ceux qui habitent la terre se prosterneront en sa présence*[10]. Et nous aussi, dans l'inébranlable fermeté de notre foi, mangeons et adorons; rassasions-nous de cette chair, abreuvons-nous de ce sang, qui nous transforme en Jésus-Christ même. Victime d'un prix inestimable, il acquitte volontairement notre dette envers la justice

1. I. Cor. v, 7. — 2. Gen. xiv, 18. — 3. Ps. cix, 4. — 4. Joann. vi, 51. — 5. *Ibid.*, 52. — 6. *Ibid.*, 54. — 7. *Ibid.*, 56, 57. — 8. *Ibid.*, 59. — 9. Luc. xvii, 5. — 10. Ps. xxi, 27, 30.

divine, et pour nous appliquer, sans réserve et sans mesure, la vertu de son sacrifice, il unit sa chair à notre chair, son âme à notre âme, de sorte que, par cette ineffable union, *nous sommes remplis de la divinité dont la plénitude habite en lui corporellement*[1]. Prodigieux mystère d'amour! *L'homme a mangé le pain des anges*[2]. Et comment? parce que « le Verbe de Dieu, qui « nourrit, dit saint Augustin, de sa substance incorruptible les « anges incorruptibles, s'est fait chair, et a habité parmi nous[3]. « Comme donc la créature spirituelle se nourrit du Verbe, qui est « son aliment par excellence, et comme l'âme humaine, spiri- « tuelle aussi, mais, en punition du péché, chargée des liens de « la mortalité, a été abaissée de telle sorte, qu'il faut qu'elle « s'efforce d'atteindre, par les conjectures des choses visibles, à « l'intelligence des choses invisibles : l'aliment spirituel de la « créature a été fait visible, non par un changement de sa « nature, mais relativement à la nôtre, afin qu'en cherchant ce « qui est visible, nous fussions rappelés au Verbe invisible[4]. » Chrétiens, allez au banquet sacré, approchez-vous de cette table où Jésus-Christ tout entier se livre à vous, où le Verbe divin se fait lui-même votre aliment incompréhensible : *Prenez et mangez le véritable pain du ciel*[5]. Là est l'espérance, la vie, la dernière épreuve de la foi, la consommation de l'amour.

1. Coloss. II, 9, 10. — 2. Ps. LXXVII, 25. — 3. S. Aug. Enarrat. in Ps. LXXVI, c. 17. — 4. S. Aug., *de Liber. Arbitr.* lib. III, cap. 30. — 5. Luc. XXII, 19; Joann. VI, 33.

CHAPITRE PREMIER.

AVEC QUEL RESPECT IL FAUT RECEVOIR JÉSUS.

VOIX DU DISCIPLE.

1. Le F. Ce sont là vos paroles, ô Jésus! vérité éternelle! quoiqu'elles n'aient pas été dites dans le même temps, et qu'elles ne soient pas écrites dans le même lieu.

Et puisqu'elles viennent de vous, et qu'elles sont véritables, je dois les recevoir toutes avec une foi pleine de reconnaissance.

Elles sont de vous, car c'est vous qui les avez dites; mais elles sont aussi à moi, parce que vous les avez dites pour mon salut.

Je les reçois avec joie de votre bouche, afin qu'elles se gravent profondément dans mon cœur.

Ces paroles pleines de tant de bonté, de tendresse et d'amour, m'animent; mais la pensée de mes crimes m'effraye, et ma conscience impure m'éloigne d'un mystère si saint.

La douceur de vos paroles m'attire, mais le poids de mes péchés me retient.

2. Vous m'ordonnez d'aller à vous avec confiance, si je veux *avoir part avec vous*; et de me nourrir du pain de l'immortalité, si je veux obtenir la vie et la gloire éternelle.

Venez, dites-vous, *venez à moi, vous tous qui souffrez et qui êtes oppressés, et je vous ranimerai*[1].

O douce et aimable parole à l'oreille d'un pécheur! vous invitez, Seigneur mon Dieu, le pauvre et l'indigent à la participation de votre corps sacré.

Mais qui suis-je, Seigneur, pour oser m'approcher de vous?

Voilà que les Cieux des cieux ne peuvent vous contenir[2], et vous dites : *Venez tous à moi.*

3. D'où vient cette mystérieuse condescendance, une si tendre invitation?

Comment oserai-je aller à vous, moi qui ne sens en moi-même aucun bien qui puisse me donner quelque confiance?

Comment vous recevrai-je en ma maison, moi qui ai si souvent outragé votre bonté?

Les Anges et les Archanges vous adorent en tremblant, les Saints et les Justes sont saisis de frayeur; et vous dites : *Venez tous à moi!*

Si ce n'était vous qui le dites, Seigneur, qui pourrait le croire?

Et si vous n'ordonniez vous-même d'approcher de vous, qui en aurait l'audace?

4. Noé, cet homme juste, travailla cent ans à construire

1. Matth. xi, 28. — 2. III. Reg. viii, 27.

l'arche, pour se sauver avec peu de personnes : et moi, comment pourrai-je, en une heure, me préparer à recevoir dignement le Créateur du monde?

Moïse, le plus grand de vos serviteurs, pour qui vous étiez comme un ami, fit une arche d'un bois incorruptible, qu'il revêtit d'un or très-pur, afin d'y déposer les tables de la loi : et moi, vile créature, j'oserai recevoir si facilement le fondateur de la loi et l'auteur de la vie?

Salomon, le plus sage des rois d'Israël, employa sept ans à élever un temple magnifique à la gloire de votre nom : il célébra, pendant huit jours, la fête de sa dédicace; il offrit mille hosties pacifiques, et, au son des trompettes, au milieu des cris de joie, il plaça solennellement l'arche d'alliance dans le lieu qui lui était préparé.

Et moi, misérable que je suis et le plus pauvre des hommes, comment vous introduirai-je dans ma maison, moi qui sais à peine employer pieusement une demi-heure? Et plût à Dieu que j'eusse une seule fois employé dignement un moindre temps encore!

5. O mon Dieu, que n'ont point fait ces saints hommes pour vous plaire, et combien, hélas! ce que je fais est peu! combien est court le temps que je consacre à me préparer à la communion!

Rarement suis-je bien recueilli; plus rarement suis-je libre de toute distraction.

Et certes, en votre divine et salutaire présence, nulle pensée profane ne devrait s'offrir à mon esprit, nulle créature ne devrait l'occuper : car ce n'est pas un ange, mais le Seigneur des An es que je dois recevoir en moi.

6. Quelle distance infinie d'ailleurs entre l'arche d'alliance avec ce qu'elle renfermait, et votre corps très-pur avec ses ineffables vertus; entre les sacrifices de la loi, figure du sacrifice à venir, et la véritable hostie de votre corps, accomplissement de tous les anciens sacrifices!

7. Pourquoi donc ne suis-je pas plus enflammé en votre adorable présence?

Pourquoi n'ai-je pas soin de me mieux préparer à la participation de vos saints mystères; lorsque ces antiques patriarches, ces saints prophètes, et ces rois, et ces princes avec tout leur peuple, ont montré tant de zèle pour le culte divin?

8. David, ce roi si pieux, fit éclater ses transports par des danses religieuses devant l'arche, se souvenant des bienfaits que Dieu avait répandus sur ses pères; il fit faire divers instruments de musique, il composa des psaumes que le peuple chantait avec allégresse, selon ce qu'il avait ordonné, et, animé de l'Esprit-Saint, souvent il les chanta lui-même sur sa harpe; il apprit aux enfants d'Israël à louer Dieu de tout leur cœur, et à unir chaque jour leurs voix pour le célébrer et le bénir.

Si la vue de l'arche d'alliance inspirait tant de ferveur, tant de zèle pour les louanges de Dieu, quel respect, quel amour ne doit pas m'inspirer, et à tout le peuple chrétien, la présence de votre Sacrement, ô Jésus! et la réception de votre corps adorable!

9. Plusieurs courent en divers lieux pour visiter les reliques des Saints; ils écoutent avidement le récit de leurs actions; ils admirent les vastes temples bâtis en leur hon-

neur, et baisent leurs os sacrés, enveloppés dans l'or et la soie.

Et voilà que vous-même, ô mon Dieu! vous êtes ici présent devant moi sur l'autel, vous le Saint des saints, le Créateur des hommes, le Roi des anges!

Souvent c'est la curiosité, le désir de voir des choses nouvelles, qui fait entreprendre ces pèlerinages; et de là vient que, guidé par ce motif frivole, sans véritable contrition, on en tire peu de fruit pour la réforme des mœurs.

Mais ici, dans le Sacrement de l'autel, vous êtes présent tout entier! ô Christ Jésus, vrai Dieu et vrai homme! et toutes les fois qu'on vous reçoit dignement et avec ferveur, on recueille en abondance les fruits du salut éternel.

Ce n'est pas la légèreté, ni la curiosité, ni l'attrait des sens, qui conduit à ce banquet sacré; mais une foi ferme, une vive espérance, une charité sincère.

10. O Dieu créateur invisible du monde, que vous êtes admirable dans ce que vous faites pour nous! avec quelle bonté, quelle tendresse vous veillez sur vos élus, vous donnant vous-même à eux pour nourriture dans votre Sacrement!

C'est là ce qui surpasse toute intelligence; ce qui, plus qu'aucune autre chose, attire à vous les cœurs pieux et enflamme leur amour.

Car vos vrais fidèles, occupés toute leur vie de se corriger, puisent dans la fréquente réception de cet auguste Sacrement une merveilleuse ferveur et un zèle ardent pour la vertu.

11. O grâce admirable et cachée du Sacrement, connue des seuls fidèles serviteurs de Jésus-Christ! car les serviteurs infidèles, asservis au péché, ne peuvent en ressentir l'influence.

La grâce de l'Esprit-Saint est donnée dans ce Sacrement; il répare les forces de l'âme, et lui rend sa beauté première, que le péché avait effacée.

Telle est quelquefois la puissance de cette grâce et la ferveur qu'elle inspire, que non-seulement l'esprit, mais le corps languissant, en reçoit une vigueur nouvelle.

12. Et c'est pourquoi nous devons déplorer avec amertume la tiédeur et la négligence qui affaiblissent en nous le désir de recevoir Jésus-Christ, unique espérance des élus et leur seul mérite.

Car c'est lui qui nous sanctifie et qui nous a rachetés; il est la consolation de ceux qui voyagent sur la terre, et l'éternelle félicité des Saints.

Combien donc ne doit-on pas gémir de ce que plusieurs montrent tant d'indifférence pour ce sacré mystère, qui est la joie du ciel et le salut du monde!

O aveuglement! ô dureté du cœur humain, d'être si peu touché de ce don ineffable, qui semble perdre de son prix à mesure qu'on en use davantage!

13. Si cet adorable Sacrement ne s'accomplissait qu'en un seul lieu, et qu'un seul prêtre, dans le monde entier, consacrât l'hostie sainte, avec quelle ardeur les hommes n'accourraient-ils pas en ce lieu, vers ce prêtre unique, pour voir célébrer les saints mystères?

Mais il y a plusieurs prêtres, et le Christ est offert en

plusieurs lieux, afin que la miséricorde et l'amour de Dieu pour l'homme éclatent d'autant plus, que la sainte communion est plus répandue dans le monde.

Je vous rends grâces, ô Jésus! pasteur éternel, qui, dans notre exil et notre indigence, daignez nous nourrir de votre corps et de votre sang précieux, et nous inviter, de votre propre bouche, à la participation de ces sacrés mystères, disant : *Venez à moi, vous tous qui portez votre fardeau avec travail, et je vous soulagerai* [1].

RÉFLEXION.

Tout ce qu'offrait de plus grand, de plus imposant, de plus saint, le culte de l'ancienne alliance, n'était qu'une légère ombre des mystères de l'Homme-Dieu. David célèbre avec pompe le retour de l'arche à Jérusalem : mais cette arche était vide, elle ne renfermait pas le Sauveur du genre humain. Salomon bâtit un temple magnifique : il en fait, en présence du peuple saisi de respect, la dédicace solennelle; des victimes sans nombre sont immolées, mais ces victimes, qu'est-ce? de vils animaux dont le sang ne peut apaiser la souveraine Justice. Le monde demeurait dans l'attente du salut annoncé, lorsque voilà qu'au moment prédit, s'accomplissent *les promesses aperçues et saluées de loin par les Patriarches, durant leur pèlerinage sur la terre* [2]. *Le Désiré des nations* [3], *le Dominateur, l'Ange de l'alliance* [4], *celui dont le nom est* JEHOVAH [5], *vient dans son temple* [6], et le vrai sacrifice de propitiation remplace à jamais les sacrifices figuratifs [7].

1. Matth. XI, 28. — 2. Hebr. XI, 3. — 3. Agg. II, 8. — 4. Malach. III, 1. — 5. Jer. XXIII, 6. — 6. Malach. III, 1. — 7. *Ibid.*, 3.

Au fond du tabernacle, sous les voiles du sanctuaire repose l'Hostie toujours vivante, *l'Agneau de Dieu, qui ôte le péché du monde*[1]. Le même *qui est assis à la droite du Père*[2], est là présent, et sa voix nous appelle : *Prenez et mangez, ceci est mon corps : buvez, ceci est mon sang, le sang de la nouvelle alliance, répandu pour la rémission des péchés*[3]. *Mangez, ô mes amis! Buvez, enivrez-vous, mes bien-aimés*[4]*! vous tous qui avez soif, venez à la source*[5] *dont les eaux rejaillissent dans l'éternelle vie*[6]. Ceux qui, refusant de se désaltérer à cette source pure, s'en vont cherchant à l'écart des *eaux furtives*[7], Dieu leur *prépare un breuvage assoupissant, et leurs yeux se ferment. Dans ce sommeil, il leur semble qu'ils ont faim et qu'ils mangent, et au réveil leur âme est vide. Altérés, ils rêvent qu'ils boivent, et ils se réveillent pleins de lassitude, et ils ont encore soif, et leur âme est vide*[8]. *Venez donc : je suis le pain de vie; celui qui vient à moi n'aura jamais faim, et celui qui croit en moi n'aura jamais soif*[9]. *Qui mange ma chair et boit mon sang, a la vie éternelle, et je le ressusciterai au dernier jour*[10]. Seigneur, je crois et j'adore : mon âme, haletante de désir, s'élance vers vous; et puis soudain une grande frayeur l'arrête : car, hélas! que suis-je pour oser m'approcher de mon Dieu? Quand je considère mes souillures, ma bassesse, ma misère profonde, je n'ai plus qu'un sentiment, qu'une parole : *Retirez-vous de moi, parce que je suis un homme pécheur*[11]. *Cependant, ô Jésus! ce sont les pécheurs que vous êtes venu appeler, et non pas les justes*[12]. Et c'est pourquoi, frappant ma poitrine et implorant votre miséricorde, *je me lèverai et j'irai*[13] : j'irai avec une vive joie, avec un ardent amour, vers *le Fils*, le Verbe, *splendeur de la gloire de Dieu et figure de sa substance*[14], vers le Sauveur divin *qui nous purifie de nos*

1. Joan. I, 29. — 2. Ps. CIX, 1; Hebr. I, 3. — 3. Matth. XXVI, 27, 28. — 4. Cant. V, 1. — 5. Is. LV, 1. — 6. Joan. IV, 14. — 7. Prov. IX, 17. — 8. Is. XXIX, 10, 8. — 9. Joan. VI, 35. — 10. *Ibid.*, 55. — 11. Luc. V, 8. — 12. Matth. IX, 13. — 13. Luc, XV, 18. — 14. Hebr. I, 3.

péchés[1], qui s'incorpore à sa créature, pour l'élever jusqu'à lui; j'irai et je dirai : *Seigneur, je ne suis pas digne que vous entriez en moi : mais dites seulement un mot, et mon âme sera guérie*[2].

1. Hebr. I, 3. — 2. Matth. VIII, 8.

CHAPITRE II.

COMBIEN DIEU MANIFESTE A L'HOMME SA BONTÉ ET SON AMOUR DANS LE SACREMENT DE L'EUCHARISTIE.

VOIX DU DISCIPLE.

1. Plein de confiance en votre bonté et votre grande miséricorde, je m'approche de vous, Seigneur; malade, je viens à mon Sauveur; consumé de faim et de soif, je viens à la source de la vie; pauvre, je viens au Roi du ciel; esclave, je viens à mon Maître; créature, je viens à celui qui m'a fait; désolé, je viens à mon tendre consolateur.

Mais qu'y a-t-il en ce misérable, qui vous porte à venir à lui? que suis-je pour que vous vous donniez vous-même à moi?

Comment un pécheur osera-t-il paraître devant vous? et comment daignerez-vous venir vers ce pécheur?

Vous connaissez votre serviteur, et vous savez qu'il n'y a en lui aucun bien qui mérite cette grâce.

Je confesse donc ma bassesse, je reconnais votre bonté,

je bénis votre miséricorde, et je vous rends grâces, à cause de votre immense charité.

Car c'est pour vous-même et non pour mes mérites que vous en usez de la sorte, afin que je connaisse mieux votre tendresse, et que, embrasé d'un plus grand amour, j'apprenne à m'humilier plus parfaitement, à votre exemple.

Et puisqu'il vous plaît ainsi, et que vous l'avez ainsi ordonné, je reçois avec joie la grâce que vous daignez me faire : et puisse mon iniquité n'y pas mettre obstacle!

2. O tendre et bon Jésus! quel respect, quelles actions de grâces, quelles louanges perpétuelles ne vous devons-nous pas, pour la réception de votre sacré Corps, si élevé au-dessus de tout ce que peut exprimer le langage de l'homme!

Mais que penserai-je en le recevant, en m'approchant de mon Seigneur, que je ne puis révérer autant que je le dois, et que cependant je désire ardemment recevoir?

Quelle pensée meilleure et plus salutaire que de m'abaisser profondément devant vous, et d'exalter votre bonté infinie pour moi?

Je vous bénis, mon Dieu, et je veux vous louer éternellement. Je me méprise et me confonds devant vous dans l'abîme de mon abjection.

3. Vous êtes le Saint des saints, et moi le rebut des pécheurs.

Vous vous inclinez vers moi, qui ne suis pas digne de lever les yeux sur vous.

Vous venez à moi, vous voulez être avec moi, vous m'invitez à votre table. Vous voulez me donner à manger un aliment céleste, le pain des Anges, qui n'est autre que vous-même, *ô pain vivant, qui êtes descendu du ciel, et qui donnez la vie au monde*[1]!

4. Voilà la source de l'amour et le triomphe de votre miséricorde. Que ne vous doit-on pas d'actions de grâces et de louanges pour ce bienfait!

O salutaire dessein que celui que vous conçûtes d'instituer votre Sacrement! ô doux et délicieux banquet, où vous vous donnâtes vous-même pour nourriture!

Que vos œuvres sont admirables, Seigneur! que votre puissance est grande! que votre vérité est ineffable!

Vous avez dit, et tout a été fait[2], et rien n'a été fait que ce que vous avez ordonné.

5. Chose merveilleuse, que nul homme ne saurait comprendre, mais que tous doivent croire; que vous, Seigneur mon Dieu, vrai Dieu et vrai homme, vous soyez contenu tout entier sous la moindre partie des espèces du pain et du vin, et que, sans être consumé, vous soyez mangé par celui qui vous reçoit.

Souverain maître de l'univers, vous qui, n'ayant besoin de personne, avez cependant voulu habiter en nous par votre Sacrement, conservez sans tache mon âme et mon corps, afin que je puisse plus souvent célébrer vos saints mystères, avec la joie d'une conscience pure, et recevoir pour mon salut éternel ce que vous avez institué principa-

1. Joann. VI, 48, 50, 54. — 2. Ps. CXLVIII, 5.

lement pour votre gloire, et pour perpétuer à jamais le souvenir de votre amour.

6. Réjouis-toi, mon âme, et rends grâces à Dieu d'un don si magnifique, d'une si ravissante consolation, qu'il t'a laissée dans cette vallée de larmes.

Car toutes les fois qu'on célèbre ce mystère, et qu'on reçoit le corps de Jésus-Christ, l'on consomme soi-même l'œuvre de sa rédemption, et on participe à tous les mérites du Christ.

Car la charité de Jésus-Christ ne s'affaiblit jamais, et jamais sa propitiation infinie ne s'épuise.

Vous devez donc toujours vous disposer à cette action sainte par un renouvellement d'esprit, et méditer attentivement ce grand mystère de salut.

Lorsque vous célébrez le divin sacrifice, ou que vous y assistez, il doit vous paraître aussi grand, aussi nouveau, aussi digne d'amour que si, ce jour-là même, Jésus-Christ, descendant pour la première fois dans le sein de la Vierge, se faisait homme, ou que, suspendu à la croix, il souffrît et mourût pour le salut des hommes.

RÉFLEXION.

L'apôtre saint Jean, ravi en esprit dans la Jérusalem céleste, vit, au milieu du trône de Dieu, un Agneau comme égorgé, et autour de lui les sept esprits que Dieu envoie par toute la terre, et vingt-quatre vieillards; et ces vieillards se prosternèrent devant l'Agneau, tenant dans leurs mains des harpes et des coupes pleines de parfums, qui sont les prières des Saints : et ils chantaient un cantique nouveau à la louange de celui qui a été mis à mort, et qui nous a rachetés pour Dieu, de toute tribu, de toute langue, de tout peuple et de toute nation; et des myriades d'anges élevaient leurs voix et disaient : L'Agneau qui a été égorgé est digne de recevoir puissance, dignité, sagesse, force, honneur, gloire et bénédiction ! et toutes les créatures qui sont dans le ciel, sur la terre, sous la terre et dans la mer, et tout ce qui est dans ces lieux, disaient : A celui qui est assis sur le trône et à l'Agneau, bénédiction, honneur, gloire et puissance dans les siècles des siècles[1]! Voici maintenant un autre spectacle. Ce même Agneau qui reçoit, sur le trône éternel, l'adoration des Anges et des Saints, et qu'environne toute la gloire des cieux, *vient à nous plein de douceur*[2], et, voilé sous les apparences d'un peu de pain, il se donne à ses pauvres créatures, pour sanctifier notre âme, pour la nourrir, et notre corps même, par l'union substantielle de sa chair à notre chair, de son sang à notre sang, s'incarnant, si on peut le dire, de nouveau à chacun de nous, et y accomplissant, d'une manière incompréhensible, en se communiquant à nous selon tout ce qu'il est, le grand sacrifice de la Croix. O Christ, fils du Dieu vivant, que vos voies sont merveilleuses! et qui m'en développera le mystère impénétrable? Si je monte jusqu'au ciel, je vous y vois dans le sein du Père, tout éclatant de sa splendeur. Si je redescends sur la terre, je vous y vois aussi dans le sein de l'homme pécheur, indigent, misérable ; attiré en quelque sorte et fixé par l'amour, aux deux termes extrêmes de ce qui peut être conçu, dans l'infini de la grandeur et dans l'infini de la bassesse; et comme si ce n'était pas assez de venir à cet être déchu quand il vous désire, quand il vous appelle, vous l'appelez vous-même le premier, vous l'appelez avec instance, vous lui dites : *Venez, venez à moi, vous tous qui souffrez, et je vous soulagerai*[3]*: venez, j'ai désiré d'un*

1. Apoc. v. — 2. Matth. xxi, 5. — 3. *Ibid.*, xi. 28.

grand désir de manger cette Pâque avec vous[1]. C'en est trop, Seigneur, c'en est trop; souvenez-vous qui vous êtes : ou plutôt faites, mon Dieu, que je ne l'oublie jamais, et que je m'approche de vous comme les Anges eux-mêmes s'en approchent, en tremblant de respect, avec un cœur rempli du sentiment de son indignité, pénétré de vos miséricordes et embrasé de ce même amour inépuisable, immense, éternel, qui vous porte à descendre jusqu'à lui !

1. Luc. XXII, 15.

CHAPITRE III.

QU'IL EST UTILE DE COMMUNIER SOUVENT.

VOIX DU DISCIPLE.

1. Je viens à vous, Seigneur, pour jouir de votre don, et goûter la joie du banquet sacré *que, dans votre tendresse, vous avez, mon Dieu, préparé pour le pauvre* [1].

En vous est tout ce que je puis, tout ce que je dois désirer; vous êtes mon salut et ma rédemption, mon espérance et ma force, mon honneur et ma gloire.

Réjouissez donc aujourd'hui l'âme de votre serviteur, *parce que j'ai élevé mon âme vers vous* [2], Seigneur Jésus.

Je désire maintenant vous recevoir avec un respect plein d'amour; je désire que vous entriez dans ma maison, pour mériter d'être béni de vous comme Zachée, et d'être compté parmi les enfants d'Abraham.

Votre corps, voilà l'objet auquel mon âme aspire; mon cœur brûle d'être uni à vous.

1. Ps. LXVII, 11. — 2. Ps. LXXXV, 3.

2. Donnez-vous à moi, et ce don me suffit : car sans vous, rien ne me console.

Je ne puis être sans vous, et je ne saurais vivre si vous ne venez à moi.

Il faut donc que je m'approche de vous souvent, et que je vous reçoive comme le soutien de ma vie, de peur que, privé de cette céleste nourriture, je ne tombe de défaillance dans le chemin.

C'est ainsi, miséricordieux Jésus, que, prêchant aux peuples, et les guérissant de diverses langueurs, vous dîtes un jour : *Je ne veux pas les renvoyer à jeûn dans leurs maisons, de peur que les forces ne leur manquent en route* [1].

Daignez donc en user de la même manière avec moi, vous qui avez voulu demeurer dans votre Sacrement pour la consolation des fidèles.

Car vous êtes le doux aliment de l'âme ; et celui qui vous mange dignement aura part à l'héritage de la gloire éternelle.

Combien il m'est nécessaire, à moi qui tombe et pèche si souvent, qui me laisse aller si vite à la tiédeur, au découragement, de me renouveler, de me purifier, de me ranimer, par des prières et des confessions fréquentes, et par la réception de votre corps sacré ; de peur que, m'en abstenant trop longtemps, je n'abandonne mes résolutions.

3. Car *les penchants de l'homme l'inclinent au mal dès*

1. Matth xxv, 32.

l'enfance[1]; et s'il n'est soutenu par ce remède divin, il s'y enfonce de plus en plus.

La sainte Communion retire du mal, et fortifie dans le bien.

Si donc je suis maintenant si souvent négligent et tiède, quand je communie ou que je célèbre le saint sacrifice, que serait-ce si je renonçais à cet aliment salutaire, et si je me privais de ce secours puissant?

Ainsi, quoique je ne sois pas tous les jours assez bien disposé pour célébrer les divins mystères, j'aurai soin cependant d'en approcher aux temps convenables, et de participer à une grâce si grande.

Car c'est la principale consolation de l'âme fidèle, *tandis qu'elle voyage loin de vous dans un corps mortel*[2], de se souvenir souvent de son Dieu, et de recevoir son bien-aimé dans un cœur embrasé d'amour.

4. O prodige de votre tendresse pour nous! Vous, Seigneur mon Dieu, qui donnez l'être et la vie à tous les esprits, vous daignez venir à une pauvre âme misérable, et avec votre divinité et votre humanité tout entière, rassasier sa faim!

O heureuse, mille fois heureuse l'âme qui peut vous recevoir dignement, vous son Seigneur et son Dieu, et goûter avec plénitude la joie de votre présence!

Oh! qu'il est grand le Seigneur qu'elle reçoit! qu'il est aimable l'hôte qu'elle possède! que le compagnon, l'ami qui se donne à elle, est doux et fidèle! que l'époux

1. Gen. VIII, 21. — 2. I. Cor. V, 6.

qu'elle embrasse est beau! qu'il est noble et digne d'être aimé par-dessus tout ce qu'on peut aimer, et tout ce qu'il y a de désirable!

Que le ciel et la terre, dans leur parure magnifique, se taisent devant vous, ô mon bien-aimé! car tout ce qu'on admire de beau en eux, ils le tiennent de vous, *dont la sagesse n'a point de bornes* [1], et jamais ils n'approcheront de votre beauté souveraine.

RÉFLEXION.

Autant on doit apporter de soin à s'éprouver soi-même, avant de manger le pain et de boire le calice du Seigneur [2], autant il faut prendre garde à ne pas se tenir éloigné de la Table sainte par un faux respect et une crainte excessive. Nous serons toujours, quoi que nous fassions, infiniment indignes d'une faveur si haute : nul n'est pur, nul n'est saint devant celui qui est la sainteté même. Mais quand le Sauveur nous dit : Venez, il connaît notre misère, et c'est pour la guérir qu'il nous presse de venir à lui. Allons-y donc, non comme le Pharisien hypocrite, *en rendant grâces à Dieu dans notre cœur de n'être pas tel que les autres hommes* [3] : Dieu repousse avec horreur cet orgueil d'une conscience qui se déguise à elle-même sa plaie secrète; allons-y, mais comme l'humble Publicain, *les yeux baissés vers la terre,* frappant notre poitrine et disant : *Seigneur,* ayez pitié de moi; *soyez propice à ce pauvre pécheur* [4]! Il est nécessaire sans doute de se préparer par la pénitence, le recueillement, la prière, à la communion du corps et du sang de Jésus-Christ; mais après s'y être disposé sincèrement et de toute son âme, c'est faire injure

1. Ps. CXLVI, 5. — 2. I. Cor. XI, 28. — 3. Luc. XVIII, 11. — 4. *Ibid.*, 13.

au Rédempteur que de refuser ses dons, c'est se priver volontairement des grâces les plus précieuses, les plus abondantes, les plus saintes, c'est renoncer à la vie : car, *si l'on ne mange la chair du Fils de l'homme, et si l'on ne boit son sang, on n'aura point la vie en soi*[1]. Nous devons aspirer continuellement à *ce pain descendu du ciel*[2]; sans cesse, nous devons le demander, nous devons nous en nourrir sans cesse, pour qu'il détruise le principe de mort qui est en nous depuis le péché. « *Seigneur,* « *donnez-nous toujours ce pain*[3], *ce pain dont vous avez dit* « qu'il donne la vie éternelle. C'est ce que disent les Juifs : et ils « expriment par là le désir de toute la nature humaine, ou plutôt « de toute la nature intelligente. Elle veut vivre éternellement : « elle veut ne manquer de rien ; en un mot, elle veut être heu- « reuse. C'est encore ce qu'en pensait la Samaritaine, lorsque « Jésus lui ayant dit : *O femme! celui qui boit de l'eau que je* « *donne n'a jamais soif,* elle répond aussitôt : *Seigneur, donnez-* « *moi de cette eau, afin que je n'aie jamais soif, et que je ne sois* « *pas obligée à venir ici puiser de l'eau*[4], dans un puits si pro- « fond, avec tant de peine. Encore un coup, la nature humaine « veut être heureuse ; elle ne veut avoir aucun besoin ; elle ne « veut avoir ni faim, ni soif : aucun désir à remplir : aucun « travail, aucune fatigue ; et cela, qu'est-ce autre chose, sinon « être heureuse? Voilà ce que veut la nature humaine : voilà « son fond. Elle se trompe dans les moyens ; elle a soif des plai- « sirs des sens, elle veut exceller, elle a soif des honneurs du « monde. Pour parvenir aux uns et aux autres, elle a soif des « richesses : sa soif est insatiable ; elle demande toujours, et ne « dit jamais : C'est assez ; toujours plus, et toujours plus. Elle est « curieuse, elle a soif de la vérité ; mais elle ne sait où la pren- « dre, ni quelle vérité la peut satisfaire : elle en ramasse ce « qu'elle peut par-ci par-là ; par de bons, par de mauvais « moyens ; et comme toute âme curieuse est légère, elle se

1. Joan. VI, 54. — 2. *Ibid.*, 33. — 3. *Ibid.*, 34. — 4. *Ibid.*, IV, 10, 15.

« laisse tromper par tous ceux qui lui promettent cette vérité « qu'elle cherche. Voulez-vous n'avoir jamais faim, jamais n'avoir « soif : venez au pain qui ne périt point, et au Fils de l'homme « qui vous l'administre : à sa chair, à son sang où est tout « ensemble la vérité et la vie, parce que c'est la chair et le sang, « non point du fils de Joseph, comme disaient les Juifs, mais du « Fils de Dieu. *O Seigneur! donnez-moi toujours ce pain!* Qui « n'en serait affamé? qui ne voudrait être assis à votre table? qui « la pourrait jamais quitter?[1] »

1. Bossuet.

CHAPITRE IV.

QUE DIEU RÉPAND DES GRACES ABONDANTES EN CEUX QUI COMMUNIENT DIGNEMENT.

VOIX DU DISCIPLE.

1. Seigneur mon Dieu, *prévenez votre serviteur de vos plus douces bénédictions*[1], afin que je puisse approcher dignement et avec ferveur de votre auguste Sacrement.

Rappelez mon cœur à vous; réveillez-moi du profond assoupissement où je languis. *Visitez-moi pour me sauver*[2], pour que je goûte intérieurement la douceur qui est cachée en abondance dans ce Sacrement, comme dans sa source.

Faites briller aussi votre lumière à mes yeux, afin qu'ils discernent un si grand mystère, et fortifiez ma foi pour le croire inébranlablement.

1. Ps. xx, 3. — 2. Ps. cv, 4.

Car c'est l'œuvre de votre amour et non de la puissance humaine : c'est votre institution sacrée, et non une invention de l'homme.

Nul ne peut concevoir par lui-même des merveilles au-dessus de la pénétration des anges mêmes.

Que pourrai-je donc, moi, pécheur indigne, moi, cendre et poussière, découvrir et comprendre d'un mystère si haut?

2. Seigneur, dans la simplicité de mon cœur, avec une foi ferme et sincère, et sur le commandement que vous m'en avez fait, je m'approche de vous plein de confiance et de respect; et je crois, sans hésiter, que vous êtes ici présent dans ce Sacrement, et comme Dieu et comme homme.

Vous voulez donc que je vous reçoive et que je m'unisse à vous dans la charité?

C'est pourquoi j'implore votre clémence, et je vous demande en ce moment une grâce particulière, afin qu'embrasé d'amour, je me fonde et m'écoule tout entier en vous, et que je ne désire plus aucune autre consolation.

Car cet adorable Sacrement est le salut de l'âme et du corps, le remède de toute langueur spirituelle. Il guérit les vices, réprime les passions, dissipe les tentations ou les affaiblit, augmente la grâce, accroît la vertu, affermit la foi, fortifie l'espérance, enflamme et dilate l'amour.

3. Quels biens sans nombre n'avez-vous pas accordés, et n'accordez-vous pas encore chaque jour dans ce Sacrement, à ceux que vous aimez, et qui le reçoivent avec

ferveur, ô mon Dieu! unique appui de mon âme, réparateur de l'infirmité humaine, source de toute consolation intérieure!

Car vous les consolez avec abondance en leurs tribulations diverses; vous les relevez de leur abattement par l'espérance de votre protection; vous les ranimez intérieurement et les éclairez par une grâce nouvelle; de sorte que ceux qui se sentaient pleins de trouble et de tiédeur avant la communion, se trouvent tout changés après s'être nourris de cette viande et de ce breuvage célestes.

Vous en usez ainsi avec vos élus, afin qu'ils reconnaissent clairement, et par une manifeste expérience, toute la faiblesse qui leur est propre, et tout ce qu'ils reçoivent de votre grâce et de votre bonté.

Car d'eux-mêmes, froids, durs, sans goût pour la piété, par vous ils deviennent pieux, zélés, fervents.

Qui, en effet, s'approchant humblement de la fontaine de suavité, n'en remporte pas un peu de douceur? ou qui, se tenant près d'un grand feu, n'en reçoit pas quelque chaleur?

Vous êtes, mon Dieu, cette fontaine toujours pleine et surabondante, ce feu toujours ardent, et qui ne s'éteint jamais.

4. Si donc il ne m'est pas permis de puiser à la plénitude de la source, et de m'y désaltérer parfaitement, j'approcherai cependant ma bouche de l'ouverture par où s'écoulent les eaux célestes, afin d'en recueillir au moins une petite goutte pour apaiser ma soif, et ne pas tomber dans une entière sécheresse.

Et si je ne puis encore être tout céleste et tout de feu, comme les Chérubins et les Séraphins, je m'efforcerai pourtant de m'animer à la piété, et de préparer mon cœur, afin qu'en participant avec humilité à ce Sacrement de vie, je reçoive au moins quelque légère étincelle de ce feu divin.

Bon Jésus, Sauveur très-saint, suppléez vous-même, par votre bonté et votre grâce, à ce qui me manque, vous qui avez daigné appeler à vous tous les hommes, en disant : *Venez à moi, vous tous qui êtes accablés de travail et de douleur, et je vous soulagerai* [1].

5. Je travaille à la sueur de mon front, mon cœur est brisé de douleur, le poids de mes péchés m'accable, les tentations m'agitent, une foule de passions mauvaises m'enveloppent et me pressent; et il n'y a personne qui me secoure, qui me délivre, qui me sauve, si ce n'est vous, Seigneur mon Dieu, mon Sauveur, entre les mains de qui je me remets, et tout ce qui est à moi, afin que vous me protégiez et me conduisiez à la vie éternelle.

Recevez-moi pour l'honneur et la gloire de votre nom, vous qui m'avez préparé votre corps et votre sang pour nourriture et pour breuvage.

« Faites, Seigneur mon Dieu, mon Sauveur, que ma « ferveur et mon amour croissent d'autant plus, que je « participe plus souvent à ce divin mystère [2]. »

1. Matth. XI, 28. — 2. Oraison de l'Église.

RÉFLEXION.

Jésus-Christ, près de quitter la terre, promit à ses disciples de leur envoyer l'Esprit consolateur[1] : et c'est ce divin Esprit qui nous est donné dans les sacrements de la nouvelle alliance. Amour substantiel du Père et du Fils, *il aide notre infirmité, car nous ne savons pas demander comme il faut, mais l'Esprit demande pour nous avec des gémissements ineffables ; et celui qui scrute les cœurs sait ce que désire l'Esprit, parce qu'il demande selon Dieu pour les Saints*[2]. Par une invisible opération aussi douce que puissante, il incline librement notre volonté au bien, il la purifie, il l'élève vers Dieu ; il est notre force, comme le Verbe est notre lumière. Or, quand nous possédons en nous Jésus-Christ, nous possédons le Verbe même, et nous participons à tous les dons que le Verbe et l'Esprit, qui procède de lui, répandent incessamment sur l'humanité sainte du Sauveur, devenu *un* avec nous par la communion de son corps et de son sang, de son âme et de sa divinité, qui en est inséparable. En lui sont *toutes les richesses de la plénitude de l'intelligence, tous les trésors de la sagesse et de la science souveraine*[3] : et ces trésors, il les ouvre pour nous dans le sacrement de l'Eucharistie ; il nous dispense, selon nos besoins, ces célestes richesses : tandis que l'Esprit sanctificateur nous embrase de ses flammes divines qui consument les dernières traces du péché, nous donnent comme un avant-goût de la félicité céleste, et nous préparent à en jouir pleinement, lorsque nous aurons atteint le terme heureux de nos épreuves sur la terre. Allez donc à la source des grâces, allez à l'autel, allez à Jésus : *et à qui, Seigneur, irions-nous? Vous seul avez les paroles de la vie éternelle*[4]. Languissant, vous nous forti-

1. Joan. XIV, 26. — 2. Rom. VIII, 26, 27. — 3. Coloss. II, 2, 3. — 4. Joan. VI, 69.

fiez; affligés, vous nous consolez; troublés par les tempêtes qui s'élèvent au dedans et au dehors de nous, *vous commandez aux vents et à la mer, et il se fait un grand calme*[1]. O Jésus, *votre amour me presse*[2], et mon âme a défailli dans l'ardeur de s'unir à vous. C'est là tout mon désir, je n'en ai point d'autre, je ne veux que vous, ô mon Dieu! Oh! quand pourrai-je dire : *Mon bien-aimé est à moi, et je suis à lui*[3] *: ce n'est plus moi qui vis, c'est Jésus-Christ qui vit en moi*[4]*?*

1. Marc. IV, 39. — 2. II. Cor. V, 14. — 3. Cant. II, 16. — 4. Galat. II, 20.

CHAPITRE V.

DE L'EXCELLENCE DU SACREMENT DE L'AUTEL, ET DE LA DIGNITÉ DU SACERDOCE.

VOIX DU BIEN-AIMÉ.

1. Quand vous auriez la pureté des Anges et la sainteté de Jean-Baptiste, vous ne seriez pas digne de recevoir ni même de toucher ce Sacrement.

Car ce ne sont pas les mérites de l'homme qui lui donnent le droit de consacrer et de toucher le corps de Jésus-Christ, et de se nourrir du pain des Anges !

O mystère ineffable ! ô sublime dignité des prêtres, auxquels est donné ce qui n'a point été accordé aux Anges !

Car les prêtres, validement ordonnés dans l'Église, ont seuls le pouvoir de célébrer et de consacrer le corps de Jésus-Christ.

Le prêtre est le ministre de Dieu ; il use de la parole de Dieu selon le commandement et l'institution de Dieu ; mais Dieu, à la volonté de qui tout est soumis, à qui tout obéit lorsqu'il commande, est le principal auteur du miracle qui s'accomplit sur l'autel, et c'est lui qui l'opère invisiblement.

2. Vous devez donc, dans cet auguste Sacrement,

croire plus à la toute-puissance de Dieu qu'à vos propres sens et à ce qui paraît aux yeux : et vous ne sauriez dès lors approcher de l'autel avec assez de respect et de crainte.

Pensez à ce que vous êtes, et considérez quel est celui dont vous avez été fait le ministre par l'imposition des mains de l'évêque.

Vous avez été fait prêtre, et consacré pour célébrer les saints mystères : maintenant soyez fidèle à offrir à Dieu le sacrifice avec ferveur, au temps convenable, et que toute votre conduite soit irrépréhensible.

Votre fardeau n'est pas plus léger; vous êtes lié, au contraire, par des obligations plus étroites, et obligé à une plus grande sainteté.

Un prêtre doit être orné de toutes les vertus, et donner aux autres l'exemple d'une vie pure.

Ses mœurs ne doivent pas ressembler à celles du peuple : il ne doit pas marcher dans les voies communes; mais il doit vivre comme les Anges dans le ciel, ou comme les hommes parfaits sur la terre.

3. Le prêtre, revêtu des habits sacrés, tient la place de Jésus-Christ, afin d'offrir à Dieu d'humbles supplications pour lui-même et pour tout le peuple.

Il porte devant et derrière lui le signe de la croix du Sauveur, afin que le souvenir de sa passion lui soit toujours présent.

Il porte devant lui la croix sur la chasuble, afin de considérer attentivement les traces de Jésus-Christ, et de s'animer à les suivre.

Il porte la croix derrière lui, afin d'apprendre à souffrir avec douceur pour Dieu tout ce que les hommes peuvent lui faire de mal.

Il porte la croix devant lui, afin de pleurer ses propres péchés; derrière lui, afin que, par une tendre compassion, il pleure aussi les péchés des autres; et se souvenant qu'il est établi médiateur entre Dieu et le pécheur, il ne se lasse point d'offrir des prières et des sacrifices, jusqu'à ce qu'il ait obtenu grâce et miséricorde.

Quand le prêtre célèbre, il honore Dieu, il réjouit les Anges, il édifie l'Église, il procure des secours aux vivants, du repos aux morts, et se rend lui-même participant de tous les biens.

RÉFLEXION.

Pour comprendre la grandeur du sacerdoce chrétien, il faut considérer les caractères qui le distinguent immuablement, et forment comme le sceau divin dont il fut marqué à son origine. Et d'abord il est un : *de même qu'il n'y a qu'un Dieu, il n'y a qu'un Médiateur de Dieu et des hommes, Jésus-Christ*[1], *apôtre et pontife de notre foi*[2], *toujours vivant pour intercéder en notre faveur*[3]. Tout prêtre, dans l'exercice de ses célestes fonctions, représente Jésus-Christ, ou plutôt est Jésus-Christ même, qui seul opère véritablement ce qu'annoncent les paroles et les actes de son ministre, seul lie et délie, seul dispense la grâce, seul immole et offre à son Père la victime de propitiation, qui est une aussi; car *Jésus entrant par son sang une seule fois dans le Saint des saints, a consommé la rédemption éternelle*[4]. Ainsi un sacrifice, un

1. Tim. II, 5. — 2. Hebr. III, 1. — 3. *Ibid.*, VII, 25. — 4. *Ibid.*, IX, 12; VII, 27.

prêtre, un sacerdoce, qui, dans son immense hiérarchie, n'est que le *Pontife* invisible des *biens futurs*[1], est multiplié visiblement sur tous les points de la terre, pour y continuer sa grande mission jusqu'à la fin des siècles[2]. Et non-seulement le sacerdoce est un, il est encore universel; car *tous les peuples ont été donnés en héritage à Jésus-Christ*[3], *et depuis le lever du soleil jusqu'au couchant, en tous lieux le sacrifice doit être accompli et l'offrande pure présentée au Seigneur*[4]. Il est éternel; car, de toute éternité, *Dieu a dit au Christ : Tu es mon fils, je t'ai engendré aujourd'hui :* et encore : *Tu es prêtre éternellement selon l'ordre de Melchisédech*[5]. Il est saint; car *il convenait que nous eussions un tel Pontife, saint, pur, sans tache, séparé des pécheurs, et élevé au-dessus des cieux*[6]*;* et les démons mêmes, vaincus par celui *qui possède le sacerdoce éternel*[7], lui ont rendu ce témoignage : *Je sais qui vous êtes, le Saint de Dieu*[8]. Oh! qu'elle est élevée, qu'elle est sublime la dignité du prêtre! mais aussi qu'elle est redoutable! Associé à la puissance de Jésus-Christ Pontife, dans l'unité de son sacerdoce, ministre avec lui et en lui du sacrifice de la Croix renouvelé chaque jour sur l'autel, d'une manière non sanglante; distributeur du pain de vie, du corps et du sang du Rédempteur, sur lesquels il lui a été donné pouvoir; revêtu de la mission du Fils de Dieu pour le salut du monde, ses devoirs sont proportionnés à une si haute vocation, et c'est à lui surtout qu'il est dit : *Soyez saint, parce que moi, le Seigneur votre Dieu, je suis saint*[9]. Pauvre pécheur, si faible, si languissant, si infirme, comment pourrai-je m'élever, ô Jésus! à la sainteté que vous exigez de moi? Je tremble à cette pensée, et je perdrais toute espérance, si votre bonté ne daignait me rassurer, disant : *Cela est impossible aux hommes, mais tout est possible à Dieu*[10].

1. Hebr. IX, 11. — 2. Matth. XXVIII, 20. — 3. Ps. II, 8. — 4. Malach. I, 11. — 5. Hebr. V, 5, 6; VI, 20. — 6. *Ibid.*, VII, 26. — 7. *Ibid.*, 24. — 8. Marc. I, 24. — 9. Levit. XIX, 2. — 10. Matth. XIX, 26.

CHAPITRE VI.

PRIÈRE DU CHRÉTIEN AVANT LA COMMUNION.

VOIX DU DISCIPLE.

1. Seigneur, lorsque je considère votre grandeur et ma bassesse, je suis saisi de frayeur, et je me confonds en moi-même.

Car si je ne m'approche de vous, je fuis la vie ; et si je m'en approche indignement, j'irrite votre colère.

Que ferai-je donc, mon Dieu, mon protecteur, mon conseil dans tous mes besoins?

2. Montrez-moi la voie droite, enseignez-moi quelque court exercice pour me disposer à la sainte Communion.

Car il m'est important de savoir avec quelle ferveur et quel respect je dois préparer mon cœur, pour recevoir avec fruit votre Sacrement, ou pour vous offrir ce grand et divin sacrifice.

RÉFLEXION.

S'il est nécessaire de *préparer son âme avant la prière*[1], combien plus avant d'approcher de la divine Eucharistie? Et c'est pourquoi l'Apôtre dit : *Que l'homme s'éprouve soi-même, et qu'il mange ainsi de ce pain, et boive de ce calice : car celui qui mange et boit indignement, mange et boit son jugement, nè discernant point le corps du Seigneur* [2]. Mais, hélas ! mon Dieu, plus je m'éprouve, plus je me reconnais indigne de m'unir à vous dans le Sacrement adorable de votre corps et de votre sang : et cependant, *si je ne mange votre chair et ne bois votre sang, je n'aurai point la vie en moi*[3]; de sorte que je suis partagé entre le désir de m'asseoir au banquet sacré où vous invitez vos fidèles, et la crainte d'entendre ces paroles terribles : *Pourquoi êtes-vous entré ici sans être revêtu de la robe nuptiale? Jetez-le, pieds et mains liés, dans les ténèbres extérieures : là sont les pleurs et les grincements de dents*[4]. Que ferai-je donc? Ah! voici ce que je ferai. Je me présenterai tel que je suis, dépouillé, nu, misérable, devant mon Seigneur et mon Dieu, et je lui dirai : Ayez pitié de moi, Seigneur, et daignez me revêtir vous-même du vêtement pur, qui me rendra digne d'être admis dans la salle du festin. Si vous ne venez à mon secours, si vous ne suppléez à mon indigence, je serai, ô mon divin Maître, à jamais exclu de votre Table sainte; mais vous laisserez tomber sur ce pauvre un regard de compassion; vous viendrez à lui dans votre bonté, dans votre miséricorde immense, et votre main s'étendra pour couvrir sa nudité : oui, *Seigneur, j'ai espéré en vous, et je ne serai point confondu éternellement*[5].

1. Eccli. XVIII, 23. — 2. I. Cor. XI, 28, 29. — 3. Joan, VI, 54. — 4. Matth. XXII, 12 13. — 5. Ps. XXX, 2.

CHAPITRE VII.

DE L'EXAMEN DE CONSCIENCE, ET DE LA RÉSOLUTION DE SE CORRIGER.

VOIX DU BIEN-AIMÉ.

1. Sur toutes choses, il faut que le prêtre qui se dispose à célébrer les saints mystères, à toucher et à recevoir le corps de Jésus-Christ, s'approche de ce Sacrement avec une profonde humilité de cœur, un respect suppliant, une pleine foi, et une pieuse intention d'honorer Dieu.

Examinez avec soin votre conscience, et, autant que vous le pourrez, purifiez-la par une contrition véritable et par une humble confession ; de sorte que, délivré du poids de vos fautes, exempt de trouble et de remords, vous puissiez librement venir à moi.

Ayez une vive douleur de tous vos péchés en général ; déplorez en particulier ceux que vous commettez chaque jour ; et, si le temps vous le permet, confessez à Dieu, dans le secret du cœur, toutes les misères qui sont le fruit de vos passions.

2. Affligez-vous et gémissez d'être encore sous l'empire de la chair et du monde :

Si peu occupé de mourir à vos inclinations; si agité par les mouvements de la concupiscence;

Si peu exact à veiller sur vos sens; si souvent séduit par de vains fantômes :

Si enclin à vous répandre au dehors; si négligent à rentrer en vous-même :

Si porté au rire et à la dissipation; si dur, quand vous devriez verser des larmes de componction :

Si prompt à vous livrer au relâchement et à la mollesse; si lent à embrasser une vie austère et fervente :

Si curieux de nouvelles, et de ce qui attire les regards par sa beauté; si plein de répugnance pour ce qui abaisse et humilie :

Si avide de beaucoup avoir, si avare pour donner, si ardent à retenir :

Si inconsidéré dans vos discours; si impuissant à vous taire :

Si déréglé dans vos mœurs; si indiscret dans vos actions :

Si intempérant dans le manger et le boire, si sourd à la parole de Dieu :

Si convoiteux de repos; si ennemi du travail :

Si éveillé pour des récits frivoles; si appesanti par le sommeil durant les veilles saintes, si pressé d'en voir la fin, si peu attentif en y assistant :

Si dissipé en récitant l'office divin, si tiède en célébrant, si aride dans la Communion :

Si aisément distrait; si rarement bien recueilli :

Si tôt ému de colère; si prompt à blesser les autres :

Si enclin à juger le mal; si sévère à le reprendre :

Si enivré de joie dans la prospérité; si abattu dans l'adversité :

Si fécond en bonnes résolutions, et si stérile en bonnes œuvres.

3. Après avoir confessé et déploré avec une grande douleur et un vif sentiment de votre faiblesse ces défauts et tous les autres qui peuvent être en vous, formez un ferme propos de vous corriger et d'avancer dans la vertu.

Offrez-vous ensuite, avec une pleine résignation et sans aucune réserve, sur l'autel de votre cœur, comme un holocauste perpétuel, en l'honneur de mon nom, m'abandonnant entièrement le soin de votre corps et de votre âme, afin d'obtenir ainsi la grâce de célébrer dignement le saint Sacrifice, et de recevoir avec fruit le Sacrement de mon corps.

4. Car il n'est point d'oblation plus méritoire, ni de satisfaction plus grande pour les péchés, que de s'offrir soi-même sincèrement à Dieu, en lui offrant, à la Messe et dans la Communion, le Corps de Jésus-Christ.

Si l'homme fait ce qui est en lui, et s'il a un vrai repentir toutes les fois qu'il s'approche de moi pour demander grâce et miséricorde : *J'en jure par moi-même,* dit le Seigneur, *je ne me souviendrai plus de ses péchés, et ils lui seront tous pardonnés; car je ne veux point la mort du pécheur, mais qu'il se convertisse et qu'il vive* [1].

1. Ezech. XXIII, 22; XXXIII, 11.

RÉFLEXION.

Il n'est rien de plus utile en soi, ni de plus indispensable pour approcher dignement de l'autel, que de descendre en sa conscience, et d'en scruter, avec une sévérité salutaire, les tristes profondeurs. Nous avons en nous-mêmes comme une image du royaume des ténèbres : là vit, et croît, et se propage l'innombrable famille des vices, nés de la triple concupiscence[1] qui a infecté la vie humaine dans sa source. Quiconque examine sérieusement son cœur, y trouve le germe de tout ce qui est mauvais; un orgueil tantôt hardi et violent, tantôt plein de déguisements et de ruses, une curiosité effrénée, des convoitises ardentes, la haine qu'accompagnent l'injure, l'outrage et la calomnie, l'envie mère du meurtre, l'avarice qui dit sans cesse : *Apporte, apporte*[2], la dureté d'âme, les joies coupables de l'esprit : et bien que ces semences de mort ne se développent pas dans chaque homme au même degré, tous les ont en eux-mêmes, et la grâce seule les étouffe plus ou moins. Tel est, depuis la chute originelle, le partage des enfants d'Adam. Qui, dans son effroi, ne *crierait vers Dieu du fond de cette immense misère*[3], pour implorer de lui secours et miséricorde? *Il délaisse ceux qui cachent leurs crimes, et pardonne à ceux qui s'accusent*[4]. Touché de pitié pour les pécheurs, Jésus-Christ a institué le sacrement de pénitence, qui les régénère dans le sang de l'Agneau, et les revêt de l'innocence primitive. Voilà la robe nuptiale nécessaire pour assister au festin de l'Époux. Vous qui portez avec douleur le poids de vos péchés, hâtez-vous donc, allez, pleins de repentir, de foi, d'espérance et d'amour, déposer cet accablant fardeau aux pieds de celui qui tient, dans le tribunal sacré, la place du Fils de Dieu

1. Joan. I, 11, 16. — 2. Prov. XXX, 15. — 3. Ps. CXXIX, 1. — 4. Prov. XXVIII, 13.

même : allez et humiliez-vous, allez et pleurez; une main divine essuiera vos larmes, et, rétablis en grâce avec Dieu, en paix avec vous-mêmes, vous chanterez dans l'allégresse l'hymne du pardon : *Heureux ceux dont les iniquités ont été remises, et les péchés couverts! Heureux celui à qui le Seigneur n'a point imputé son péché, et dont le cœur a été sans fraude! Parce que j'ai tu mon crime, il a vieilli dans mes os, et crié dans mon sein pendant tout le jour. Car votre main s'est appesantie sur moi le jour et la nuit : je me suis tourné et retourné dans mon angoisse, tandis que l'épine perçait mon cœur. Alors je vous ai déclaré mon péché : je n'ai point caché mon injustice. J'ai dit : Je confesserai contre moi mon iniquité au Seigneur; et vous, Seigneur, vous m'avez remis l'impiété de mon péché. C'est pour cela que vos serviteurs vous invoqueront dans le temps propice; et le déluge des grandes eaux n'approchera point d'eux*[1].

1. Ps. xxxi, 1-6.

CHAPITRE VIII.

DE L'OBLATION DE JÉSUS-CHRIST SUR LA CROIX, ET DE LA RÉSIGNATION DE SOI-MÊME.

VOIX DU BIEN-AIMÉ.

1. Comme je me suis offert volontairement pour vos péchés à mon Père, les bras étendus sur la Croix, et le corps nu, ne réservant rien, et m'immolant tout entier, pour apaiser Dieu : ainsi vous devez tous les jours, dans le sacrifice de la Messe, vous offrir à moi, comme une hostie pure et sainte, du plus profond de votre cœur, et de toutes les puissances de votre âme.

Que demandé-je de vous, sinon que vous vous abandonniez à moi sans réserve?

Tout ce que vous me donnez, hors vous, ne m'est rien, parce que c'est vous que je veux, et non pas vos dons.

2. Comme tout le reste ne vous suffirait pas sans moi, ainsi aucun de vos dons ne peut me plaire si vous ne vous donnez vous-même.

Offrez-vous à moi, donnez-vous pour Dieu, tout entier, et votre oblation me sera agréable.

Je me suis offert tout entier pour vous à mon Père ; je vous ai donné tout mon Corps et tout mon Sang pour nourriture, afin d'être tout à vous, et que vous fussiez à jamais tout à moi.

Mais si vous demeurez en vous-même, si vous ne vous abandonnez pas sans réserve à ma volonté, votre oblation n'est pas entière, et nous ne serons pas unis parfaitement.

L'oblation volontaire de vous-même, entre les mains de Dieu, doit donc précéder toutes vos œuvres, si vous voulez acquérir la grâce et la liberté.

S'il en est si peu qui soient éclairés de ma lumière, et qui jouissent de la liberté intérieure, c'est qu'ils ne savent pas se renoncer entièrement eux-mêmes.

Je l'ai dit, et ma parole est immuable : *Si quelqu'un ne renonce pas à tout, il ne peut être mon disciple*[1]. Si donc vous voulez être mon disciple, offrez-vous à moi avec toutes vos affections.

RÉFLEXION.

On n'aurait qu'une idée bien faible et bien incomplète du sacrifice de la Croix, si l'on n'y voyait que ce qui paraît, pour ainsi dire, aux sens. Jésus-Christ a offert non-seulement son corps sacré, en proie à toutes les souffrances et à toutes les angoisses que peut endurer la nature humaine, mais encore son

1. Luc. XIV, 15.

âme sainte étroitement unie au Verbe divin, toutes ses douleurs, toutes ses affections, toutes ses volontés, et l'agonie et le délaissement qui tira de son cœur ce dernier cri : *Mon Père, pourquoi m'avez-vous abandonné*[1]? En cet état il représentait l'humanité entière condamnée à mourir, et l'homme en effet fut frappé de mort jusque dans les plus secrètes profondeurs de son être. Alors *tout fut consommé*[2], et le supplice et la rédemption. Or, chaque fois que le prêtre, montant à l'autel, y renouvelle, selon l'institution divine, cet ineffable sacrifice, chaque fois que le fidèle participe à la victime immolée, et le fidèle et le prêtre doivent s'offrir ainsi que Jésus-Christ s'est offert lui-même : leur sacrifice uni au sien doit être, comme le sien, sans réserve : car, nous aussi, nous sommes attachés à la Croix, et avec Jésus-Christ et en Jésus-Christ, nous souffrons pour nous, pour nos frères, pour les vivants, pour les morts, pour toute la grande famille humaine; ce qui fait dire à l'apôtre saint Paul ces étonnantes paroles : *Je me réjouis de mes souffrances à cause de vous; et ce qui manque à la Passion de Jésus-Christ, je l'accomplis en ma chair, pour son corps qui est l'Église*[3]; non sans doute que la Passion du Sauveur ne fût plus que surabondante pour *ôter le péché du monde*[4] et satisfaire à la justice de Dieu; mais parce que chacun de nous doit la reproduire en soi, et parce qu'*étant les membres d'un seul corps qui est le corps du Christ*[5], tout ce que nous souffrons, il le souffre avec nous, de sorte que nos souffrances deviennent comme une partie de sa Passion propre. O Jésus! je m'offre avec vous, je m'offre tout entier ; me voilà sur l'autel : frappez, Seigneur, achevez le sacrifice; détruisez tout ce qui en moi est de l'homme condamné, ces désirs de la terre, ces affections, ces volontés, ces sens qui me troublent, ce corps de péché; et, les yeux fixés sur votre Croix, je dirai : *Tout est consommé!*

1. Matth. XXVII, 47. — 2. Joan. XIV, 30. — 3. Coloss. I, 24. — 4. Joan. I, 29. — 5. I. Cor. XII, 27.

CHAPITRE IX.

QUE NOUS DEVONS NOUS OFFRIR A DIEU AVEC TOUT CE QUI EST A NOUS, ET PRIER POUR TOUS.

VOIX DU DISCIPLE.

1. Seigneur, à qui tout appartient dans le ciel et sur la terre, je veux aussi me donner à vous, par une oblation volontaire; je veux être à vous pour toujours.

Dans la simplicité de mon cœur, je m'offre à vous aujourd'hui, mon Dieu, pour vous servir à jamais, pour vous obéir, pour m'immoler sans cesse à votre gloire.

Recevez-moi avec l'oblation sainte de votre précieux Corps, que je vous offre aujourd'hui en présence des Anges qui assistent invisiblement à ce sacrifice; et faites qu'il porte des fruits de salut pour moi et pour tout votre peuple.

2. Toutes les fautes et tous les crimes que j'ai commis devant vous et devant vos saints Anges, depuis le jour où j'ai pu commencer à pécher jusqu'à ce moment, je vous les offre, Seigneur, sur votre autel de propitiation, afin que

vous les consumiez par le feu de votre amour, que vous effaciez toutes les taches dont ils ont souillé ma conscience, et qu'après l'avoir purifiée, vous me rendiez votre grâce que mes péchés m'avaient fait perdre, me les pardonnant tous pleinement, et me recevant, dans votre miséricorde, au baiser de paix.

3. Que puis-je faire pour expier mes péchés, que de les confesser humblement avec une amère douleur, et d'implorer sans cesse votre clémence?

Je vous en conjure, exaucez-moi, soyez-moi propice, quand je me présente devant vous, mon Dieu.

J'ai une vive horreur de tous mes péchés, et je suis résolu à ne plus les commettre. Ils m'affligent profondément, et toute ma vie je ne cesserai de m'en affliger, prêt à faire pénitence, et à satisfaire pour eux selon mon pouvoir.

Pardonnez-les-moi, Seigneur, pardonnez-les-moi, pour la gloire de votre saint nom. Sauvez mon âme, que vous avez rachetée au prix de votre sang.

Voilà que je m'abandonne à votre miséricorde; je me remets entre vos mains: traitez-moi selon votre bonté, et non selon ma malice et mon iniquité.

4. Je vous offre aussi tout ce qu'il y a de bien en moi, quelque faible, quelque imparfait qu'il soit, afin que, l'épurant, le sanctifiant, le perfectionnant sans cesse, vous le rendiez plus digne de vous, plus agréable à vos yeux, et que vous me conduisiez à une heureuse fin, moi le plus inutile, le plus languissant et le dernier des hommes.

5. Je vous offre encore tous les pieux désirs des âmes

fidèles, les besoins de mes parents, de mes amis, de mes frères, de mes sœurs, de tous ceux qui me sont chers; de ceux qui m'ont fait, ou à d'autres, quelque bien pour l'amour de vous; de ceux qui ont demandé ou désiré que j'offrisse des prières et le saint Sacrifice pour eux et pour les leurs, soit qu'ils vivent encore en la chair, soit que le temps ait fini pour eux.

Que tous sentent le secours de votre grâce, la puissance de vos consolations; protégez-les dans les périls, délivrez-les de leurs peines, et qu'affranchis de tous les maux, ils vous rendent, pleins de joie, d'éclatantes actions de grâces.

6. Je vous offre enfin des supplications et l'hostie de paix, principalement pour ceux qui m'ont offensé en quelque chose, qui m'ont contristé, qui m'ont blâmé, qui m'ont fait quelques torts ou quelques peines; et pour tous ceux aussi que j'ai moi-même affligés, blessés, troublés, scandalisés, le sachant ou sans le savoir; afin que vous nous pardonniez à tous nos péchés et nos offenses mutuelles.

Otez de nos cœurs, ô mon Dieu! le soupçon, l'aigreur, la colère, tout ce qui divise, tout ce qui peut altérer la charité et diminuer l'amour fraternel.

Ayez pitié, Seigneur, ayez pitié de ces pauvres qui implorent votre grâce, votre miséricorde; et faites que nous soyons dignes de jouir ici-bas de vos dons, et d'arriver à l'éternelle vie. Ainsi soit-il.

RÉFLEXION.

Après s'être purifié par le sacrement de pénitence, et s'être uni, selon tout ce qu'il est, à Jésus-Christ, hostie de propitiation pour le salut des hommes, le prêtre s'offre encore pour eux et pour lui-même, afin que la vertu du sacrifice qui va s'accomplir lui soit appliquée, et à ses frères, et à tous ceux pour qui Jésus-Christ, sacrificateur et victime[1], l'a consommé sur la Croix. Comme le Sauveur s'est immolé pour lui, il veut s'immoler pour le Sauveur, ne vivre que pour sa gloire, et mourir pour elle. Il le supplie de consumer dans le feu de son amour tout ce qui reste en lui d'impur et de terrestre. Il dépose, en quelque manière, sur l'autel et ses pensées et ses affections, ses volontés, ses désirs, tout son être, afin d'être revêtu en Jésus-Christ d'une vie nouvelle, de cette *vie selon Dieu*[2], qui fait que l'homme *ne vit plus pour soi, mais pour celui qui est mort et ressuscité pour lui*[3]. Ainsi anéanti dans la présence du souverain Maître, et comme baigné déjà du sang qui demande grâce, il intercède pour ses proches, ses amis, ses bienfaiteurs, pour ses ennemis même, pour ceux qui le haïssent et le persécutent, embrassant dans sa charité, immense comme celle du Christ, toutes les créatures qu'il a rachetées, tous les enfants du Père céleste, *qui fait luire son soleil sur les bons et sur les méchants*[4]. Élevé, par l'onction sacerdotale, entre la terre et le ciel, il couvre, pour ainsi dire, le genre humain tout entier de sa prière et de son amour. Il le voit, par le péché, dans un état de mort, et ses désirs l'enfantent à la vie : semblable au Médiateur suprême, qui, *dans les jours de sa chair, offrant avec un grand cri et avec larmes des prières et des supplications à celui qui peut sauver de la mort, fut exaucé*

1. Hebr. IX, 14. — 2. I. Petr. IV, 6. — 3. II. Cor. V, 15. — 4. Matth. V, 45.

à cause de son respect[1]. Oui, *le salut vient du Seigneur*[2]; *il a fait éclater les merveilles de son Saint*[3]. Prêtres du Dieu vivant, *offrez-lui le sacrifice de justice*[4]. *Je vous prierai, Seigneur ; vous entendrez ma voix le matin : le matin je me présenterai devant vous ; j'entrerai dans votre maison, et, rempli de votre crainte, j'adorerai dans votre saint temple ; et tous ceux qui espèrent en vous se réjouiront, et ils tressailliront d'allégresse éternellement, parce que vous habiterez en eux*[5].

1. Hebr. v, 7. — 2. Ps. III, 9. — 3. Ps. IV, 4. — 4. *Ibid.*, 6. — 5. Ps. v, 4, 5, 12.

CHAPITRE X.

QU'ON NE DOIT PAS FACILEMENT S'ÉLOIGNER DE LA SAINTE COMMUNION.

VOIX DU BIEN-AIMÉ.

1. Il faut recourir souvent à la source de la grâce et de la divine miséricorde, à la source de toute bonté et de toute pureté, afin que vous puissiez être guéri de vos passions et de vos vices, et que, plus fort et plus vigilant, vous ne soyez ni vaincu par les attaques du démon, ni surpris par ses artifices.

L'ennemi des hommes, sachant quel est le fruit de la sainte Communion, et combien est grand le remède qu'y trouvent les âmes pieuses et fidèles, s'efforce, en toute occasion et par tous les moyens, de les en éloigner autant qu'il peut.

2. Aussi est-ce au moment où ils s'y disposent, que quelques-uns éprouvent les plus vives attaques de Satan.

Cet esprit de malice, comme il est écrit au livre de Job,

vient parmi les enfants de Dieu pour les troubler par les ruses ordinaires de sa haine, cherchant à leur inspirer des craintes excessives et de pénibles perplexités, pour affaiblir leur amour, ébranler leur foi, afin qu'ils renoncent à communier, ou qu'ils ne communient qu'avec tiédeur.

Mais il ne faut pas s'inquiéter de ses artifices et de ses suggestions, quelque honteuses, quelque horribles qu'elles soient, mais les rejeter toutes sur lui.

Il faut se rire avec mépris de cet esprit misérable, et n'abandonner jamais la sainte Communion, à cause de ses attaques et des mouvements qu'il excite en nous.

3. Souvent aussi l'on s'en éloigne par un désir trop vif de la ferveur sensible, et parce qu'on a conçu de l'inquiétude sur sa confession.

Agissez selon le conseil des personnes prudentes, et bannissez de votre cœur l'anxiété et les scrupules, parce qu'ils détruisent la piété, et sont un obstacle à la grâce de Dieu.

Ne vous privez point de la sainte Communion, dès que vous éprouvez quelque trouble ou une légère peine de conscience; mais confessez-vous au plus tôt, et pardonnez sincèrement aux autres les offenses que vous avez reçues d'eux.

Que si vous avez vous-même offensé quelqu'un, demandez-lui humblement pardon, et Dieu aussi vous pardonnera.

4. Que sert de tarder à se confesser, et de différer la sainte Communion?

Purifiez-vous promptement, hâtez-vous de rejeter le

venin et de recourir au remède; vous vous en trouverez mieux que de différer longtemps.

Si vous différez aujourd'hui pour une raison, peut-être s'en présentera-t-il demain une plus forte; et vous pourriez ainsi être sans cesse détourné de la Communion, et sans cesse vous y sentir moins disposé.

Ne perdez pas un moment, secouez votre langueur, déchargez-vous de ce qui vous pèse : car à quoi revient-il de vivre toujours dans l'anxiété, toujours dans le trouble, et d'être éloigné chaque jour par de nouveaux obstacles de la Table sainte?

Rien au contraire ne nuit davantage que de s'abstenir longtemps de communier, car d'ordinaire l'âme tombe par là dans un profond assoupissement.

O douleur! il se rencontre des chrétiens si tièdes et si lâches, qu'ils saisissent avec joie tous les prétextes pour différer à se confesser, et dès lors aussi à communier, afin de n'être pas obligés de veiller avec plus de soin sur eux-mêmes.

5. Hélas! qu'ils ont peu de pitié, peu d'amour, ceux qui se privent si aisément de la sainte Communion!

Qu'il est heureux, au contraire, et agréable à Dieu, celui qui vit de telle sorte, et qui conserve sa conscience si pure, qu'il serait préparé à communier tous les jours, et communierait en effet s'il lui était permis, et qu'il pût le faire sans singularité!

Si quelqu'un s'en abstient quelquefois par humilité, ou par une cause légitime, on doit louer son respect.

Mais si sa ferveur s'est refroidie, il doit se ranimer, et

faire tout ce qu'il peut; et Dieu secondera ses désirs, à cause de la droiture de sa volonté, qu'il considère principalement.

6. Que si des motifs légitimes l'empêchent de s'approcher de la sainte Table, il conservera toujours l'intention et le saint désir de communier; et ainsi il ne sera pas entièrement privé du fruit du Sacrement.

Quoique tout fidèle doive, à certains jours et au temps fixé, recevoir, avec un tendre respect, le Corps du Sauveur dans son Sacrement, et rechercher en cela plutôt la gloire de Dieu que sa propre consolation; cependant il peut aussi communier en esprit tous les jours, à toute heure, avec beaucoup de fruit.

Car il communie de cette manière, et se nourrit invisiblement de Jésus-Christ toutes les fois qu'il médite avec piété les mystères de son Incarnation et de sa Passion, et qu'il s'enflamme de son amour.

7. Celui qui ne se prépare à la Communion qu'aux approches des fêtes, ou quand la coutume l'y oblige, sera souvent mal préparé.

Heureux celui qui s'offre au Seigneur en holocauste toutes les fois qu'il célèbre le sacrifice, ou qu'il communie.

Ne soyez, en célébrant les saints mystères, ni trop lent ni trop prompt, mais conformez-vous à l'usage ordinaire et régulier de ceux avec qui vous vivez.

Il ne faut point fatiguer les autres ni leur causer d'ennui, mais suivre l'ordre commun établi par vos pères, et consulter plutôt l'utilité de tous, que votre attrait et votre piété particulière.

RÉFLEXION.

Qu'il faille exciter des chrétiens à s'asseoir à la Table sainte, à se nourrir du pain de vie, à recevoir en eux l'*auteur et le consommateur de la foi*[1], le Sauveur des hommes, le Verbe de Dieu; qu'ils cherchent de tous côtés des prétextes pour se tenir éloignés de lui; qu'ils regardent comme une dure obligation le devoir qu'impose l'Église de participer, en certains temps, au corps et au sang de Jésus-Christ : c'est quelque chose de si prodigieux et tout ensemble de si effrayant, que l'âme fuit cette pensée, comme elle fuirait une vision de l'enfer. Mais, parmi les fidèles que l'amour attire au banquet sacré de l'Époux, il en est qui, abusés par de tristes et fausses doctrines, ou retenus par les scrupules d'une conscience timide à l'excès, ne se croient jamais assez préparés, et se privent volontairement de la divine Eucharistie, à cause du respect même que leur inspire cet auguste sacrement. Sans doute on doit s'éprouver soi-même; sans doute il serait à désirer que ceux qui mangent le pain des Anges eussent toute la pureté de ces célestes esprits : mais celui qui connaît notre misère, et qui est venu la guérir, n'exige pas que l'homme soit parfait pour approcher de la source des grâces; il demande seulement qu'il se soit purifié par la pénitence, et qu'il apporte au pied de l'autel *un cœur contrit et humilié*[2]; un repentir sincère de ses fautes, une volonté droite, un amour ardent. Tandis que Jésus repousse et maudit les Pharisiens, superbes observateurs de la Loi, il accueille la femme pécheresse, il compatit à son humble douleur, il bénit ses larmes, *et beaucoup de péchés lui sont remis, parce qu'elle a beaucoup aimé*[3]. Trop souvent les apparentes délicatesses de conscience qui séparent longtemps de la communion, cachent un grand et coupable orgueil. Au lieu de

1. Hebr. XII, 2. — 2. Ps. L, 19. — 3. Luc. VII, 47.

s'abandonner aux conseils du guide qui tient la place de Dieu, on veut se conduire et se juger soi-même : erreur funeste dont le dernier terme, le terme inévitable, est ou le désespoir ou une effroyable présomption. Ne quittez, ne quittez jamais la voie de l'obéissance : toutes les autres aboutissent à la perdition. Si l'on vous interdit l'accès de la Table sainte, abstenez-vous et pleurez; car quel sujet plus légitime de pleurer? Si l'on vous dit : Allez à Jésus dans le sacrement de son amour, approchez avec allégresse. Nulle disposition n'égale le sacrifice entier du raisonnement humain et de la volonté propre; ayez en tout et toujours la simplicité d'un petit enfant : la simplicité du cœur est chère à Dieu; il la bénit pour le temps, il la bénit pour l'éternité.

CHAPITRE XI.

QUE LE CORPS DE JÉSUS-CHRIST ET L'ÉCRITURE SAINTE SONT TRÈS-NÉCESSAIRES A L'AME FIDÈLE.

VOIX DU DISCIPLE.

1. Seigneur Jésus, quelles délices inondent l'âme fidèle admise à votre Table, où on ne lui présente d'autre aliment que vous-même, son unique bien-aimé, le plus cher objet de ses désirs !

Oh ! qu'il me serait doux de répandre en votre présence des pleurs d'amour, et d'arroser vos pieds de mes larmes, comme Madeleine !

Mais où est cette tendre piété, et cette abondante effusion de larmes saintes ?

Certes, en votre présence et celle des saints Anges, tout mon cœur devrait s'embraser et se fondre de joie.

Car vous m'êtes véritablement présent dans votre Sacrement, quoique caché sous des apparences étrangères.

2. Mes yeux ne pourraient supporter l'éclat de votre divine lumière, et le monde entier s'évanouirait devant la splendeur de votre gloire.

C'est donc pour ménager ma faiblesse que vous vous cachez sous les voiles du Sacrement.

Je possède réellement et j'adore celui que les Anges adorent dans le ciel : mais je ne le vois encore que par la foi, tandis qu'ils le voient tel qu'il est et sans voile.

Il faut que je me contente de ce flambeau de la vraie foi, et que je marche à sa lumière, *jusqu'à ce que luise l'aurore du jour éternel, et que les ombres des figures déclinent*[1].

Mais *quand ce qui est parfait sera venu*[2], l'usage des Sacrements cessera, parce que les bienheureux, dans la gloire céleste, n'ont plus besoin de secours.

Ils se réjouissent sans fin dans la présence de Dieu, et contemplent sa gloire face à face; pénétrés de sa lumière et comme plongés dans l'abîme de sa divinité, ils goûtent le Verbe de Dieu fait chair, tel qu'il était au commencement et tel qu'il sera durant toute l'éternité.

3. Qu'au souvenir de ces merveilles, tout me soit un pesant ennui, même les consolations spirituelles! car tandis que je ne verrai point le Seigneur mon Dieu dans l'éclat de sa gloire, tout ce que je vois, tout ce que j'entends en ce monde ne m'est rien.

Vous m'êtes témoin, Seigneur, que je ne trouve nulle part de consolation, de repos en nulle créature; je ne puis

1. Cant. II, 17. — 2. I. Cor. XIII, 10.

en trouver qu'en vous seul, mon Dieu, que je désire contempler éternellement.

Mais cela ne peut être tant que je vivrai dans ce corps mortel.

Il faut donc que je me prépare à une grande patience, et que je soumette à votre volonté tous mes désirs.

Car vos Saints, Seigneur, qui, ravis d'allégresse, règnent maintenant avec vous dans le ciel, ont aussi, pendant qu'ils vivaient, attendu avec une grande foi et une grande patience l'avénement de votre gloire.

Je crois ce qu'ils ont cru; ce qu'ils ont espéré, je l'espère; j'ai la confiance de parvenir, aidé de votre grâce, là où ils sont parvenus.

Jusque-là, je marcherai dans la foi, fortifié par leurs exemples.

J'aurai aussi les Livres saints pour me consoler et m'instruire, et par-dessus tout votre sacré Corps, pour remède et pour refuge.

4. Car je sens que deux choses me sont ici-bas souverainement nécessaires, et que sans elles je ne pourrais porter le poids de cette misérable vie.

Enfermé dans la prison du corps, j'ai besoin d'aliments et de lumière.

C'est pourquoi vous avez donné à ce pauvre infirme votre chair sacrée pour être la nourriture de son âme et de son corps, *et votre parole pour luire comme une lampe devant ses pas*[1].

1. Ps. CXVIII, 105.

Je ne pourrais vivre sans ces deux choses : car la parole de Dieu est la lumière de l'âme, et votre Sacrement le pain de vie.

On peut encore les regarder comme deux tables placées dans les trésors de l'Église.

L'une est la table de l'autel sacré, sur lequel repose un pain sanctifié, c'est-à-dire le Corps précieux de Jésus-Christ.

L'autre est la table de la loi divine, qui contient la doctrine sainte, qui enseigne la vraie foi, qui soulève le voile du sanctuaire, et nous conduit avec sûreté jusque dans le Saint des saints.

Je vous rends grâces, Seigneur Jésus, lumière de l'éternelle lumière, de nous avoir donné, par le ministère des prophètes, des apôtres et des autres docteurs, cette table de la doctrine sainte.

5. Je vous rends grâces, ô Créateur et Rédempteur des hommes, de ce qu'afin de manifester votre amour au monde, vous avez préparé un grand festin, où vous nous offrez pour nourriture, non l'agneau figuratif, mais votre très-saint Corps et votre Sang.

Dans ce sacré banquet, que partagent avec nous les Anges, mais dont ils goûtent plus vivement la douceur, vous comblez de joie tous les fidèles, et vous les enivrez du calice du salut, qui contient toutes les délices du ciel.

6. Oh ! qu'elles sont grandes, qu'elles sont glorieuses les fonctions des prêtres, à qui il a été donné de consacrer le Dieu de majesté par des paroles saintes, de le bénir de

leurs lèvres, de le tenir entre leurs mains, de le recevoir dans leur bouche, et de le distribuer aux autres hommes!

Oh! qu'elles doivent être innocentes les mains du prêtre, que sa bouche doit être pure, son corps saint et son âme exempte des plus légères taches, pour recevoir si souvent l'auteur de la pureté!

Il ne doit sortir rien que de saint, rien que d'honnête, rien que d'utile, de la bouche du prêtre qui participe si fréquemment au Sacrement de Jésus-Christ.

7. Qu'ils soient simples et chastes, les yeux qui contemplent habituellement le Corps de Jésus-Christ. Qu'elles soient pures et élevées au ciel, les mains qui touchent sans cesse le Créateur du ciel et de la terre.

C'est aux prêtres surtout qu'il est dit dans la Loi : *Soyez saints, parce que je suis saint, moi le Seigneur votre Dieu*[1].

8. Que votre grâce nous aide, ô Dieu tout-puissant! nous qui avons été revêtus du sacerdoce, afin que nous puissions vous servir dignement, avec une vraie piété et une conscience pure.

Et si nous ne pouvons vivre dans une innocence aussi parfaite que nous le devrions, accordez-nous du moins de pleurer sincèrement nos fautes, et de former, en esprit d'humilité, la ferme résolution de vous servir désormais avec plus de ferveur.

1. Lev. XIX, 2; XX, 7.

RÉFLEXION.

Qu'est-ce que la terre? Un lieu d'exil, *une vallée de larmes*, comme l'appelle l'Église. L'homme y cherche dans les ténèbres la vérité, qui est la vie de son intelligence; il y cherche, au milieu de maux sans nombre, un bien, il ne sait quel bien, immense, inépuisable, éternel, qui est la vie de son cœur : et tout ce qu'il cherche lui échappe. Le doute, l'opinion, l'erreur, fatiguent sa raison épuisée. Ce qu'il a cru des biens se change en amertume. Il trouve au fond de tout le vide et l'ennui : est-il seul, son âme retombe avec douleur sur elle-même; il a besoin de support, et malheur à lui s'il met sa confiance dans les autres hommes! Ils se masquent pour le surprendre, ils profanent pour le tromper le nom d'ami : tandis que leur bouche lui sourit, ils lui tendent des piéges dans l'ombre, et quand, à force de ruses, de mensonges et de basses noirceurs, ils l'ont enveloppé de leurs rets, tout à coup, se dévoilant, ils se ruent sur lui et le dévorent, comme l'hyène dévore sa proie. Lamentable condition! Mais Dieu n'a pas abandonné sa pauvre créature dans ces extrémités de la misère. Il l'éclaire par sa parole, il la soutient par sa grâce, il l'anime, il la console par la foi d'une vie meilleure, par l'espérance de posséder, après ces jours d'épreuve, le bien auquel elle aspire, le bien infini, qui est lui-même. Et ses dons merveilleux d'un amour inénarrable, rassemblés, concentrés en quelque sorte dans la divine Eucharistie, y sont offerts à nos désirs sans autre mesure que ces désirs mêmes. Toutes les fois que nous approchons de cet auguste Sacrement, nous recevons en nous la Sagesse, la Lumière incréée, le Verbe de Dieu, la Parole vivante; nous recevons l'Auteur de la grâce, le Consommateur de la foi, le gage immortel de notre espérance : la chair crucifiée pour nous s'incorpore à notre chair, le sang qui a sauvé le monde se mêle à notre sang; un saint baiser unit notre âme à l'âme du Rédempteur; sa divinité nous pénètre, et consume en nous tout ce que le péché avait corrompu : l'ami fidèle repose dans notre sein, il nous parle, il nous dit : *Pose-moi comme un sceau sur ton cœur; car l'amour est plus fort que la mort*[1] : et alors, embrasés de cet *amour ardent comme le feu*[2], nous ne voyons plus que le bien-aimé, nous n'avons plus de vie que la sienne, et la tristesse de notre pèlerinage s'évanouit dans les joies du ciel.

1. Cant. VIII, 6. — 2. *Ibid.*

CHAPITRE XII.

QU'ON DOIT SE PRÉPARER AVEC UN GRAND SOIN A LA SAINTE COMMUNION.

VOIX DU BIEN-AIMÉ.

1. Je suis l'ami de la pureté, et c'est de moi que vient toute sainteté.

Je cherche un cœur pur, et là est le lieu de mon repos.

Préparez-moi un grand Cénacle, et je célébrerai chez vous la Pâque avec mes disciples[1].

Si vous voulez que je vienne à vous, et que je demeure en vous, *purifiez-vous du vieux levain*[2], et nettoyez la maison de votre cœur.

Bannissez-en les pensées du siècle et le tumulte des vices.

Comme le passereau qui gémit sous un toit solitaire[3], rappelez-vous vos péchés dans l'amertume de votre âme.

Car un ami prépare toujours à son ami le lieu le meil-

1. Marc. XIV, 15; Luc. XXII, 12. — 2. I. Cor. V, 7. — 3. Ps. CI, 8.

leur et le plus beau; et c'est ainsi qu'il lui fait connaître avec quelle affection il le reçoit.

2. Sachez cependant que vous ne pouvez, quels que soient vos propres efforts, vous préparer dignement, quand vous y emploieriez une année entière, sans vous occuper d'autre chose.

Mais c'est par ma grâce et ma seule bonté qu'il vous est permis d'approcher de ma table, comme un mendiant invité au festin du riche, et qui n'a pour reconnaître ce bienfait que d'humbles actions de grâces.

Faites ce qui est en vous, et faites-le avec grand soin. Recevez, non pour suivre la coutume ou pour remplir un devoir rigoureux, mais avec crainte, avec respect, avec amour, le corps du Seigneur bien-aimé, de votre Dieu, qui daigne venir à vous.

C'est moi qui vous appelle, qui vous commande de venir : je suppléerai à ce qui vous manque ; venez et recevez-moi.

3. Lorsque je vous accorde le don de la ferveur, remerciez-en votre Dieu : car ce n'est pas que vous en soyez digne, mais parce que j'ai eu pitié de vous.

Si vous vous sentez, au contraire, aride, priez avec instance, gémissez et ne cessez point de frapper à la porte, jusqu'à ce que vous obteniez quelque miette de ma table, ou une goutte des eaux salutaires de la grâce.

Vous avez besoin de moi, et je n'ai pas besoin de vous. Vous ne venez pas à moi pour me sanctifier; mais c'est moi qui viens à vous pour vous rendre meilleur et plus saint.

Vous venez pour que je vous sanctifie, et pour vous unir à moi, pour recevoir une grâce nouvelle, et vous enflammer d'une nouvelle ardeur d'avancer dans la vertu.

Ne négligez point cette grâce; mais préparez votre cœur avec un soin extrême, et recevez-y votre bien-aimé.

4. Mais il ne faut pas seulement vous exciter à la ferveur avant la Communion, il faut encore travailler à vous y conserver après; et la vigilance qui la doit suivre n'est pas moins nécessaire que la préparation qui la précède : car cette vigilance est elle-même la meilleure préparation pour obtenir une grâce plus grande.

Rien, au contraire, n'éloigne davantage les dispositions où l'on doit être pour communier, que de se trop répandre au dehors en sortant de la Table sainte.

Parlez peu, retirez-vous dans un lieu secret, et jouissez de votre Dieu.

Car vous possédez celui que le monde entier ne peut vous ravir.

Je suis celui à qui vous vous devez donner sans réserve; de sorte que, dégagé de toute inquiétude, vous ne viviez plus en vous, mais en moi.

RÉFLEXION.

La préparation à la Pâque nouvelle comprend deux choses : il faut purifier le Cénacle, il faut l'orner; c'est-à-dire que, pour recevoir dignement le corps et le sang de Jésus-Christ, l'âme doit être avant tout exempte de souillures, elle doit avoir été lavée dans les eaux de la pénitence, et ensuite s'être exercée à la pratique des vertus, qui la rendent agréable à Dieu. Ce qui plaît au Seigneur, ce qui attire ses grâces, c'est une profonde humilité[1], un souverain mépris de soi-même, une foi vive, un abandon parfait à ses volontés, le détachement de la terre et le désir des biens célestes : *la charité qui est douce, patiente, qui n'est point jalouse, qui n'agit point témérairement, qui ne s'enfle point d'orgueil, qui n'est point ambitieuse, qui ne cherche point ses intérêts, qui ne s'aigrit de rien, ne soupçonne point le mal, ne se réjouit point de l'injustice, mais se réjouit de la vérité; qui souffre tout, croit tout, espère tout, supporte tout*[2] : charité vraiment divine, et, selon la doctrine du grand Apôtre, préférable à tout ce qu'il y a de plus élevé. *Quand je parlerais toutes les langues des hommes et le langage des Anges, si je n'ai point la charité, je suis comme un airain sonnant, ou une cymbale retentissante. Et quand j'aurais le don de prophétie, quand je pénétrerais tous les mystères, et que je posséderais toute science, quand j'aurais la foi parfaite jusqu'à transporter les montagnes, si je n'ai point la charité, je ne suis rien. Et quand j'aurais distribué tous mes biens pour nourrir les pauvres, et livré mon corps aux flammes, si je n'ai point la charité, tout cela ne me sert de rien*[3]. Ame chrétienne, qui aspirez au banquet nuptial, imitez donc les Vierges sages; *prenez de l'huile, allumez votre lampe, pour aller au-devant de l'Époux*[4]; car celles dont les lampes seront éteintes, entendront cette parole terrible : *En vérité, je ne vous connais point*[5].

1. I. Petr. v, 5. — 2. I. Cor. xiii, 4-7. — 3. *Ibid.*, 1-3. — 4. Luc. xxv, 4 et seq. — 5. *Ibid.*, 12.

CHAPITRE XIII.

QUE LE FIDÈLE DOIT DÉSIRER DE TOUT SON CŒUR DE S'UNIR A JÉSUS-CHRIST DANS LA COMMUNION.

VOIX DU DISCIPLE.

1. Qui me donnera, Seigneur, de vous trouver seul, et de vous ouvrir tout mon cœur, et de jouir de vous comme mon âme le désire ; de sorte que je ne sois plus pour personne un objet de mépris, et, qu'étranger à toute créature, vous me parliez seul, et moi à vous, comme un ami parle à son ami, et s'assied avec lui à la même table?

Ce que je demande, ce que je désire, c'est d'être uni tout entier à vous, que mon cœur se détache de toutes les choses créées, et que, par la sainte Communion et la fréquente célébration des divins mystères, j'apprenne à goûter les choses du ciel et de l'éternité.

Ah! Seigneur mon Dieu, quand, m'oubliant tout à fait moi-même, serai-je parfaitement uni à vous, et absorbé en vous?

Que je sois en vous, et vous en moi, et que cette union soit inaltérable !

2. Vous êtes vraiment mon bien-aimé, *choisi entre mille*[1], en qui mon âme se complaît et veut demeurer à jamais.

Vous êtes le *Roi pacifique*[2]; en vous est la paix souveraine et le vrai repos; hors de vous, il n'y a que travail, douleur, misère infinie.

Vous êtes vraiment un Dieu caché; vous vous éloignez des impies, mais *vous aimez à converser avec les humbles et les simples*[3].

Oh! que votre tendresse est touchante, Seigneur, vous qui, pour montrer à vos enfants tout votre amour, daignez les rassasier d'un pain délicieux qui descend du ciel[4]!

Certes, *nul autre peuple, quelque grand qu'il soit, n'a des dieux qui s'approchent de lui*[5] comme vous, ô mon Dieu; vous vous rendez présent à tous vos fidèles, vous donnant vous-même à eux chaque jour, pour être leur nourriture, et pour qu'ils jouissent de vous, afin de les consoler et d'élever leur cœur vers le ciel.

3. Quel est le peuple, en effet, comparable au peuple chrétien? quel est, sous le ciel, la créature aussi chérie que l'âme fervente en qui Dieu daigne entrer pour la nourrir de sa chair glorieuse?

O faveur ineffable! ô condescendance merveilleuse! ô amour infini, qui n'a été montré qu'à l'homme !

1. Cant. v, 10. — 2. I. Paralip. xxii, 9. — 3. Is. xiv, 15; Prov. iii, 32. — 4. Office du S. Sacrem. — 5. Deut. iv, 7.

Mais que rendrai-je au Seigneur pour cette grâce, pour cette immense charité?

Je ne puis rien offrir à mon Dieu qui lui soit plus agréable que de lui donner mon cœur sans réserve, et de m'unir intimement à lui.

Alors mes entrailles tressailliront de joie, lorsque mon âme sera parfaitement unie à Dieu.

Alors il me dira : Si vous voulez être avec moi, je veux être avec vous. Et je lui répondrai : Daignez demeurer avec moi, Seigneur; je désire ardemment d'être avec vous. Tout mon désir est que mon cœur vous soit uni.

RÉFLEXION.

« Je m'abandonne à vous, ô mon Dieu : à votre unité pour « être fait un avec vous; à votre infinité et à votre immensité « incompréhensible, pour m'y perdre et m'y oublier moi-même; « à votre sagesse infinie, pour être gouverné selon vos desseins, et « non pas selon mes pensées; à vos décrets éternels, connus et « inconnus, pour m'y conformer, parce qu'ils sont tous égale- « ment justes; à votre éternité, pour en faire mon bonheur; à « votre toute-puissance, pour être toujours sous votre main; à « votre bonté paternelle, afin que, dans le temps que vous m'avez « marqué, vous receviez mon esprit entre vos bras; à votre « justice, autant qu'elle justifie l'impie et le pécheur, afin que, « d'impie et de pécheur, vous le fassiez juste et saint. Il n'y a « qu'à cette justice qui punit les crimes que je ne veux pas « m'abandonner, car ce serait m'abandonner à la damnation que « je mérite; et néanmoins, Seigneur, elle est sainte, cette jus-

« tice, comme tous vos autres attributs; elle est sainte et ne doit « pas être privée de son sacrifice. Il faut donc aussi m'y aban- « donner, et voici que Jésus-Christ se présente, afin que je « m'y abandonne en lui et par lui[1]. »

1. Bossuet.

CHAPITRE XIV.

DU DÉSIR ARDENT QUE QUELQUES AMES SAINTES ONT DE RECEVOIR LE CORPS DE JÉSUS-CHRIST.

VOIX DU DISCIPLE.

1. *Combien est grande, ô mon Dieu, l'abondance de douceur que vous avez réservée à ceux qui vous craignent*[1] *!*

Quand je viens à considérer avec quel désir et quel amour quelques âmes fidèles s'approchent, Seigneur, de votre Sacrement, alors je me confonds souvent en moi-même, et je rougis de me présenter à votre autel et à la table sacrée de la Communion avec tant de froideur et de sécheresse; d'y porter un cœur si aride, si tiède; et de ne point ressentir cet attrait puissant, cette ardeur qu'éprouvent quelques-uns de vos serviteurs, qui, en se disposant à vous recevoir, ne sauraient retenir leurs larmes, tant le désir qui les presse est grand, et leur émotion profonde.

Ils ont soif de vous, ô mon Dieu, qui êtes la source

1. Ps. xxx, 23.

d'eau vive ; et leur cœur et leur bouche s'ouvrent également pour s'y désaltérer. Rien ne peut rassasier ni tempérer leur faim, que votre sacré Corps, qu'ils reçoivent avec une sainte avidité et les transports d'une joie ineffable.

2. Oh ! que cette ardente foi est une preuve sensible de votre présence dans le Sacrement !

Car *ils reconnaissent véritablement le Seigneur dans la fraction du pain, ceux dont le cœur est tout brûlant, lorsque Jésus est avec eux*[1].

Qu'une affection si tendre, un amour si vif, est souvent loin de moi !

Soyez-moi propice, ô bon Jésus, plein de douceur et de miséricorde ! Ayez pitié d'un pauvre mendiant, et faites que j'éprouve, au moins quelquefois, dans la sainte Communion, quelques mouvements de cet amour qui embrase tout le cœur, afin que ma foi s'affermisse, que mon espérance en votre bonté s'accroisse, et qu'enflammé par cette manne céleste, jamais la charité ne s'éteigne en moi.

3. Dieu de bonté, vous êtes tout-puissant pour m'accorder la grâce que j'implore, pour me remplir de l'esprit de ferveur, et me visiter dans votre clémence, quand le jour choisi par vous sera venu.

Car encore que je ne brûle pas de la même ardeur que ces âmes pieuses, cependant, par votre grâce, j'aspire à leur ressembler, désirant et demandant d'être compté parmi ceux qui ont pour vous un si vif amour, et d'entrer dans leur société sainte.

1. Luc. XXIV, 49.

RÉFLEXION.

Avant le jour de la Pâque, Jésus sachant que son heure était venue de passer de ce monde à son Père, comme il avait aimé les siens qui étaient dans le monde, il les aima jusqu'à la fin[1]. Ce fut alors qu'il institua la divine Eucharistie, comme pour perpétuer sa demeure au milieu des disciples qu'il avait aimés, et de tous ceux qu'il aimerait jusqu'à la consommation des siècles, accomplissant ainsi cette promesse : *Je ne vous laisserai pas orphelins ; je viendrai à vous*[2] : et il est venu, *il a habité parmi nous, et nous avons vu sa gloire, la gloire du Fils unique du Père, plein de grâce et de vérité*[3]. Il est vrai que sa présence se dérobe à nos sens; mais elle n'en est ni moins réelle, ni moins efficace : ainsi je crois, Seigneur; ainsi j'adore. Si Jésus-Christ, en se donnant à nous dans le Sacrement de l'autel, ne se couvrait pas d'un voile, s'il ne retenait pas en soi une partie de sa lumière, s'il se montrait selon tout ce qu'il est, *plus beau qu'aucun des enfants des hommes*[4], et avec une tendresse ineffable aspirant de s'unir à nous, *corps à corps, cœur à cœur, esprit à esprit*[5], notre frêle humanité ne pourrait supporter le poids d'une félicité semblable, et l'âme briserait ses liens mortels. C'est pourquoi le divin Sauveur a voulu ne se rendre visible qu'à la foi seule ; et la foi suffit pour embraser de telles ardeurs les vrais fidèles, qu'il n'est rien sur la terre de comparable à leur amour. Aucune langue ne peut exprimer ce qui se passe, dans le secret du cœur, entre l'Époux et l'Épouse : ces transports, ce calme, ces élans du désir, cette joie de la possession, ces chastes embrassements de deux âmes perdues l'une dans l'autre, cette douce langueur, ces paroles brûlantes, ce silence plus ravissant : Ah ! *si vous saviez le don de*

1. Joan. XIII, 1. — 2. *Ibid.*, XIV, 18. — 3. *Ibid.*, I, 14. — 4. Ps. XLIV, 3. — 5. Bossuet.

Dieu, et quel est celui qui vous dit : Donnez-moi à boire, vous lui demanderiez vous-même, et il vous donnerait de l'eau vive[1]. Tous les Saints lui ont demandé, et il a entendu leur voix, et il les a désaltérés à la source éternelle. Demandez aussi, priez, suppliez : *l'Esprit et l'Épouse disent : Venez. Et que celui qui écoute, dise : Venez. Que celui qui a soif vienne, et que celui qui veut, reçoive gratuitement l'eau qui donne la vie.* Et l'Époux dit : *Je viens. Ainsi soit-il ! Venez, Seigneur Jésus*[2].

1. Joan. IV, 10. — 2. Apoc. XXII, 17, 20.

CHAPITRE XV.

QUE LA GRACE DE LA DÉVOTION S'ACQUIERT PAR L'HUMILITÉ ET L'ABNÉGATION DE SOI-MÊME.

VOIX DU BIEN-AIMÉ.

1. Il faut désirer ardemment la grâce de la ferveur, ne vous lasser jamais de la demander, l'attendre patiemment et avec confiance, la recevoir avec gratitude, la conserver avec humilité, concourir avec zèle à son opération, et, jusqu'à ce que Dieu vienne à vous, ne vous point inquiéter en quel temps et de quelle manière il lui plaira de vous visiter.

Vous devez surtout vous humilier lorsque vous ne sentez en vous que peu ou point de ferveur; mais ne vous laissez point trop abattre, et ne vous affligez point avec excès.

Souvent Dieu donne en un moment ce qu'il a longtemps refusé; il accorde quelquefois à la fin de la prière ce qu'il a différé de donner au commencement.

2. Si la grâce était toujours donnée aussitôt qu'on la

désire, ce serait une tentation pour la faiblesse de l'homme.

C'est pourquoi l'on doit attendre la grâce de la ferveur avec une confiance ferme et une humble patience.

Lorsqu'elle vous est cependant ou refusée ou ôtée secrètement, ne l'imputez qu'à vous-même et à vos péchés.

C'est souvent peu de chose qui arrête ou qui affaiblit la grâce; si pourtant l'on peut appeler peu de chose, et si l'on ne doit pas plutôt compter pour beaucoup, ce qui nous prive d'un si grand bien.

Mais, quel que soit cet obstacle, si vous le surmontez parfaitement, vous obtiendrez ce que vous demandez.

3. Car dès que vous vous serez donné à Dieu de tout votre cœur, et que, cessant d'errer d'objets en objets au gré de vos désirs, vous vous serez remis entièrement entre ses mains, vous trouverez la paix dans cette union, parce que rien ne vous sera doux que ce qui peut lui plaire.

Quiconque élèvera donc son intention vers Dieu avec un cœur simple, et se dégagera de tout amour et de toute aversion déréglée des créatures, sera propre à recevoir la grâce, et digne du don de la ferveur.

Car Dieu répand sa bénédiction où il trouve des vases vides; et plus un homme renonce parfaitement aux choses d'ici-bas, plus il se méprise et meurt à lui-même, plus la grâce vient à lui promptement, plus elle remplit son cœur, et l'affranchit et l'élève.

4. Alors ravi d'étonnement, il verra ce qu'il n'avait point vu, et il sera dans l'abondance, et son cœur se dilatera, parce que le Seigneur est avec lui, et qu'il s'est lui-même remis sans réserve et pour toujours entre ses mains.

C'est ainsi que sera béni l'homme qui cherche Dieu de tout son cœur, et *qui n'a pas reçu son âme en vain*[1].

Ce disciple fidèle, en recevant la sainte Eucharistie, mérite d'obtenir la grâce d'une union plus grande avec le Seigneur, parce qu'il ne considère point ce qui lui est doux, ce qui le console, mais, au-dessus de toute douceur et de toute consolation, l'honneur et la gloire de Dieu.

RÉFLEXION.

Bien qu'on doive aimer Dieu pour lui seul, il est permis de désirer ses dons, pourvu qu'on demeure pleinement soumis à sa volonté sainte. Les grâces les plus précieuses ne sont pas toujours les grâces senties, celles qui, pour ainsi dire, inondent l'âme de lumière et de joie. Elles peuvent, si l'on n'y prend garde, exciter la vaine complaisance. Souvent il est plus sûr de marcher en cette vie dans les ténèbres de la pure foi, d'être éprouvé par la tristesse, la souffrance, l'amertume, et de porter la Croix intérieure comme Jésus, lorsqu'il s'écriait : *Mon Père! pourquoi m'avez-vous délaissé*[2]? Alors tout orgueil est abattu ; on ne trouve en soi qu'infirmité; on s'humilie sous la main qui frappe, mais qui frappe pour guérir, et ce saint exercice d'abnégation, plus méritoire pour l'âme fidèle et plus agréable à Dieu qu'aucune ferveur sensible, attendrit le céleste Époux et le ramène près de l'Épouse qui, privée de son bien-aimé, *veillait* dans sa douleur, *semblable au passereau solitaire qui gémit sous le toit*[3]. Il se découvre à elle dans la divine Eucharistie; il la console, il essuie ses larmes, il lui prodigue ses chastes caresses, il l'embrase de son amour, comme les disciples d'Emmaüs, alors

1. Ps. XXIII, 4. — 2. Marc XV, 34. — 3. Ps. CI, 8.

qu'ils disaient : *Notre cœur n'était-il pas tout brûlant au dedans de nous, lorsqu'il nous parlait dans le chemin, et nous ouvrait les Écritures*[1]*?* Seigneur, je m'avoue indigne de goûter ces ravissantes douceurs. *Je connais mon iniquité, et mon péché est sans cesse devant moi*[2]. Que me devez-vous, sinon la rigueur et le châtiment? Et toutefois j'oserai implorer votre miséricorde immense : je m'approcherai, le front contre terre, de la source d'eau vive, espérant que votre piété en laissera tomber quelques gouttes sur mon âme aride. *Accordez-moi, Seigneur, ce rafraîchissement avant que je m'en aille, et bientôt je ne serai plus*[3].

1. Luc. XXIV, 32. — 2. Ps. L, 5. — 3. Ps. XXVIII, 14.

CHAPITRE XVI.

QU'IL FAUT DANS LA COMMUNION EXPOSER SES BESOINS A JÉSUS-CHRIST, ET LUI DEMANDER SA GRACE.

VOIX DU DISCIPLE.

1. Seigneur plein de tendresse et de bonté, que je désire recevoir en ce moment avec un pieux respect, vous connaissez mon infirmité et mes pressants besoins; vous savez en combien de maux et de vices je suis plongé, quelles sont mes peines, mes tentations, mes troubles et mes souillures.

Je viens à vous chercher le remède, pour obtenir un peu de soulagement et de consolation.

Je parle à celui qui sait tout, qui voit tout ce qu'il y a de plus secret en moi, et qui seul peut me secourir et me consoler parfaitement.

Vous savez quels biens me sont principalement nécessaires, et combien je suis pauvre en vertus.

2. Voilà que je suis devant vous, pauvre et nu, demandant votre grâce, implorant votre miséricorde.

Rassasiez ce mendiant affamé, réchauffez ma froideur du feu de votre amour, éclairez mes ténèbres par la lumière de votre présence.

Changez pour moi toutes les choses de la terre en amertume; faites que tout ce qui m'est dur et pénible fortifie ma patience : que je méprise et que j'oublie tout ce qui est créé, tout ce qui passe.

Élevez mon cœur à vous dans le ciel, et ne me laissez pas errer sur la terre.

Que, de ce moment et à jamais, rien ne me soit doux que vous seul, parce que vous seul êtes ma nourriture, mon breuvage, mon amour, ma joie, ma douceur et tout mon bien.

3. Oh! que ne puis-je, enflammé, embrasé par votre présence, être transformé en vous, de sorte que je devienne un même esprit avec vous, par la grâce d'une union intime, et par l'effusion d'un ardent amour!

Ne souffrez pas que je m'éloigne de vous sans m'être rassasié et désaltéré; mais usez envers moi de la même miséricorde dont vous avez souvent usé avec vos Saints d'une manière si merveilleuse.

Qui pourrait s'étonner qu'en m'approchant de vous je fusse entièrement consumé de votre ardeur, puisque vous êtes un feu qui brûle toujours et ne s'éteint jamais, un amour qui purifie les cœurs, et qui éclaire l'intelligence?

RÉFLEXION.

Ce n'est point en nous efforçant d'élever notre esprit à de sublimes pensées que nous recueillerons le fruit de la sainte Communion ; mais en adorant, pleins d'amour, Jésus-Christ en nous, en lui ouvrant notre cœur, avec une grande confiance et une grande simplicité, *comme un ami parle à son ami* [1]. Nous avons des besoins, il faut les lui exposer. Nous sommes couverts de plaies, il faut les lui montrer, afin qu'il les lave dans son divin sang. Nous sommes faibles, il faut lui demander de ranimer nos forces. Nous sommes nus, affamés, altérés ; il faut lui dire : Ayez pitié de ce pauvre mendiant. De lui découlent toutes les grâces. Écoutez ses paroles : *Je suis la résurrection et la vie : celui qui croit en moi, encore qu'il soit mort, il vivra : et tout homme qui vit et qui croit en moi ne mourra point à jamais. Croyez-vous ainsi*[2] ? « O chrétien ! je ne dis plus rien : c'est Jésus-Christ qui « te parle en la personne de Marthe ; réponds avec elle. *Oui,* « *Seigneur, je crois que vous êtes le Christ, fils du Dieu vivant,* « *qui êtes venu en ce monde* [3]. Ajoutez avec saint Paul : *Afin de* « *sauver les pécheurs, desquels je suis le premier*[4]. Crois donc, « âme chrétienne, adore, espère, aime. O Jésus ! ôtez les voiles, « et que je vous voie. O Jésus ! parlez dans mon cœur, et faites « que je vous écoute. Parlez, parlez, parlez ; il n'y a plus qu'un « moment : parlez. Donnez-moi des larmes pour vous répondre : « frappez la pierre ; et que les eaux d'un amour plein d'espé- « rance, pénétré de reconnaissance, coulent jusqu'à terre [5]. »

1. Levit. XXXIII, 11. — 2. Joan. XI, 25, 26. — 3. *Ibid.*, 27. — 4. I. Tim. I, 15. — 5. Bossuet.

CHAPITRE XVII.

DU DÉSIR ARDENT DE RECEVOIR JÉSUS-CHRIST.

VOIX DU DISCIPLE.

1. Seigneur, je désire vous recevoir avec un pieux et ardent amour, avec toute la tendresse et l'affection de mon cœur, comme vous ont désiré dans la Communion tant de Saints et de fidèles qui vous étaient si chers, à cause de leur vie pure et de leur fervente piété.

O mon Dieu, amour éternel, mon unique bien, ma félicité toujours durable! je désire vous recevoir avec toute la ferveur, tout le respect qu'ait jamais pu ressentir aucun de vos Saints.

2. Et quoique je sois indigne d'éprouver ces admirables sentiments d'amour, je vous offre cependant toute l'affection de mon cœur, comme si j'étais animé seul de ces désirs enflammés qui vous sont si agréables.

Tout ce que peut concevoir et désirer une âme pieuse, je vous le présente, je vous l'offre, avec un respect profond et une vive ardeur.

Je ne veux rien me réserver; mais je veux vous offrir sans réserve le sacrifice de moi-même et de tout ce qui est à moi.

Seigneur mon Dieu, mon Créateur et mon Rédempteur, je désire vous recevoir aujourd'hui avec autant de ferveur et de respect, avec autant de zèle pour votre gloire, avec autant de reconnaissance, de sainteté, d'amour, de foi, d'espérance et de pureté, que vous désira et vous reçut votre sainte Mère, la glorieuse Vierge Marie, lorsque, l'Ange lui annonçant le mystère de l'Incarnation, elle répondit avec une pieuse humilité : *Voici la servante du Seigneur; qu'il me soit fait selon votre parole*[1].

3. Et de même que votre bienheureux précurseur, le plus grand des Saints, Jean-Baptiste, lorsqu'il était encore dans le sein de sa mère, tressaillit de joie en votre présence, par un mouvement du Saint-Esprit, et que, vous voyant ensuite converser avec les hommes, il disait avec un tendre amour et en s'humiliant profondément : *L'ami de l'Époux, qui est près de lui et qui l'écoute, est ravi d'allégresse, parce qu'il entend la voix de l'Époux*[2]*;* ainsi je voudrais être embrasé des plus saints, des plus ardents désirs, et m'offrir à vous de toute l'affection de mon cœur.

C'est pourquoi je vous offre tous les transports d'amour et de joie, les extases, les ravissements, les révélations, les visions célestes de toutes les âmes saintes, avec les hommages que vous rendent et vous rendront à jamais toutes les créatures dans le ciel et sur la terre; je vous les

1. Luc. I, 38. — 2. Joan. III, 29.

offre ainsi que leurs vertus, pour moi et pour tous ceux qui se sont recommandés à mes prières, afin qu'ils célèbrent dignement vos louanges, et vous glorifient éternellement.

4. Seigneur mon Dieu, recevez mes vœux, et le désir qui m'anime de vous louer, de vous bénir, avec l'amour immense, infini, dû à votre ineffable grandeur.

Voilà ce que je vous offre, et ce que je voudrais vous offrir chaque jour et à chaque moment; et je prie et je conjure, de tout mon cœur, tous les esprits célestes et tous vos fidèles serviteurs, de s'unir à moi pour vous louer et pour vous rendre de dignes actions de grâces.

5. Que tous les peuples, toutes les tribus, toutes les langues vous bénissent, et célèbrent, dans des transports de joie et d'amour, la douceur et la sainteté de votre nom.

Que tous ceux qui offrent, avec révérence et avec piété, les divins mystères, et qui les reçoivent avec une pleine foi, trouvent devant vous grâce et miséricorde, et qu'ils prient avec instance pour moi, pauvre pécheur.

Et lorsque, après s'être unis à vous, selon leurs pieux désirs, ils se retireront de la Table sainte, rassasiés et consolés merveilleusement, qu'ils daignent se souvenir de moi, qui languis dans l'indigence.

RÉFLEXION.

« Que cet adorable Sacrement opère en moi, ô mon Sauveur!
« la rémission de mes péchés; que ce sang divin me purifie;

« qu'il lave toutes les taches qui ont souillé cette robe nuptiale « dont vous m'aviez revêtu dans le baptême, afin que je puisse « m'asseoir avec assurance au banquet des noces de votre Fils. « Je suis, je l'avoue, une âme pécheresse, une épouse infidèle, « qui ai manqué une infinité de fois à la foi donnée : *Mais reve-* « *nez,* me dites-vous, ô Seigneur! *revenez, je vous recevrai* [1]; « pourvu que vous ayez repris votre première robe, et que vous « portiez, dans l'anneau que l'on vous met au doigt, la marque « de l'union où le Verbe divin entre avec vous. Rendez-moi cet « anneau mystique : revêtez-moi de nouveau, ô mon Père, « comme un enfant prodigue qui retourne à vous, de cette robe « de l'innocence et de la sainteté que je dois apporter à votre « Table. C'est l'immortelle parure que vous nous demandez, vous « qui êtes en même temps l'époux, le convive et la victime « immolée qu'on nous donne à manger. C'est à cette table mys- « térieuse que l'on trouve l'accomplissement de cette parole : *Qui* « *me mange vivra pour moi* [1]. Qu'elle s'accomplisse en moi, « ô mon Sauveur! que j'en sente l'effet : transformez-moi en vous, « et que ce soit vous-même qui viviez en moi. Mais, pour cela, « que je m'approche de ce céleste repas avec les habits les plus « magnifiques; que j'y vienne avec toutes les vertus; que j'y « coure avec une joie digne d'un tel festin et de la viande immor- « telle que vous m'y donnez. [3] »

1. Jer. III, 1. — 2. Joan. VI, 58. — 3. Bossuet.

CHAPITRE XVIII.

QU'ON NE DOIT POINT CHERCHER A PÉNÉTRER LE MYSTÈRE DE L'EUCHARISTIE, MAIS QU'IL FAUT SOUMETTRE SES SENS A LA FOI.

VOIX DU BIEN-AIMÉ.

1. Gardez-vous du désir curieux et inutile de sonder ce profond mystère, si vous ne voulez pas vous plonger dans un abîme de doutes.

Celui qui scrute la majesté sera accablé par la gloire[1].

Dieu peut faire plus que l'homme ne peut comprendre.

On ne défend pas une humble et pieuse recherche de la vérité, pourvu qu'on soit toujours prêt à se laisser instruire, et qu'on s'attache fidèlement à la sainte doctrine des Pères.

2. Heureuse la simplicité qui laisse le sentier des questions difficiles, pour marcher dans la voie droite et sûre des commandements de Dieu.

Plusieurs ont perdu la piété en voulant approfondir ce qui est impénétrable.

1. Prov. XXV, 27.

Ce qu'on demande de vous, c'est la foi et une vie pure, et non une intelligence qui pénètre la profondeur des mystères de Dieu.

Si vous ne comprenez pas ce qui est au-dessous de vous, comment comprendrez-vous ce qui est au-dessus?

Soumettez-vous humblement à Dieu, captivez votre raison sous le joug de la foi; et vous recevrez la lumière de la science selon qu'il vous sera utile ou nécessaire.

3. Plusieurs sont violemment tentés sur la foi à ce Sacrement; mais il faut l'imputer moins à eux qu'à l'ennemi.

Ne vous troublez point, ne disputez point avec vos pensées, ne répondez point aux doutes que le démon vous suggère; mais croyez à la parole de Dieu, croyez à ses Saints et à ses prophètes, et l'esprit de malice s'enfuira loin de vous.

Il est souvent très-utile à un serviteur de Dieu d'être éprouvé ainsi.

Car le démon ne tente point les infidèles et les pécheurs qui sont à lui déjà; mais il attaque et tourmente de diverses manières les âmes pieuses et fidèles.

4. Allez donc avec une foi simple et inébranlable, et recevez le Sacrement avec un humble respect, vous reposant sur la toute-puissance de Dieu, de ce que vous ne pourrez comprendre.

Dieu ne trompe point; mais celui qui se croit trop lui-même est souvent trompé.

Dieu s'approche des simples; il se révèle aux humbles,

il donne l'intelligence aux petits[1], et il cache sa grâce aux curieux et aux superbes.

La raison de l'homme est faible, et se trompe aisément; mais la vraie foi ne peut pas être trompée.

5. La raison et toutes les recherches naturelles doivent suivre la foi, et non la précéder ni la combattre.

Car la foi et l'amour s'élèvent par-dessus tout, et opèrent d'une manière inconnue dans le très-saint et très-auguste Sacrement.

Dieu éternel, immense, infiniment puissant, fait dans le ciel et sur la terre des choses grandes, incompréhensibles, et nul ne saurait pénétrer ses merveilles.

Si les œuvres de Dieu étaient telles que la raison de l'homme pût aisément les comprendre, elles cesseraient d'être merveilleuses et ne pourraient être appelées ineffables.

RÉFLEXION.

L'impie veut savoir, et c'est là sa perte. Il demande le salut à la science, il le demande à l'orgueil, il se le demande à lui-même, et du fond de son intelligence ténébreuse, de sa nature impuissante et dégradée, sort une réponse de mort. Chrétiens, ne l'oubliez jamais, *le juste vit de la foi*[2]. Vivez donc de la foi, en vivant de l'adorable Eucharistie, qui en est la plus forte comme la plus douce épreuve. Celui *qui est la voie, la vérité, la vie*[3]; Jésus-Christ, fils de Dieu, a parlé; il a dit : *Ceci est mon corps,*

1. Ps. CXVIII, 130. — 2. Rom. I, 17. — 3. Joan. XIV, 6.

ceci est mon sang [1]. *Le croyez-vous ainsi* [2] ? Oui, je le crois ainsi, Seigneur. *Le ciel et la terre passeront, mais vos paroles ne passeront point* [3]. Je crois et je confesse que ce qui était du pain est vraiment votre corps, que ce qui était du vin est vraiment votre sang. Mon esprit se soumet, et impose silence aux sens révoltés. *Dieu a tant aimé l'homme qu'il a donné pour lui son Fils unique* [4] : et pour compléter, pour perpétuer à jamais ce grand don, le Fils aussi se donne à l'homme, tous les jours, à la Table sainte, réellement et substantiellement. Encore un coup, je crois, Seigneur, *je crois à l'amour que Dieu a eu pour nous* [5], à l'amour du Père, à l'amour du Fils ; et cet amour infini explique tout, éclaircit tout, satisfait à tout. Qu'importe que nous comprenions ? Ne savons-nous pas que vos *voies sont impénétrables* [6], *et que celui qui scrute la majesté sera opprimé par la gloire* [7] ? Notre bonheur est de croire sans comprendre ; notre bonheur est de nous plonger les yeux fermés et de nous perdre dans l'abîme incompréhensible de votre amour. Que la raison superbe et contentieuse se taise donc : qu'elle cesse d'opposer insolemment sa faiblesse à votre toute-puissance. A ses doutes, à ses demandes curieuses, nous n'avons qu'une réponse : *Dieu a tant aimé !* et cette réponse suffit, et nulle autre ne suffit sans elle. Elle pénètre comme une vive lumière au fond du cœur en état de l'entendre, *du cœur qui croit à l'amour*, qui sait et qui sent ce que c'est que d'aimer. Vous vous étonnez qu'un Dieu se cache sous les faibles apparences d'un pain terrestre et corruptible, que le Sauveur des hommes se soit fait leur aliment ; vous hésitez, votre foi chancelle : c'est que vous n'aimez pas ! Et vous, âmes croyantes, âmes fidèles, allez à l'autel avec joie, fermeté, confiance ; allez à Jésus, allez au banquet mystérieux de l'amour. « Et où irons-nous, « Seigneur ? Quoi ! à la chair et au sang, à la raison, à la philo-

1. Matth. XXVI, 26, 28. — 2. Joan. XI, 26. — 3. Matth. XXIV, 35. — 4. Joan. III, 16. — 5. I. Joan. IV, 16. — 6. Rom. XI, 33. — 7. Prov. XXV, 27.

« sophie? aux sages du monde? aux murmurateurs, aux incré-
« dules, à ceux qui sont encore tous les jours à nous demander :
« Comment nous peut-il donner sa chair à manger? comment est-
« il dans le ciel, si, en même temps, on le mange sur la terre?
« Non, Seigneur, nous ne voulons point aller à eux, ni suivre
« ceux qui vous quittent. Nous suivrons saint Pierre, et nous
« dirons[1] : *Maître, où irions-nous? vous avez les paroles de la vie*
« *éternelle*[2] ? »

1. Joan. VI, 60. — 2. Bossuet.

FIN DU LIVRE QUATRIÈME.

TABLE DES CHAPITRES.

LIVRE PREMIER.

AVIS UTILES POUR ENTRER DANS LA VIE INTÉRIEURE.

LIVRE DEUXIÈME.

INSTRUCTION POUR AVANCER DANS LA VIE INTÉRIEURE.

LIVRE TROISIÈME.

DE LA VIE INTÉRIEURE.

LIVRE QUATRIÈME.

DU SACREMENT DE L'EUCHARISTIE.

FIN DE LA TABLE DES CHAPITRES.

LECTURES

DU LIVRE DE L'IMITATION

DIVISÉES

SELON LES DIFFÉRENTS BESOINS DES FIDÈLES.

Pour les Prêtres.

LIVRE I. — CH. 18, 19, 20, 25.
II. — CH. 11 et 12.
III. — CH. 3, 10, 31, 56.
IV. — CH. 5, 7, 10, 11, 12, 18.

Pour la préparation à la Messe et l'Action de grâces, *voyez* p. 447 et suiv. : *Avant et après la Communion*, et, de plus, tous les chapitres indiqués *pour les personnes pieuses.*

Pour les Séminaristes.

LIVRE I. — CH. 17, 18, 19, 20, 21, 25.
III. — CH. 2, 3, 10, 31, 56.
IV. — CH. 5, 7, 10, 11, 12, 18.

Pour ceux qui s'adonnent à l'étude, particulièrement à celle de la Philosophie et de la Théologie.

Livre I. — Ch. 1, 2, 3, 5.
III. — Ch. 2, 43, 44, 48, 58.
IV. — Ch. 18.

Pour les personnes affligées de leur peu de progrès dans l'étude.

Livre III. — Ch. 29, 39, 41, 47.

Pour les Religieux et les Religieuses.

Les chapitres indiqués ci-avant pour les Séminaristes.
Ceux indiqués ci-après pour les personnes pieuses.

Pour les personnes pieuses.

Livre I. — Ch. 15, 18, 19, 20, 21, 22, 25.
II. — Ch. 1, 4, 7, 8, 9, 11, 12.
III. — Ch. 5, 6, 7, 11, 27, 31, 32, 33, 53, 54, 55, 56.

Pour les personnes affligées et humiliées.

Livre I. — Ch. 12.
II. — Ch. 11, 12.
III. — Ch. 12, 15, 16, 17, 18, 19, 20, 21, 29, 30, 35, 41, 47, 48, 49, 50, 52, 55, 56.

Pour les personnes trop sensibles à leurs souffrances.

Livre I. — Ch. 12.
III. — Ch. 12.

Pour les personnes tentées.

Livre I. — Ch. 13.
II. — Ch. 9.
III. — Ch. 6, 16, 17, 18, 19, 20, 21, 23, 30, 35, 37, 47, 48, 49, 50, 52, 55.

Pour les peines intérieures.

Livre II. — Ch. 3, 9, 11, 12.
III. — Ch. 7, 12, 16, 17, 18, 19, 20, 21, 30, 35, 47, 48, 49, 50, 51, 52, 55, 56.

Pour les personnes inquiètes de l'avenir, de leur santé, de leur fortune, du succès d'une démarche.

Livre III. — Ch. 39.

Pour les personnes qui vivent dans le monde, ou qui sont distraites par leurs occupations.

Livre III. — Ch. 38, 53.

Pour les personnes attaquées par la calomnie ou la médisance.

Livre II. — Ch. 2.
III. — Ch. 6, 11, 28, 36, 46.

Pour les personnes qui commencent à se convertir.

Livre I. — Ch. 18, 25.
II. — Ch. 1.
III. — Ch. 6, 7, 23, 25, 26, 27, 33, 37, 52, 54, 55.

Pour les personnes pusillanimes, faibles ou négligentes.

Livre I. — Ch. 18, 21, 22, 25.
II. — Ch. 10; 11, 12.
III. — Ch. 3, 6, 27, 30, 35, 37, 54, 55, 57.

Pour une retraite.

Livre III. —	Ch. 53.	Pour s'y disposer.
I. —	Ch. 20, 21.	
I. —	Ch. 22.	Misères de la vie.
	Ch. 23.	La mort.
	Ch. 24.	Le Jugement et l'Enfer.
III. —	Ch. 14.	
	Ch. 48.	Le Ciel.
	Ch. 59.	Pour clore la retraite.

Pour obtenir la paix intérieure.

Livre I. — Ch. 6, 11.
II. — Ch. 3, 6.
III. — Ch. 7, 23, 25, 38.

Pour les personnes dissipées.

Livre I. — Ch. 18, 21, 22, 23, 24.
II. — Ch. 10, 12.
III. — Ch. 14, 27, 33, 45, 53, 55.

Pour les pécheurs insensibles.

Livre I. — Ch. 23, 24.
III. — Ch. 14, 55.

Pour les personnes oisives.

Livre III. — Ch. 24, 27.

Pour ceux qui écoutent les médisances.

Livre I. — Ch. 4.

Pour les personnes portées à l'orgueil.

Livre I. — Ch. 7, 14.
II. — Ch. 11.
III. — Ch. 7, 8, 9, 11, 13, 14, 40, 52.

Pour les esprits querelleurs et opiniâtres.

Livre I. — Ch. 9.
III. — Ch. 13, 32, 44.

Pour les personnes impatientes.

Livre III. — Ch. 15, 16, 17, 18, 19.

(Parag. 5 du chap. xix. Prière pour demander la patience.)

Pour les désobéissants.

Livre I. — Ch. 9.
III. — Ch. 13, 32.

Pour les personnes causeuses.

Livre I. — Ch. 10.
III. — Ch. 24, 44, 45.

Pour ceux qui s'occupent des défauts des autres et négligent les leurs.

Livre I. — Ch. 11, 14, 16.
II. — Ch. 5.

Pour les personnes qui ont une dévotion fausse ou mal entendue.

Livre III. — Ch. 4, 6, 7.

Pour inspirer la droiture d'intention.

Livre III. — Ch. 9.

Pour les personnes trop susceptibles.

Livre III. — Ch. 44.

Pour celles qui s'attachent trop aux douceurs de l'amitié humaine.

Livre I. — Ch. 8, 10.
II. — Ch. 7, 8.
III. — Ch. 32, 42, 45.

Pour celles qui se scandalisent de la simplicité ou de l'obscurité des Livres saints.

Livre I. — Ch. 5.

Pour les personnes portées à la jalousie.

Livre III. — Ch. 22, 41.

PRIÈRES

TIRÉES

DU LIVRE DE L'IMITATION.

Prière avant la lecture spirituelle.

LIVRE III. — CH. II.

Pour obtenir la grâce de la dévotion.

MÊME LIVRE. — CH. III, parag. 6 et 7.

Prière pour implorer le secours des consolations divines.

MÊME LIVRE. — CH. IV, V, parag. 1 et 2.

(Le même avant ou après la Communion.)

Pour obtenir l'accroissement de l'amour de Dieu en nous.

MÊME LIVRE. — CH. V, parag. 6.

Sentiments d'anéantissement en la présence de Dieu.

MÊME LIVRE. — CH. VIII.

(Avant la Communion.)

Prière pour une personne qui vit dans la retraite et la piété.

LIVRE III. — CH. X.

Sentiments profonds d'humilité.

MÊME LIVRE. — CH. XIV.

(Avant ou après la Communion.)

Pour demander la résignation à la volonté de Dieu.

MÊME LIVRE. — CH. XV.

(Depuis la deuxième phrase du parag. 2, jusqu'à la fin, et partie du premier.)

Sentiments de résignation.

MÊME LIVRE. — CH. XVI, à la fin; XVII, parag. 2 et 4; XVIII, parag. 2.

Pour demander la patience.

MÊME LIVRE. — CH. XIX, parag. 5.

Prière pour une personne affligée ou tentée.

MÊME LIVRE. — CH. XX, XXI, parag. 1, 2, 3, 4, 5.

Même prière pour celles qui se sentent remplies de l'amour de Dieu.

(La dire encore avant et après la Communion.)

Acte de remercîment.

MÊME LIVRE. — CH. XXI, parag. 7.

(Après la Communion.)

Prière propre aux personnes qui croiraient avoir moins reçu de Dieu que les autres, soit pour le corps, soit pour l'âme.

LIVRE III. — CH. XXII.

Pour demander la pureté de l'esprit et le détachement des créatures.

MÊME LIVRE. — CH. XXIII, parag. 5, jusqu'à la fin.

Prière d'une personne qui commence sa conversion.

MÊME LIVRE. CH. XXVI.

(La même, pour une personne qui désire avancer dans la vertu.)

Prière pour demander l'esprit de force et de sagesse.

MÊME LIVRE. — CH. XXVII, parag. 4 et 5.

Prière propre aux personnes qui éprouvent une vive affliction.

MÊME LIVRE. — CH. XXIX.

Prière après la Communion.

MÊME LIVRE. — CH. XXXIV.

(La même, pour s'exciter à l'amour de Dieu.)

Sentiments d'abandon à la divine Providence.

MÊME LIVRE. — CH. XXXIX, parag. 2.

Sentiments d'humilité.

MÊME LIVRE. — CH. XL.

(Avant ou après la Communion.)

Prière quand on a reçu quelque grâce de Dieu.

LIVRE III. — CH. XL.

(Avant ou après la Communion.)

Sentiments de résignation.

Même livre. — Ch. xli, parag. 2.

Sentiments pieux.

Même livre. — Ch. xliv, parag. 2.

Prière d'une personne attaquée par la calomnie.

Même livre. — Ch. xlvi, parag. 5.

Prière sur le bonheur du Ciel, qu'on peut dire particulièrement les jours de Pâques, de l'Ascension et de la Toussaint.

Même livre. — Ch. xlviii.

(Avant ou après la Communion.)

Sentiments d'humilité et de contrition.

Même livre. — Ch. lii.

(Avant la Communion.)

Prière pour demander les secours de la grâce.

Même livre. — Ch. lv.

Prière pour les Prêtres, Religieux et Religieuses, pour demander la persévérance dans leur vocation.

Même livre. — Ch. lvi, parag. 3, 5, 6.

Sentiments de confiance en Dieu.

Même livre. — Ch. lvii, parag. 4.

Prière pour toute personne pieuse et chrétienne.

Livre III. — Ch. lix.

(Après la Communion.)
(On peut s'en servir aussi pour terminer une retraite.)

Prière devant le Très-Saint Sacrement.

LIVRE IV. — CH. I, II, III, IV, IX, XI jusqu'au paragraphe 6; XIII, XIV, XVI, XVII, et partie des prières ci-dessus.

ÉLÉVATION sur la dignité des Prêtres et la sainteté de leur ministère.

MÊME LIVRE. — CH. V.

Pour les Prêtres et les Séminaristes.

MÊME LIVRE. — CH. XI, parag. 6, 7 et 8.

LECTURES

POUR

LA SAINTE COMMUNION.

(Il est bon de faire précéder la réception de la sainte Communion d'une retraite de trois jours, à l'exemple de plusieurs Saints.)

PREMIER JOUR.

LE MATIN.

Livre III. — Ch. 53.

A MIDI.

Livre I. — Ch. 20.

LE SOIR.

Livre I. — Ch. 21.

} Esprit de retraite.

DEUXIÈME JOUR.

LE MATIN.

Livre I. — { Ch. 22. Misères de la vie. / Ch. 23. La Mort.

A MIDI.

Livre I. — Ch. 24.
III. — Ch. 14.
} Le Jugement et l'Enfer.

LE SOIR.

Livre III. { Ch. 48. Le Ciel.
Ch. 59. *Conclusion.*

TROISIÈME JOUR.

LE MATIN.

Préparation et exercice d'humilité.

Livre IV. — { Ch. 6. — Prière pour obtenir la grâce de s'approcher saintement des Sacrements.
Ch. 7. — Examen de Conscience, Contrition, ferme Propos, Confession et Satisfaction.

(Lire ensuite à genoux le 8e chap. du liv. III.)

A MIDI.

Livre IV. — { Ch. 18. Foi soumise au mystère de l'Eucharistie.
Ch. 10. Avantage de la fréquente Communion.

(Ne pas lire la 2e partie du parag. 7 jusqu'à la fin. — Lire à genoux le 52e chap. du liv. III.)

LE SOIR.

Livre IV. — { Ch. 12. — Préparation à la sainte Communion.
Ch. 15. — Dévotion fondée sur l'humilité et le renoncement à soi-même.
Ch. 9. — S'offrir à Dieu dans la Communion.

(Lire à genoux le 40e chap. du liv. III.)

POUR LE JOUR OU L'ON COMMUNIE.

LE MATIN.

Livre IV. — Ch. 1, 2, 3, 4.

AVANT ET PENDANT LA MESSE.

Livre IV. — Ch. 9, 16 et 17.

(Après le *Pater*, fermer son livre, dire par cœur les actes avant la Communion, ou bien l'acte de contrition, ceux des trois vertus théologales et les trois oraisons qui suivent l'*Agnus Dei;* rester ensuite en adoration.)

(Après la sainte Communion, rester en adoration jusqu'à la fin de la Messe; dire par cœur les actes après la Communion.)

APRÈS LA MESSE.

LIVRE IV. — CH. 11, 13 et 14.

(Ne pas lire les parag. 6, 7 et 8. — Réciter les cantiques *Benedictus, Magnificat, Nunc dimittis,* et le *Te Deum,* soit à l'église, soit en rentrant chez soi.)

DANS LA JOURNÉE ET LE SOIR.

LIVRE III. — CH. 21, 34, 48.

(Répéter ensuite le 9e chap. du IVe livre, et choisir à volonté une lecture dans les prières ci-dessus indiquées, p. 487 et suiv.)

PRATIQUE DE PERSÉVÉRANCE

APRÈS LA SAINTE COMMUNION.

PREMIER JOUR.

Remercier Notre-Seigneur Jésus-Christ, et s'exciter à son amour.

LIVRE III. — CH. 5, 7, 8, 10.

DEUXIÈME JOUR.

Écouter la voix de Jésus-Christ parlant à l'âme qui l'a reçu.

LIVRE II. — CH. 1.
III. — CH. 1, 2, 3.

TROISIÈME JOUR.

Se détacher des créatures.

LIVRE III. — CH. 26, 31, 42, 45.

QUATRIÈME JOUR.

Se détacher de soi-même, et s'abandonner à Dieu.

LIVRE III. — CH. 15, 17, 27, 37.

CINQUIÈME JOUR.

Souffrir avec patience en union aux souffrances de Jésus-Christ.

LIVRE II. — CH. 12.
III. — CH. 16, 18, 19.

SIXIÈME JOUR.

Persévérer en sa ferveur dans les bonnes résolutions qu'on a prises en communiant.

LIVRE I. — CH. 19, 25.
III. — CH. 23, 55.

(Si on ne peut pas lire les quatre chapitres, il faudra de préférence lire le premier et le dernier de chaque jour. On peut aussi en lire deux le matin et deux le soir.)

FIN.

PARIS. — J. CLAYE, IMPRIMEUR, 7, RUE SAINT-BENOIT

www.ingramcontent.com/pod-product-compliance
Lightning Source LLC
LaVergne TN
LVHW011256110826
845149LV00001B/153
* 9 7 8 2 0 1 9 1 6 8 5 0 6 *